首批56所中国特色高水平高职学校项目课程建设成果
职业教育教学改革融合创新型教材·市场营销
山西省职业教育“十四五”规划教材新形态教材

U0884109

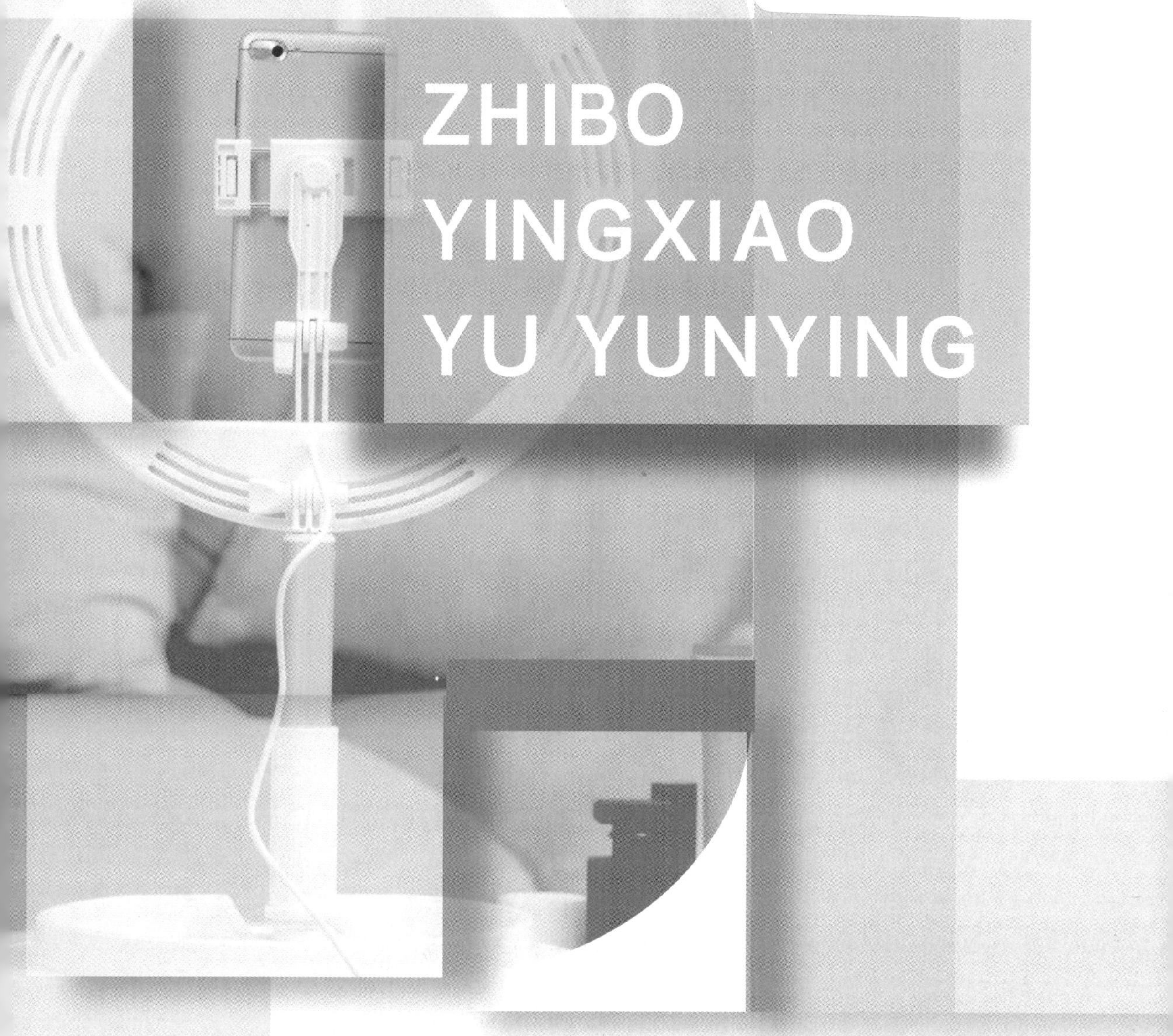

ZHIBO YINGXIAO YU YUNYING

直播营销与运营

全盼 赵连明 主 编
李越 薛宇婷 副主编

东北财经大学出版社 大连
Dongbei University of Finance & Economics Press

图书在版编目（CIP）数据

直播营销与运营 / 全盼，赵连明主编. —大连：东北财经大学出版社，2023.8

（职业教育教学改革融合创新型教材 · 市场营销）

ISBN 978-7-5654-4947-5

Ⅰ. 直… Ⅱ. ①全… ②赵… Ⅲ. 网络营销-职业教育-教材 Ⅳ. F713.365.2

中国国家版本馆CIP数据核字（2023）第158806号

东北财经大学出版社出版

（大连市黑石礁尖山街217号　邮政编码　116025）

网　　址：http：//www.dufep.cn

读者信箱：dufep@dufe.edu.cn

大连图腾彩色印刷有限公司印刷　　东北财经大学出版社发行

幅面尺寸：185mm×260mm　　字数：332千字　　印张：15.75

2023年8月第1版　　2023年8月第1次印刷

责任编辑：张旭凤　石建华　　责任校对：惠恩乐

封面设计：原　皓　　版式设计：原　皓

定价：42.00元

教学支持　售后服务　　联系电话：（0411）84710309

版权所有　侵权必究　　举报电话：（0411）84710523

如有印装质量问题，请联系营销部：（0411）84710711

富媒体智能型教材出版说明

“财经高等职业教育富媒体智能型教材开发系统工程”入选国家新闻出版广电总局新闻出版改革发展项目库，并获得文化产业专项资金支持，是“国家文化产业资金支持媒体融合重大项目”。项目以“融通”“融合”“共建”“共享”为特色，是东北财经大学出版社积极落实国家推动传统媒体与新媒体融合发展的重要举措之一。

“财济书院”智能教学互动平台是该工程项目建设成果之一。该平台通过系统、合理的架构设计，将教学资源与教学应用集成于一体，具有教学内容多元呈现、课堂教学实时交互、测试考评个性设置、用户学情高效分析等核心功能，是高校开展信息化教学的有力支撑和应用保障。

富媒体智能型教材是该工程项目建设成果之二。该类教材是我社供给侧结构性改革探索性策划的创新型产品，是一种新形态立体化教材。富媒体智能型教材秉持严谨的教学设计思想和先进的教材设计理念，为财经职业教育教与学、课程与教材的融通奠定了基础，较好地避免了传统教学模式和单一纸质教材容易出现的“两张皮”现象，有助于教学质量的提高和教学效果的提升。

从教材资源的呈现形式来说，富媒体智能型教材实现了传统纸质教材与数字技术的融合，通过二维码建立链接，将VR、微课、视频、动画、音频、图文和试题库等富媒体资源丰富呈现给用户；从教材内容的选取整合来说，其实现了职业教育与产业发展的融合，不仅注重专业教学内容与职业能力培养的有效对接，而且很好地解决了部分专业课程学与训、训与评的难题；从教材的教学使用过程来说，其实现了线下自主与线上互动的融合，学生可以在有网络支持的任何地方自主完成预习、巩固、复习等，教师可以在教学中灵活使用随堂点名、作业布置及批改、自测及组卷考试、成绩统计分析等平台辅助教学工具。

富媒体智能型教材设计新颖，一书一码，使用便捷。使用富媒体智能型教材的师生首先下载“财济书院”App或者进入“财济书院”（www.idufep.com）平台完成注册，然后登录“财济书院”输入教材封四学习卡中的激活码建立或找到班级和课程对应教材，就可以开启个性化教与学之旅。

“重塑教学空间，回归教学本源！”“财济书院”平台不仅仅是出版社提供教学资源和服务的平台，更是出版社为作者和广大院校创设的一个自主选择和自主探究的教与学的空间，作者和广大院校师生既是这个空间的使用者和消费者，也是这个空间的创造者和建设者，在这里，出版社、作者、院校共建资源，共享回报，共创未来。

最后，感谢各位作者为支持项目建设所付出的辛劳和智慧，也欢迎广大院校在教学中积极使用富媒体智能型教材和“财济书院”平台，东北财经大学出版社愿意也必将陪伴广大职业教育工作者走向更加光明而美好的职教发展新阶段。

东北财经大学出版社

前言

伴随着我国互联网技术和电子商务的快速发展，中国数字经济新模式进入发展快车道。习近平总书记在党的二十大报告中强调，“加快发展数字经济，促进数字经济和实体经济深度融合。”经济快速发展、消费者需求持续旺盛、网络基建不断普及，都促使直播电商行业成为我国数字经济发展的新热点。相关研究机构预测，2023年我国直播电商市场规模将达到4.92万亿元，巨大的市场规模吸引了越来越多的企业参与到直播产业当中。我国越来越多的用户通过直播形式了解产品、购买产品，直播电商市场蓬勃发展。而直播营销也随之通过运用高效推广技术，连接优质产品内容与海量用户，激发用户消费的新体验与新需求，为商家带来新的市场增量，成为商家提高营销效率的新手段、新方式。

产业变革和直播业态的快速发展，形成了市场对直播营销人才的巨大缺口。专业人才的直播营销与运营能力因其在新消费、新零售、新流通领域的广泛应用，成为对直播领域人才的普适性要求。2021年，人社部等部门联合发布《互联网营销师国家职业技能标准（2021年版）》，对增设的“直播销售员”工种的相关知识、技能、道德要求作出规定。

基于此，本教材着眼于直播营销领域人才的培养，对标《互联网营销师国家职业技能标准（2021年版）》，强调直播营销与运营技术技能的学习与应用，力求成为学习直播营销新技术、新工艺、新规范的资源载体。

本教材的特色与优势如下：

（1）落实立德树人根本任务，体现“德技并修”的课程思政特色

《直播营销与运营》新形态教材在编写过程中，以党的二十大精神为指引，以社会主义核心价值观的树立和践行为目标，针对直播营销行业容易出现的价值观、诚信观缺失问题，编写思政案例和思政素材；聚焦直播营销从业者需要遵守的相关法律法规，特设“直播行为规范”工作模块，强化行业规范意识和行为；对标《互联网营销师国家职业技能标准（2021年版）》对职业素质的要求，设计“素养目标”和“职业素养指南”，挖掘直播营销的思政元素，加强对直播营销人才的思想教育。

（2）以职业标准为引领，开发模块化工作任务，体现“工学结合”的职教特色

《直播营销与运营》新形态教材以职业能力需求为基础，融入直播营销行业的新技术、新工艺和新要求，立足关键项目，构建工作情景来解析典型工作任务中的业务逻辑和要点。以《互联网营销师国家职业技能标准（2021年版）》为教学标准，按照直播营销核心工作流程，打造“直播营销认知、直播营销筹备、直播营销

策划、直播营销运营、直播复盘分析、直播行为规范”6大工作模块和18项工作活动，在直播营销的知识框架与技能体系下实现模块化教学。同时，教材按照“职业工作情境→职业知识储备→职业技能操练→职业素养指南→社会拓展任务”的递进逻辑编写教材内容，实现工作情境下职业知识教学向技能教学、理论教学向学习实践的转变。

（3）以岗位、竞赛、职业证书要求为补充，体现“岗课赛证”融通的职教特色

《直播营销与运营》新形态教材以“岗课赛证”融通的系统化方案来体现职业教育的类型特色。每个模块包含“职业知识储备”、“职业技能操练”和“职业素养指南”三个相互关联的部分，紧贴课堂教学与学生岗位实践。教材紧跟直播营销产业发展特点，融入互联网营销师、直播销售员等行业人才需求和岗位技能要求，设置了“通达行业”特色栏目；每个模块中设置“互联网营销师知识训练”栏目，以满足职业资格证书考试的需求。

（4）以校企双元开发为建设模式，体现“产教融合、校企合作”的职教特色

《直播营销与运营》新形态教材邀请山西省财政税务专科学校数字营销产业学院的合作企业中教畅享（北京）科技有限公司、北京字节跳动科技有限公司、太原市新媒体营销协会等龙头行业企业的专家和一线营销运营人员共同设计工作模块，全程参编教材内容，保证教材内容与行业企业标准的紧密对接。

（5）以多元化、数字化为教材主要表现形式，体现新型活页式教材的新形态

《直播营销与运营》新形态教材采用新型活页式设计，可根据教学需要灵活组装，衍生为直播营销实训手册、直播营销职业规范参考手册、互联网营销师备考手册等。教材同期建设在线精品课程及丰富的数字化教学资源，满足线上线下学习需求。

本教材由山西省财政税务专科学校全盼、中教畅享（北京）科技有限公司营销总监赵连明担任主编，山西省财政税务专科学校李越、薛宇婷担任副主编，广东农工商职业技术学院覃聪参编。其具体编写分工如下：全盼、赵连明编写了工作模块1、2、4；薛宇婷编写了工作模块3；李越编写了工作模块5；覃聪编写了工作模块6。

在编写过程中，我们参考和借鉴了一些文献资料和最新案例，限于篇幅未能一一注明，在此表示诚挚的感谢！由于时间和水平有限，书中难免存在不足和疏漏之处，恳请读者不吝赐教，以便今后对之进行补充和修正。

编　者

2023年6月

目录

本书配套数字化资源一览表

工作模块	活动	序号	数字化资源名称	页码
工作模块1 直播营销认知	活动1	1	微课1-1　直播营销是什么	4
		2	微课1-2　直播营销商业模式	7
		3	微课1-3　抖音的“兴趣电商”新生态	13
	活动2	4	微课1-4　直播营销平台类型	17
		5	微课1-5　直播平台选择标准	26
工作模块2 直播营销筹备	活动1	6	微课2-1　直播营销团队岗位设置	37
		7	微课2-2　直播间需要多少人员	40
	活动2	8	微课2-3　确定直播账号类型	48
		9	微课2-4　直播账号装修	57
	活动3	10	微课2-5　直播场地规划	66
		11	动画2-1　狮子蛮王直播场地设计	67
		12	微课2-6　直播间布置	69
		13	微课2-7　直播间物料陈设	73
		14	微课2-8　直播间软硬件设备选用	75
工作模块3 直播营销策划	活动1	15	微课3-1　直播商品来源	90
		16	微课3-2　直播选品策略	91
		17	动画3-1　直播选品策划	93
		18	微课3-3　直播商品结构配置	95
		19	微课3-4　直播商品规划与管理	98
	活动2	20	微课3-5　直播开场预热	103
		21	微课3-6　直播商品介绍	104
		22	微课3-7　直播商品介绍内容策划	106
		23	微课3-8　直播促进转化	109

1

工作模块 1

直播营销认知

学习目标

知识目标

1. 掌握直播营销的含义
2. 掌握直播营销的三要素
3. 掌握直播营销模式
4. 掌握直播营销的工作流程
5. 掌握直播营销平台及其特点

技能目标

1. 能够区分直播营销与传统营销特征
2. 能够分析直播营销产业现状，设计商家直播营销模式
3. 能够根据商家营销目标，设计直播营销平台

素养目标

1. 遵守钻研业务的职业守则
2. 遵守遵纪守法的职业守则
3. 坚持正确导向，营造良好的网络生态环境

情境描述

习近平总书记在党的二十大报告中强调，“加快发展数字经济，促进数字经济和实体经济深度融合”。新一代信息技术与各产业结合形成数字化生产力和数字经济，是现代化经济体系发展的重要方向。

直播营销就是在新场景、新业态下出现的一种新型商业模式，是数字化时代背景下直播电商与营销模式双向融合的产物，实现了营销行为与消费场景的双重升级。直播营销人员需要在从业前充分了解我国直播营销产业及直播营销平台，为后续直播营销工作的开展奠定基础。

工作活动

活动1　直播营销产业认知

活动2　直播营销平台认知

活动1
直播营销产业认知

活动目标

1. 能够正确理解直播营销的含义；
2. 能够准确分辨直播营销与传统营销的特征；
3. 能够根据产业现状，分析商家的直播营销商业模式；
4. 能够根据产业现状，分析直播营销产业链结构。

职业工作情境

伴随直播用户的不断增长，直播营销应景而生，越来越多的商家加入到直播营销行业。商家的直播营销人员需要充分了解直播营销特征和直播行业特点，分析直播营销的商业价值。

职业知识储备

知识点1
直播营销

微课 1-1

直播营销是什么

1. 直播营销

直播营销是指商家或主播以直播平台为载体，以实时直播形式对商品进行线上展示、推荐引导和销售解答，从而达到推广企业品牌或提升产品销量目的所开展的营销活动。

直播营销的核心是通过构建直播场景，结合消费者的消费需求和情感需求，为消费者提供沉浸式消费体验。该模式以真实性展示、沉浸式体验、高效率互动为特点，准确捕捉消费者的好奇心。商家通过亲身体验的直播画面向消费者展示商品，通过话术向消费者介绍商品信息，让消费者沉浸式感知商品的使用效果，同时消费者还可以根据兴趣和主播进行互动。这种方式拉近了消费者、商家和商品之间的距离，不仅能够影响商品销量、提升企业品牌形象，同时也提升了消费者的购物体验。

2. 直播营销的特点

（1）营销互动性强

传统的营销方式通常是由企业或品牌商发布营销信息，用户被动地接收信息。在这个过程中，商家无法立刻了解用户对营销信息的接收情况和对营销信息的态度。而直播具有良好的互动性，在直播过程中，商家在向用户呈现营销信息的同时，用户也可以针对营销信息发表评论，和商家互动，参与到直播活动中。这样既有利于提高用户的参与感，又增强了直播间的氛围。针对某些话题，甚至可以形成意向用户、围观用户以及商家三方之间的强烈互动，真正实现商家与用户之间、用户与用户之间的深度交流，实现营销效果最大化。

（2）营销场景真实

在营销活动中，真实、高质量的商品是赢得用户信任的第一步。在传统营销方式中，无论是图文广告，还是视频广告，它们虽然制作精良，极具吸引力，但是有些用户往往因为制作过程中大量人为地剪辑和美化而对其真实性产生怀疑。而通过直播营销形式，商家不仅可以展示商品生产环境，让用户了解商品真实的生产过程，以此获得用户的信任，还可以展示商品的试吃、试玩、试用等过程，让用户直观地了解商品使用效果，从而刺激用户的购买欲。

（3）营销效果直观

消费者在线下购买商品时，容易受到外部环境的影响。而在直播活动中，主播对商品的现场展示和介绍，以及直播间内争相下单的购买氛围，非常容易刺激、带动其他用户也直接下单购买其商品。在直播过程中，直播运营团队可以通过平台观察直播间的实时数据，了解直播间内商品售卖情况，及时掌握直播活动的营销效果。

3. 直播营销与传统营销的区别

直播营销兼具销售与营销的双重功能，与传统营销模式相比在多个维度上都具有显著的优势。直播营销与传统营销的区别见表1-1。

表1-1　直播营销与传统营销的区别

对比内容	传统营销模式	直播营销模式
商品与用户的关系	人找货	货找人
消费路径	用户—商品	商家—商品—用户
消费方式	用户主动搜索商品为主	平台或商家向用户推荐商品为主
消费需求	刚性需求为主	主播话术、直播场景和氛围激发用户潜在需求
消费心理	消费是为满足物质需求	消费是为满足物质需求或好奇心
影响用户消费决策的因素	商品的价格、质量、品牌等	商品的价格、质量、品牌或主播话术
消费体验反馈	通过客服联结，缺少情感联系	通过主播联结，用户与主播建立情感联系
商品呈现形式	图片、文字、短视频等形式展示商品，其中的商品展示与实物可能存在一定差距	实时视频全方位展示商品，主播全面介绍商品信息
社交属性	社交属性弱，用户被动接收信息。交流形式比较单一，信息反馈不够及时	社交属性强，商家与用户在线交流，进行双向互动，信息反馈及时
消费体验感	用户根据主观判断自主选择商品	用户通过评论区留言、参与活动等方式参与到直播中，获得参与感和互动感
交易花费的时间成本	用户需要花费较多时间对商品信息进行评判，然后才能做出购买决策，花费的时间成本较高	商家的选品能力和讲解能力，使用户减少购物决策花费的时间

通达行业1-1　贾乃亮携手撒贝宁助力乡村振兴，直播总销售额超3 438万元

2023年4月21日上午10：00，中央电视总台主持人撒贝宁携手贾乃亮开启的一场以“共富行动‘县’在出发”为主题的带货直播，引发广大网友驻足围观（如图1-1所示）。直播间人气爆棚，短短4个小时总销售额超3 438万元。其中，销售额超百万元的商品多达11个。

图1-1　“共富行动‘县’在出发”直播带货专场

在这场直播中，撒贝宁携手贾乃亮为大家带来浙江省内61个区县和全国多个县域特色产品，包含传统美食、电子、日化、服饰等多种品类，挖掘县域经济和乡村振兴背后的发展秘诀，在浙江的绿水青山间探寻“共富密码”。

撒贝宁和贾乃亮这对直播界的新搭档，像相识多年的老友一样，以诙谐幽默且不失专业严谨的方式，为广大网友介绍来自全国各地的特色商品，现场互动火爆。此次直播也是别开生面，撒贝宁与贾乃亮首次选择坐着直播（如图1-2所示），颇有“新闻主播”的感觉，加上两个人幽默风趣的讲解风格，直播间全程爆梗连连。撒贝宁踩点BGM展示纸巾，二人大秀肌肉、“硬汉式”介绍冰丝T恤等，笑点不断，吸引众多网友纷纷留言互动，“看他俩直播仿佛是在看相声专场”“这场直播看得真过瘾，既买到了优质好货，还收获了快乐”“完了，进来出不去了”，与此同时，还有众多网友强烈要求“你俩考虑一下以后继续合作”。

图1-2　撒贝宁与贾乃亮直播带货现场

通过撒贝宁和贾乃亮生动幽默的产品介绍，全国多个县域经济体的特色产品在公众印象中具体生动起来。《中共中央　国务院关于做好2023年全面推进乡村振兴重点工作的意见》（2023年中央一号文件）中多次提到了县域发展，并明确提出要培育壮大县域富民产业。我国有1 800多个县及县级市，其中很多地方都有自己的宝藏产品，这些宝藏产品入驻直播间切实起到了振兴乡村的作用。此次直播，福建古田有机银耳、浙江安吉无核西梅、浙江嘉兴海宁椰子汁、黑龙江五常大米、山东威海贝司令即食生蚝等大量的县域特色好物，及其独特的人文价值，通过撒贝宁和贾乃亮的专业介绍，使消费者有了更深入的了解，提高了消费者对特色农产品的认知度。

这场以“共富行动‘县’在出发”为主题的直播带货专场，是央视新闻首次共创直播。中央广播电视总台新媒体中心制片人李伟表示：“今天的直播打破了抖音平台政务媒体直播带货纪录。其实我们这次直播并不仅仅是带货，主持人会穿插很多浙江共同富裕实践的讲述。”

值得一提的是，直播间里出现的超能洗衣液、杭州清心明前龙井、斑布卫生纸、花西子、条头糕、黄酒、脆皮年糕等浙江特产，在短短几分钟内被一扫而空，其中，超能洗衣液销售额超249万元、斑布卫生纸热卖超234万元……

资料来源 “灵魂搭档”相声式种草，贾乃亮携手撒贝宁助力乡村振兴，直播总销售额超3 438万元［EB/OL］.［2023-04-24］. https://baijiahao.baidu.com/s?id=1763986801710645147&wfr=spider&for=pc.

思考：（1）总结“共富行动‘县’在出发”直播专场的营销特点及社会价值。

（2）评价直播专场主播撒贝宁与贾乃亮的直播表现，总结直播营销人员提高业务能力的方法。

知识点2
直播营销产业

1.直播营销商业模式

微课1-2

直播营销商业模式

直播营销的快速崛起和爆发式增长，不仅拓展了直播的变现方式，也催生了诸多新的商业模式、营销方式和消费场景。在直播营销的商业模式下，核心要素是“人货场”，但相比较传统营销而言，“人”从消费者升级为用户、“货”从标准工业品升级为个性化产品、“场”从卖场升级到场景。

（1）人员要素——以主播为中心

直播营销中的“人”，既包括直播间内的人，也包括直播前和直播后营销触达的人群，即直播人员和用户。

直播人员以主播、助播及运营团队为主，共同完成直播场景搭建和实时互动，以此弥补了传统营销无“人”解说和实时互动的不足。

用户，根据特点又可以分为普通访客、直播间粉丝、其他粉丝（非直播渠道关注了店铺）、潜在粉丝（通过用户浏览、互动行为识别出对直播间有兴趣但目前还未关注的用户）等不同类型。

主播与线下营销人员不同，不仅要促成直播销售，还要把普通访客、潜在粉丝等转化为粉丝，维系好粉丝关系，为私域和社群营销打好基础。因此，主播成为直播营销中重要的角色，是连接商家与用户的桥梁，也可能作为流量入口，成为直播营销体系前中后期最具价值的营销角色（如达人、明星主播）。

主播不仅可以凭借独特风格和魅力吸引流量，积聚粉丝，还可以通过专业的互联网销售能力，将积聚的粉丝转变为产生购买行为的客户，从而实现品牌价值提升和流量变现，如图1-3、图1-4所示。

图1-3　东方甄选主播——董宇辉

图1-4　交个朋友直播间主播——罗永浩

（2）货品要素——以产品或服务为中心

直播营销中的“货”是商家提供的产品或服务，是直播间销售的商品。

在直播营销情境中，商家卖的是“产品和服务”，但吸引客户的可能是与“货”关联的品牌故事、粉丝反馈、活动互动、场景画面等，甚至是用户感到有趣的内容，如用户对主播“人设”的信任或被主播形象和表现吸引等。

直播营销的“货”不仅是产品和服务，还是通过主播的人物形象塑造、口播内容和场景打造所构建起来的产品、服务、事件、体验、人物、地点等融合体，特别是直播可以有效地把企业与品牌形象、话题营销、事件营销、场景营销、互动体验等融为一体。

直播营销渠道也由传统营销人找货，变成货找人（即主播选品后引导用户产生购买行为，如图1-5所示）、内容找人（即直播内容吸引用户停留并产生购买行为，如图1-6所示），甚至是人找人（即主播吸引用户注意并产生购买，如图1-7所示）。

图1-5　“交个朋友直播间”主播推荐产品

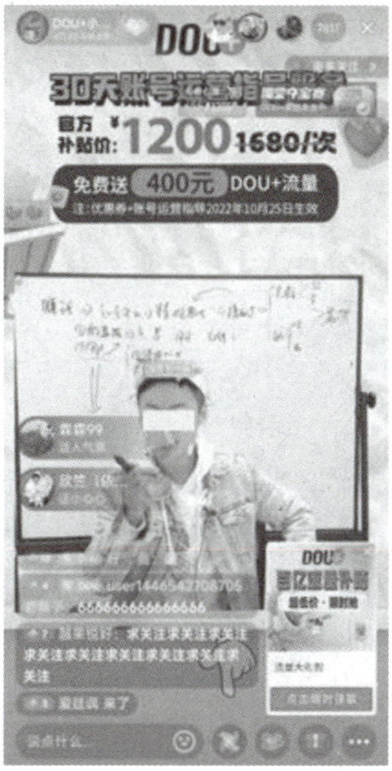

图1-6　“DOU+小助手”直播间以账号运营技巧内容吸引用户

图1-7　“东方甄选”直播间主播YoYo吸引粉丝关注主播推荐的产品

（3）场景要素——以生动立体化的场景为中心

直播营销中的“场”主要是指直播消费场景，具体指在线下直播场景、直播器材的支撑下由直播平台和直播间构成的立体化营销场景。

在直播间内，主播通过才艺、话术、优惠活动等方式实现实时互动沟通，通过直播布景和场景变换搭建生动的消费场景，吸引用户的注意，从而在“沉浸式”体验和互动中激发消费欲望，促使其产生消费行为。

对于用户来说，有主播、有产品、有内容、有活动、有实时互动的直播营销场景，这些都增添了购物的趣味性，同时节约了用户搜索信息的时间成本和购物的出行成本，增强用户对商家的认知和信任。直播间主播引导、内容吸引、活动互动、专属价格、秒杀抢购等形式，让消费者得到更多实惠和“沉浸式”购物体验。

通达行业1-2　创新场景 雪山直播带货2天销售额超百万

2021年8月，YAYA鸭鸭登山服饰旗舰店将直播场景搬上西藏雪山，以“雪山直播”的形式让用户直观地看到羽绒服的耐寒与保暖性，这一创意被业内称为“人货场的天花板”。

进入直播间，映入眼帘的就是几位穿着羽绒服、戴着帽子墨镜的主播，一位在向直播间观众介绍身上的羽绒服，一位在旁边当模特展示，而她们的背后一片白雪皑皑，如图1-8所示。主播们站在寒冷的雪山上，在呼呼的风声中卖力讲解产品，即使手被冻得通红，也丝毫没影响带货热情。

图 1-8　雪山直播

据悉，这是在抖音电商平台上首个尝试真实户外雪山场景的品牌自播，以至于很多消费者第一次看到此情此景，以为是背景布或者人工降雪，根本不相信这是真的户外雪山。

品牌负责人说："8月是最热的时候，穿着厚厚的羽绒服难以给人身临其境的感觉，为此我们想找出符合这种穿着的场景，第一个想到的就是西藏。羽绒服做反季销售，为了更好地展现产品本身的保暖抗寒属性，所以想到利用地区场景的特点来真实体现产品功能。"

新奇特的雪山直播场景，升级了直播间的氛围，吸引了大量消费者涌入观看和下单。8月31日的直播累计观看达77万人次，最高在线人数峰值达1.3万人，当天商品交易总额（GMV）超65万元。对比该旗舰店试播阶段单场直播几百元的GMV，这场直播成绩简直是大幅跃升，如图1-9所示。

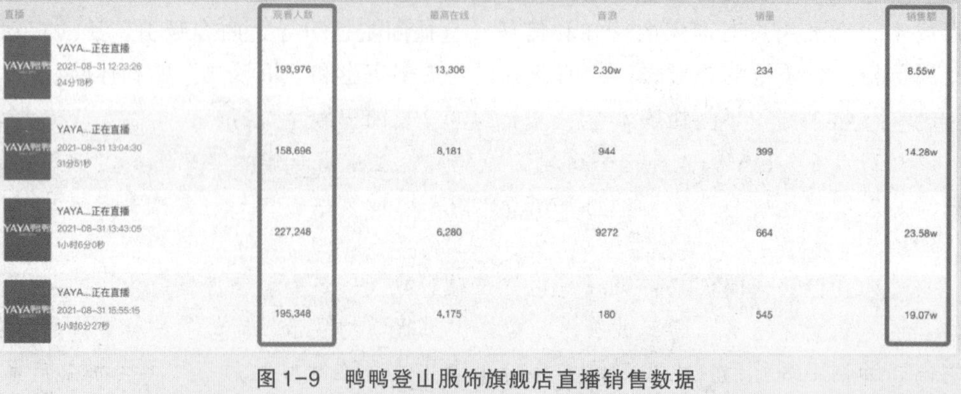

直播	观看人数	最高在线	音浪	销量	销售额
YAYA...正在直播 2021-08-31 12:23:26 24分18秒	193,976	13,306	2.30w	234	8.55w
YAYA...正在直播 2021-08-31 13:04:30 31分51秒	158,696	8,181	944	399	14.28w
YAYA...正在直播 2021-08-31 13:43:05 1小时6分0秒	227,248	6,280	9272	664	23.58w
YAYA...正在直播 2021-08-31 15:55:15 1小时6分27秒	195,348	4,175	180	545	19.07w

图 1-9　鸭鸭登山服饰旗舰店直播销售数据

雪山直播之所以能出圈，归根到底，在于场景创新。此次YAYA鸭鸭登山服饰旗舰店在雪山直播，把直播三要素“人货场”做到了高度统一。在寒冷的雪山上带货，也一定程度上增强了观众的信任感，促进了直播转化。

资料来源　飞瓜有料.3 000粉新账号雪山硬核带货，直播“人货场”天花板［EB/OL］.［2021-09-07］. https：//zhuanlan.zhihu.com/p/405775627.

思考：分析“雪山直播”的人、货、场设计。

人：________________

____

货：________________

____

场：________________

____

2.直播营销产业链结构

直播营销产业链主要是由直播供应端、直播平台端和消费者需求端三大类型的参与主体构成，其中主要包括直播商家、MCN机构、服务商、达人主播、直播平台和消费者等，如图1-10所示。

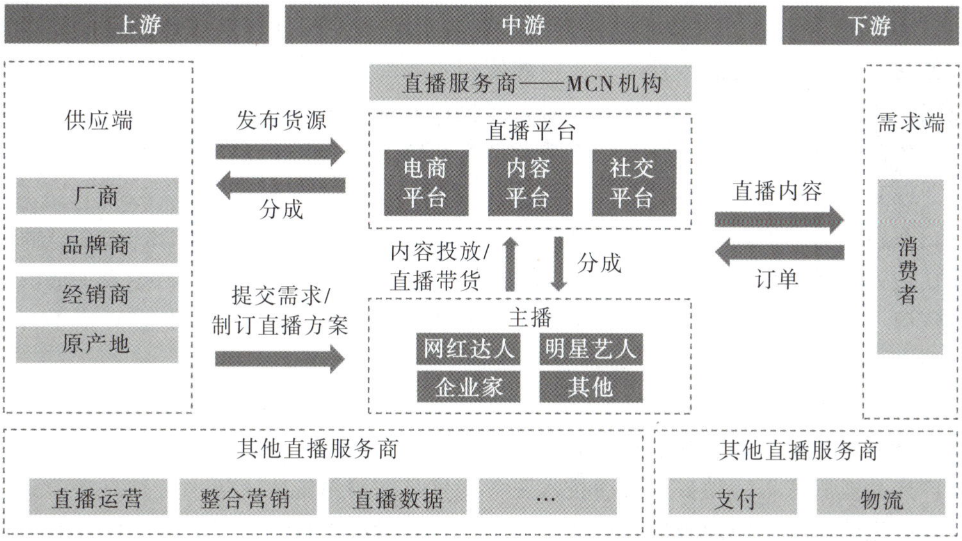

图1-10　直播营销产业链结构

（1）商家

商家主要是指在直播商业模式下需要完成商业推广或商品销售的企业或组织，包括厂商、品牌商、经销商、原产地及线下渠道运营商等类型。各类商家处于直播营销产业链的供应端。商家通常基于其品牌推广和产品销售的需要开展直播营销。一种方式是在平台直接开设账号，自组团队运营；另一种方式是基于直播平台流量与MCN机构、达人主播合作，形成委托关系，委托服务商代为运营账号，或者把产品直接委托服务商推广和销售。

（2）MCN机构

MCN机构是指在直播营销中提供多元化服务的中介机构，包括主播孵化、内容制作、直播运营、产品营销、供应链支持等。MCN机构可以为商家和主播提供全方位的服务。一方面帮助商家优化推广方案、提高销量与销售额；另一方面对接达人主播，开展主播孵化、签约、雇用和培育活动，在直播营销产业链中起到承上启下的作用。MCN机构运营模式如图1-11所示。

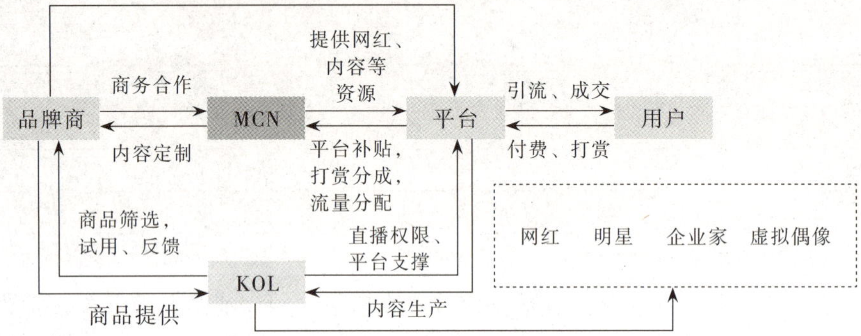

图1-11 MCN机构运营模式

（3）服务商

MCN机构集合了大量的主播资源，在内容生产方面具有丰富的经验；代运营服务商具有丰富的直播运营经验，资源使用效率高；直播数据营销服务商以强大的数据作为支撑，了解消费者偏好，对直播投放策略把握更为精准。因此，多种类型的服务商结合自身优势，服务于直播营销产业链的各个环节。

（4）达人主播

在直播营销产业链中，许多品牌与众多达人主播建立起紧密的合作关系。商家委托达人主播创作对品牌推广有价值的内容，推荐、销售产品，借助达人主播的内容资源、粉丝资源和导购能力，深度拓展消费人群，快速建立起品牌在直播平台中的知名度，提高销售业绩。

（5）直播平台

直播平台是指通过开放直播商家入驻功能，为商家采用直播方式宣传、介绍或推广产品或服务等活动提供直播技术服务的信息网络系统。直播平台是直播营销产业链的运营基础，为商家搭建投放广告、开展直播的平台，同时商家、服务商和达人主播提供运营账号、生产内容、产生商业变现的空间场景。

（6）消费者

消费者处于直播产业链中的需求端，他们会进入直播平台观看达人主播或品牌商家的内容作品、商品信息，也会进入直播间观看直播，进行互动或消费。消费者的消费信息，通过大数据分析，能够反馈给产业链前端，帮助其进行营销优化。

通达行业1-3　　抖音：打造“兴趣电商”新生态

微课1-3

抖音的“兴趣电商”新生态

在2021年年初的抖音电商生态大会上，抖音正式推出了“兴趣电商”的新概念。抖音平台通过推荐技术，把优质的商品内容与海量兴趣用户连接起来，激发用户消费的新体验与新需求，为商家带去新的业务增量。这种通过推荐技术激发用户潜在兴趣的发现式电商消费模式，被称为“兴趣电商”，如图1-12所示。

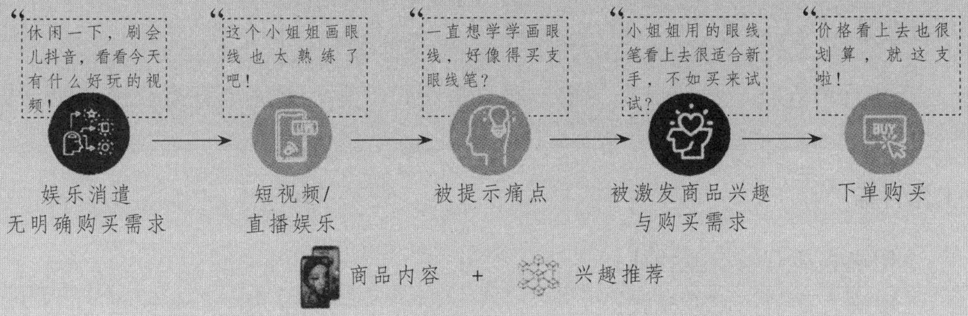

图1-12　抖音平台的“兴趣电商”模式

抖音平台对应“兴趣电商”模式提出了“FACT四大经营矩阵”，如图1-13所示，分别适用不同的商业目标和经营场景，商家可以结合自身增长需求，布局四大经营阵地，达成长期高效的业务增长。整体上，商家直播和达人矩阵用于构建稳定的日常销量，而营销活动和头部大V用于实现规模化的品销爆发。

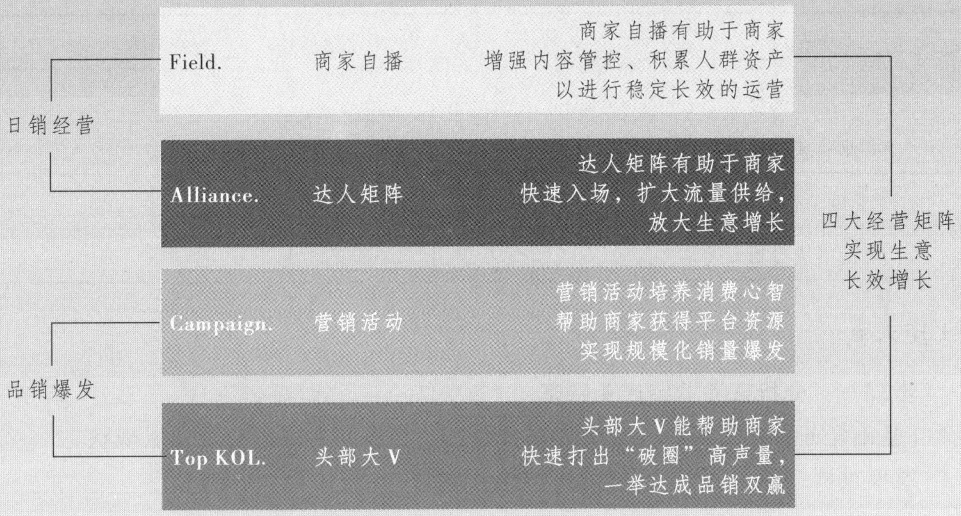

图1-13　抖音平台的“FACT四大经营矩阵”

随着抖音电商的蓬勃发展，抖音电商紧密连接“用户、商家、达人、机构&服务商”的经营模式已经初步形成，开辟了抖音直播平台的“兴趣电商”新形态。

思考：分析抖音直播营销参与主体，绘制抖音直播营销的业务结构图。

职业技能操练

工作项目

直播营销产业分析。

项目背景

直播营销人员，从业前需尽快了解直播营销产业，并完成直播营销产业分析报告。

工作目标

- 明确直播营销产业特征；
- 明确直播营销商业模式；
- 明确直播营销产业链结构。

工作计划

请将直播营销产业分析计划填入表1-2。

表1-2 直播营销产业分析计划

工作要点	计划描述
产业特征分析	
商业模式分析	
产业链结构分析	
典型案例分析	

工作实施

步骤一：分析直播营销产业特征

[基础任务] 查阅资料，分析“东方甄选”直播间发展过程及发展现状。

发展过程：____

____

____

____

发展现状：____

____

____

____

[进阶任务] 对比“东方甄选”所属的新东方公司转型前后的营销模式及其特点。

转型前营销模式及其特点：________________________________

____

____

____

转型后营销模式及其特点：________________________________

____

____

____

步骤二：分析直播营销商业模式

［基础任务］分析“东方甄选”直播间人、货、场三要素的设计特点。

人员要素：____

____

____

货品要素：____

____

____

场景要素：____

____

____

步骤三：分析直播营销产业链结构

［基础任务］分析在产业链中“东方甄选”直播间所属产业角色。

- [ ] 直播商家
- [ ] MCN机构
- [ ] 直播服务商
- [ ] 直播平台
- [ ] 主播
- [ ] 消费者

［进阶任务］查阅资料，绘制“东方甄选”直播间的产业链结构，完成图1-14的绘制。

图1-14　“东方甄选”直播营销产业链结构图

工作成果自查（见表1-3）

表1-3 直播营销产业分析工作成果自查表

检查内容	检查标准	检查结果
产业特征分析的准确性	是否全面了解案例企业背景； 是否符合直播营销特征； 是否全面、具体	
商业模式分析的准确性	是否准确理解人、货、场三要素； 是否符合案例企业实际	
产业链结构分析的准确性	是否准确定位案例企业产业角色； 是否包含产业链的供应端、平台端和需求端； 是否包含产业链上、中、下游； 是否全面、具体，且符合企业实际	
自查结论		

工作项目评价（见表1-4）

表1-4 直播营销产业分析工作项目评价表

评价项目	评价标准	分值（分）	专家评分（50%）	教师评分（50%）	得分（分）
技能评价	能够分析直播营销产业特征	20			
	能够分析直播营销人、货、场	20			
	能够分析直播营销产业链结构	20			
素养评价	熟悉直播营销相关法律法规	20			
	注重直播营销的正确导向和良好网络环境营造	10			
	工作项目中团队协作良好	10			

职业素养指南

某直播间经营人刘某伙同陈某、韦某，自2021年1月起在未经Superdry注册商标所有人授权或者许可的情况下，直播销售假冒Superdry注册商标的衣服。其中，刘某主要负责直播运营和管理；陈某负责整理货品并发货，还承担客服工作；韦某在直播间做主播，销售商品。

三人在直播中的行为是否均涉嫌违法？请分析直播产业遵守法律法规与公序良俗的重要性。

社会拓展任务

为助力乡村振兴工作，请对当地农产品直播营销产业现状进行调研分析，撰写《本地农产品直播营销产业现状分析报告》。

活动 2
直播营销平台认知

活动目标

1. 能够分析直播营销平台类型及特征；
2. 能够根据直播平台特征，明确商家直播平台选择标准；
3. 能够根据商家营销需求，确定直播营销平台。

职业工作情境

直播平台是直播产业链中重要的组成部分，是直播营销内容输入和输出的渠道。商家和直播营销人员在选择直播平台时应先了解直播平台类型、平台特征和用户特征等，然后结合自身的实际需要，选出与自身条件和资源相匹配的直播平台。

职业知识储备

知识点 1
直播营销平台类型

微课 1-4
直播营销平台类型

直播营销平台是指开放直播商家入驻功能，为商家采用直播方式宣传、介绍或推广产品或服务等活动提供直播技术服务的信息网络系统。

1. 电商直播平台

电商直播平台是推出直播业务的传统电商平台，具有较强的营销性质。传统电商平台以往主要通过商品详情页来引导消费者购买，而电商直播能够实现商家与消费者之间一对多的实时互动。在传统电商的销售模式下，消费者只能预测实物的穿戴或使用效果；电商直播则能够将商品实物真实地展示在直播画面中，主播可以把商品的详情、优缺点、使用效果等基于视频媒介展现出来，与消费者实时互动，完成商品的导购流程。

在电商直播平台中，商家利用电商平台的流量带动直播流量，将直播作为吸引客流、提高转化率的重要手段。商家通过直播的方式讲解商品，以较低的成本吸引用户关注商品并产生交易，而用户观看直播的主要目的是充分了解商品信息、获取优惠，最终购买商品。

电商直播平台的营销特点有：①平台用户流量大，购买意向明显，销售转化率高；②平台具有供应链、品牌商资源等后端优势，能快速融入直播带货场景。

目前，具有代表性的电商直播平台有淘宝直播（如图 1-15 所示）、京东直播（如图 1-16 所示）、唯品直播（如图 1-17 所示）、苏宁直播（如图 1-18 所示）等。

图 1-15　淘宝直播界面

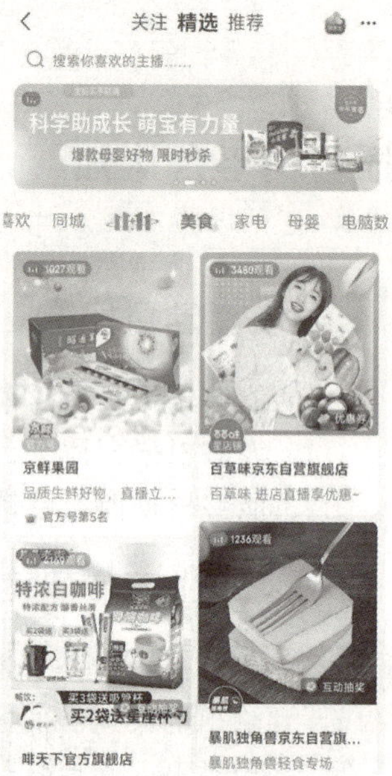

图 1-16　京东直播界面

图 1-17　唯品直播界面

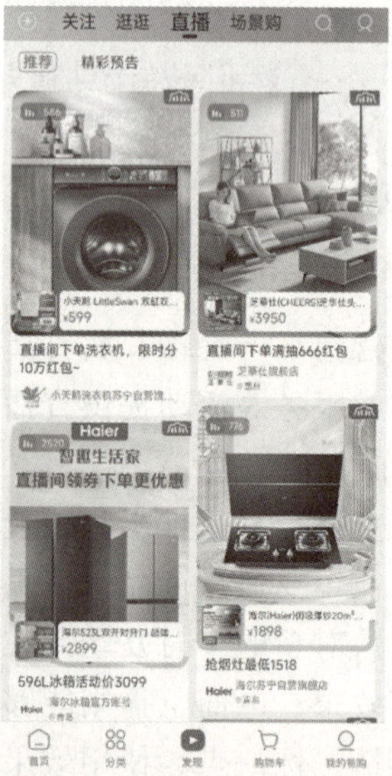

图 1-18　苏宁直播界面

通达行业 1-4　　**苏宁易购解锁实景直播**

2022 年"双 11"前夕，苏宁易购将新开业的苏宁易家广场打造成了一座以"家实景"为核心的直播基地，联合百大头部家电家居品牌入驻，于 10 月 31 日 19 点在平台推出超过 100 场直播，为消费者带去了更专业、更直观的直播体验。

苏宁易购在策划“双11”直播时，直播团队反复讨论苏宁直播的差异化优势是什么。团队列出了几个关键词：家电、服务、专业、垂直和线下场景。

苏宁易购有着30多年的家电销售经验和高水准的售后服务团队，在家电直播的垂直赛道上具有领先优势。那如何把直播和专业结合起来呈现给用户？苏宁易购想到利用线下场景优势。

为此，苏宁易购在苏宁易家门店按照1:1的比例还原了一个真实的“家”，各大家电品牌的直播间分布其中，将最直观、最真实的“家场景”呈现给用户。

家电的直播有其特殊性。比如一台对开门冰箱，房子大的用户担心买小了，摆在家里不够气派；房子小的用户担心买大了，餐厅放不下。苏宁易购把冰箱直接搬进“家场景”直播间中，冰箱大还是小，用户能有最直观的感受。此外，直播间中的每个主播都准备了卷尺，可以根据用户不同的需求，量身定制，展现不同的效果，一目了然。

在10月31日当晚的“苏宁易家实景直播夜”活动中，美的、海尔、海信、西门子、创维、TCL、A.O.史密斯、华帝、老板、方太、小天鹅、苏宁宜品都在实景直播间迎来首秀。品牌负责人亲临直播间，给粉丝带来了专属爆款、秒杀爆款、红包、福袋等福利。用户还能在苏宁易购App通过搜索“好物街”进入直播间，体验实景直播，如图1-19所示。

图1-19　苏宁易购“双11”实景直播

“双11”结束后，苏宁易家实景直播基地以日播的形式，继续为用户提供实景直播服务，嵌入“1V1导购”服务。用户进入导购的直播间，就可申请连线。专业的线下导购员化身主播，在直播间为用户提供到店服务，带其“云逛街”。

资料来源 佚名.实景直播间来了！双十一苏宁易购打造“可在线逛的门店”[EB/OL].[2022-11-11]. https://www.163.com/dy/article/HL2EMLPJ0553BGD9.html.有删改.

思考："苏宁易家实景直播夜"的实景直播有哪些特点？相比线下销售，能为家电品牌商和消费者带来哪些价值？

2.短视频直播平台

短视频平台原本以输出短视频内容为主，但随着直播行业的蓬勃发展，许多短视频平台适时推出直播业务，平台上的用户除了可以上传、发布短视频外，还可以开通直播销售功能。短视频直播平台的商家和主播可以在直播间添加商品链接，引导粉丝购买商品。

短视频直播平台的营销特点有：①平台用户流量大，能够激发潜在用户需求；②平台短视频内容能为商家直播带来精准流量，更有利于直播营销的顺利开展；③直播场景更丰富，直播内容更多元；④平台的智能算法能够针对用户喜好推送直播，投放更精准。

目前，具有代表性的短视频直播平台有抖音（如图1-20所示）、快手（如图1-21所示）等。抖音与快手基于短视频热度和海量用户，成为短视频直播平台的"领头羊"。

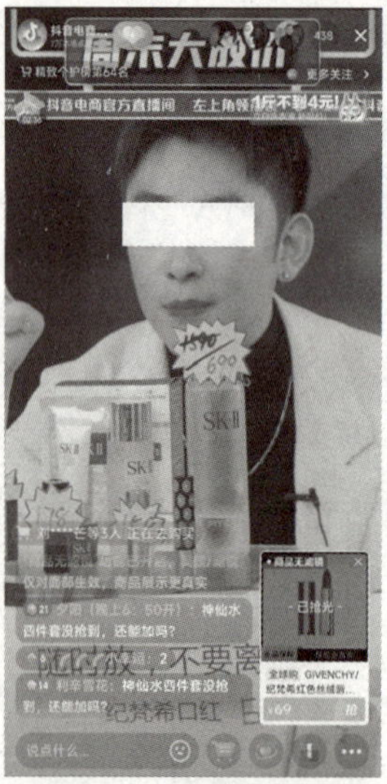

图1-20 抖音直播界面

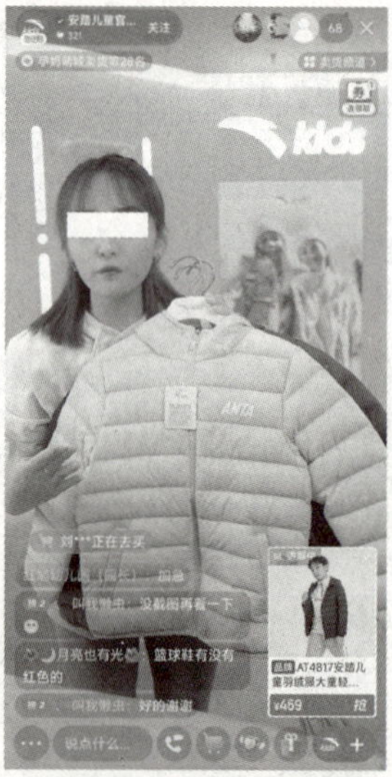

图1-21 快手直播界面

知识点2
电商平台

抖音平台主打"兴趣电商"，即一种基于人们对美好生活的向往，满足用户潜在购物兴趣，提升消费者生活品质的电商平台，如图1-22所示。

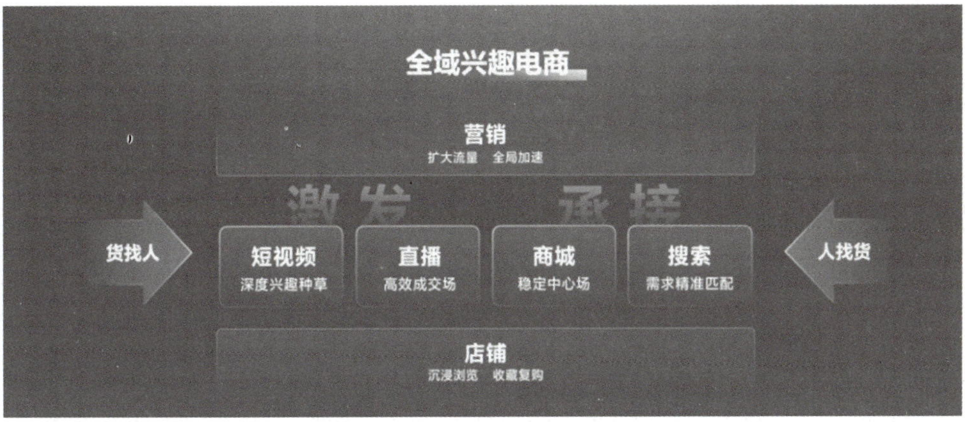

图1-22　抖音“兴趣电商”逻辑

快手平台主打“信任电商”，即以用户为核心、内容为驱动，加强内容趣味性与用户的信任关系，使用户能与快手商户产生更长时间、更紧密的联结，如图1-23所示。

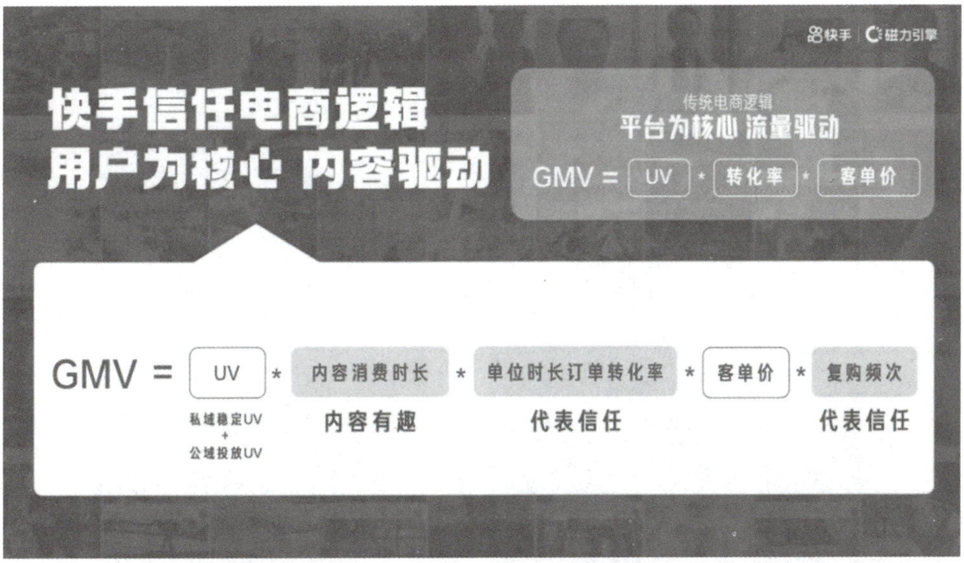

图1-23　快手“信任电商”逻辑

通达行业1-5　大希地品牌在抖音电商的进阶之路

大希地是杭州大希地科技股份有限公司旗下品牌，创立于2014年，是国内领先的冷冻半成品食材品牌。其核心理念是带给大家烹饪零基础、5分钟做大餐的全新烹饪体验，让大家做饭更快、更健康。其主要产品为牛排、鸡肉等生鲜肉类半成品。自2020年4月至今，大希地在抖音电商平台的GMV增速超过100%，成为中式调味牛排第一品牌。

2020年，对新渠道比较敏感的大希地产生了去抖音电商平台试一试的想法。在这之前，大希地公司已经观察到在抖音上直播带货的达人数量正在不断增加。

在罗永浩的抖音直播带货首秀上，大希地虽然是首次尝鲜抖音直播带货，却产生了实实在在的增量和惊喜，随后坚定了在抖音上倾注生产力的决心。

大希地之所以选择在抖音电商上投注，是因为传统的电商平台流量已经稳定在固定的量级和阶段，增量比较难做，但在抖音电商平台上有很多新增客户。

初入抖音电商平台，大希地摸着石头过河。最早，一直沿用在其他电商平台验证过的产品组合，比如套餐中赠送鸡米花、鸡块等小吃。但是抖音电商的众多用户却反馈，他们更想要烤肠。大希地直播团队在抖音电商平台上还能捕捉到用户对口味以及包装的需求，比如一款牛排，如果大多数用户反映口味是偏咸的，他们会把该信息转达给生产端，将口味调淡一点，而以往因此造成的销售减少可能他们根本不能发觉。类似这样与用户的直接交流通常就发生在直播间评论区，每次根据用户需求进行调整后，直播间就能明显感觉到数据转化的提升。

同时，抖音有大量优秀的短视频创作者，使得更多优质商品可以通过更好的内容形态展示，商家也有了更多机会通过创作者触达它们的粉丝。大希地旗舰店既会通过品牌介绍、生产过程展示、产品美食制作教学、现场品尝等短视频内容触达用户，也会采取自播和达人合作带货形式，还会打造明星专场合作直播间，根据时间节点不同打造不同的主题，如图1-24所示。

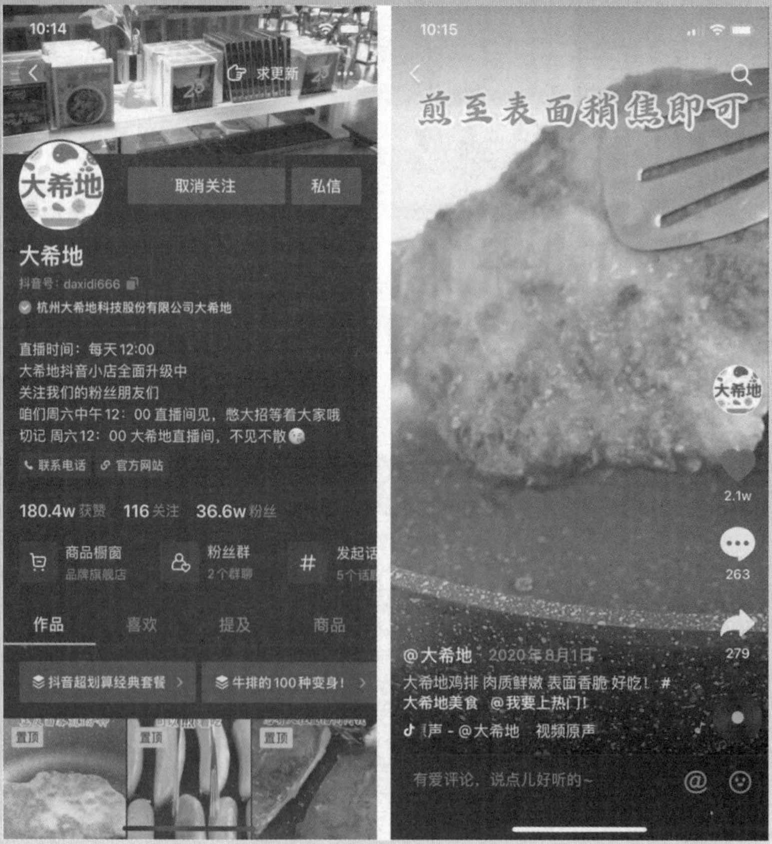

图1-24 大希地抖音账号

2020年12月，针对抖音电商平台的相关业务，大希地开启店铺自播，内部配置了数十人的专业团队，覆盖售后服务、客服、中台、供应链、技术等职位。目前，大希地的店铺自播已经实现常态化运营，每周直播7天，日销营业额已经可以稳定在30万~50万元。抖音平台的流量池和技术优势，也帮助大希地与用户之间借助视频和直播产生了自发连接。

资料来源　作者根据相关资料整理而成.

思考：抖音电商平台对大希地的品牌直播起到了哪些作用？

3.社交直播平台

社交直播平台是基于真实存在的社交关系，通过用户间的高信任度传播兴趣点，通过直播引发消费需求的平台。社交平台具有社交属性，平台直播是基于商家与用户、用户与用户之间的信任关系，将商品直播在社交圈层扩散，从而形成销售转化。当商家与用户形成稳定的信任关系后，用户会进行复购，且复购率很高。

与其他平台相比，社交直播平台的营销特点有：①社交平台活跃用户数多、覆盖面广；②获客成本低，直播内容可直接触达用户；③用户更为精准，可根据用户需求进行精准营销；④用户黏性强，流失率较低，销售转化率及复购率高；⑤可形成裂变效应。

目前，具有代表性的社交直播平台有微信视频号（如图1-25所示）、百度企业号（如图1-26所示）、小红书企业号（如图1-27所示）等。另外还有一些与直播相关的其他平台，如具有社交直播零售功能的有赞商城（如图1-28所示），能够为商家提供私域直播的微赞直播平台（如图1-29所示）等。

图1-25　微信视频号直播页面

图1-26　百度企业号直播页面

图1-27　小红书企业号直播页面

图 1-28　有赞商城直播页面

图 1-29　微赞直播页面

通达行业1-6　哈根达斯合作有赞 布局社交电商直播

自1996年进入中国市场以来，哈根达斯受到了国内消费者的认可与欢迎，拥有着极高的国民度。其几乎是高端冰淇淋的代名词。目前哈根达斯已经覆盖了全国约70个城市，拥有约380余家门店。

随着私域经济时代的全面到来，如何在原有业务之外找到增长的第二曲线，通过私域渠道最大化释放品牌的营销势能，是哈根达斯营销转型的重点。

2020年的疫情，让哈根达斯下定改变的决心。哈根达斯拥有很多优质客群，但是怎样更好地触达客户、提高客户黏性，需要有更适合的平台工具和成熟的技术方法支持。

2020年4月底，哈根达斯与有赞正式合作。通过有赞提供的小程序，哈根达斯将门店搬到了线上，依靠“小程序+社群”的营销方式，业绩提升明显，同时哈根达斯还通过小程序布局同城配送、到店自提等新模式，到了8月份，小程序营业额远超期望值。

2020年中秋节，有赞联合直播平台爱逛，协助哈根达斯在西湖文化广场店开启了首次私域直播，如图1-30所示。本场直播全程在爱逛小程序中进行，主播直接到哈根达斯门店进行探店直播，粉丝可以在直播间下单，到店自提，既增强了品牌与消费者的互动感，也为门店带来了庞大的客流量。

图1-30 哈根达斯门店直播

直播期间，全国380余家哈根达斯门店也全面联动营销。哈根达斯通过官方公众号进行了预热推送，阅读量迅速突破10万；哈根达斯各门店分别建立了快闪群，直播期间通过快闪群同步推广；在社群中，哈根达斯还借助了有赞的营销工具，发起了组队抢券、0元单品兑换券等多种营销方式吸引粉丝关注和到店转化。

将这场直播首秀选在西湖文化广场的银泰百货，有赞和哈根达斯也有意与银泰百货进行联动，通过商圈为直播引流。同时这次直播还是有赞与爱逛“品牌联营计划”的首播，哈根达斯作为直播主品牌，拉面说、认养一头牛、燕之屋、良品铺子则作为合作品牌，这些一线品牌合力为直播间推广引流，并通过现场品鉴、直播间抽奖等多种形式参与进来，形成了品牌联动效应。

最终数据显示，这场直播吸引了6万网友观看，哈根达斯的“月球狂想”冰淇淋礼盒更是被直播间顾客纷纷抢购。整场直播最高成交转化率达14%，平均客单价接近500元，其中新客成交占比高达73%。

资料来源 佚名.6万网友“舔屏”哈根达斯直播间 有赞爱逛“品牌联营计划”助力商家交易增长723%［EB/OL］.［2020-09-17］. https://baijiahao.baidu.com/s?id=1678051200299356446&wfr=spider&for=pc.有删改.

思考：有赞平台对哈根达斯品牌营销起到了哪些作用？

知识点3
直播平台选择标准

1. 平台入驻门槛

微课1-5
直播平台选择标准

由于个人或企业自身的条件和资源不同，因此入驻门槛在一定程度上限制了商家对直播平台的选择。商家在淘宝、抖音、快手三大直播平台中入驻开启直播带货，都需要满足一定的条件，如消费者评价、有无虚假交易、有无店铺违规等情况，同时商家还需符合经营类目要求。开启抖音直播带货功能，还存在对商家主页的视频数量、账号粉丝数量等相关要求。

2. 平台类别和规模

直播营销最重要的就是精准定位，每个平台都有各自的优势。首先，商家需要根据直播内容和平台功能选择合适的平台。以电商直播为主，不具备社交属性的商家，如果错误地选择社交直播平台，那么营销效果就会很差。其次，需要考虑的是平台规模。例如，大型平台还是中小型平台、成熟平台还是新兴平台，每个平台的受众是不一样的，并不是平台规模越大就越适合自己，商家需要根据实际情况进行相应的选择。

3. 平台用户数量和质量

平台用户规模越大，可能获得的流量也就越大。用户规模可以为个人或企业直播业务的后续发展提供保障。商家需要考虑平台总体用户数量、活跃用户数量、付费用户的平均月支出额等指标。总体用户数量能够体现平台整体规模，活跃用户数量能够体现平台整体运营情况，付费用户支出能够大致体现出平台用户的付费能力等信息。由于个人或企业输出的直播内容和销售的商品不同，因此在选择直播平台时需要分析平台的用户画像是否符合商家的直播内容和商品特点。

4. 平台对商家的扶持政策

不同平台对商家的扶持政策均不一样。对商家的扶持内容包括流量扶持、内容扶持、主播扶持、宣传扶持、渠道扶持、数据扶持等。所以，选择直播平台前，商家可以先了解平台相关扶持政策内容。

5. 平台运营能力

平台运营水平会影响商家开展直播营销活动的效率和曝光率。成熟的平台会针对商家和平台的特色定制特有活动来吸引达人主播和用户，助力商家的平台经营。

职业技能操练

工作项目

直播营销平台分析。

项目背景

山西田源食品集团是一家以从事食品加工、销售业务的中型企业，旗下有多家公司分别从事不同类型食品的生产销售，经营业态各具特色。

田源本色食品公司以经营农产品为主，包括红枣、小米、杏干、花馍等山西特色产品。公司目前规模较小，前期未接触电商领域，期望通过直播营销为本地农产品打开销路。

田源醋业公司以生产经营山西老陈醋为主，注册资本1 000万元。在淘宝平台开设的网店已经营5年时间，网店粉丝达10万+。其打造的“田源老陈醋”品牌在国内具有一定知名度。在目前行业营销趋势下，公司准备开启直播带货为品牌增效。

甜缘生活食品公司在山西省内开有多家连锁蛋糕门店，省内知名度较高，经营产品主要为蛋糕、面包及乳制品等。每家蛋糕分店前期已创建门店微信群，每周固定时间通过微信群向门店消费者发送福利及优惠信息。看到公司其他业态已经开启直播带货业务，甜缘生活也不想放弃直播市场。

山西田源食品集团直播营销业务启动前，需要完成直播平台的分析工作。

工作目标

- 明确直播营销平台的类型及特点；
- 确定商家直播营销平台选择标准；
- 选择商家适合的直播营销平台。

工作计划

请将直播营销平台分析计划填入表1-5。

表1-5 直播营销平台分析计划

工作要点	计划描述
直播平台选择策略	
直播平台特征分析	
直播平台选择建议	

工作实施

步骤一：分析直播营销平台选择策略

[基础任务] 结合项目背景，分析山西田源食品集团经营特征及直播营销目标。

商家经营特征分析：____

____

____

____

商家直播目标分析：____

____

____

____

［进阶任务］简述山西田源食品集团直播平台选择策略。

平台选择标准：____

____

____

步骤二：对比分析直播营销平台

［基础任务］列举不同类型的直播营销平台，填入表1-6。

表1-6 直播营销平台类型

序号	平台名称	平台类型	平台功能
1			
2			
3			
4			
5			
6			

［进阶任务］直播营销平台特征对比分析，填入表1-7。

表1-7 直播营销平台对比

平台名称			
入驻条件			
平台规模			
用户数量			
用户画像			
扶持政策			
运营能力			

步骤三：直播营销平台选择建议

［基础任务］山西田源食品集团直播营销平台选择建议。

田源本色食品公司：____

____

____

田源醋业公司：____

____

____

甜缘生活食品公司：____

____

____

工作成果自查（见表 1-8）

表 1-8　　直播营销平台分析工作成果自查表

检查内容	检查标准	检查结果
直播目标分析的准确性	是否全面了解项目背景； 是否针对商家经营特征，确定直播营销整体目标； 是否全面、具体	
直播平台分析的准确性	是否全面列举直播平台； 特征分析是否符合平台实际； 是否完整、准确	
直播平台选择的合理性	是否有明确的选择标准； 是否符合商家直播营销目标； 是否符合商家直播要求	
自查结论		

工作项目评价（见表 1-9）

表 1-9　　直播营销平台分析工作项目评价表

评价项目	评价标准	分值（分）	专家评分（50%）	教师评分（50%）	得分（分）
技能评价	能够分析直播营销平台类型及特征	20			
	能够确定商家直播平台选择标准	20			
	能够正确选择直播营销平台	20			
素养评价	熟悉直播营销相关法律法规	20			
	注重直播营销的正确导向和良好网络环境营造	10			
	工作项目中团队协作良好	10			

职业素养指南

某商家在直播平台上举办“夏日爆品专场活动”，主播为展示所售裤子的弹性，示意两边工作人员用力拉扯试穿人员身上的裤子，表演极度夸张，裤子变形严重，甚至露出试穿人员的腰部。这一情形被直播平台发现后，立刻中断了本场直播，并在屏幕上提示“出现低俗的言行、表演、惩罚或贴纸。主播正在整改，请耐心等待”。

直播平台的处理措施是否得当？请分析商家应如何坚持正确导向，营造良好的网络生态环境。

社会拓展任务

为助力乡村振兴工作，请对农产品直播营销平台进行分析，总结本地农产品在不同直播平台的营销现状，并为某一具体农产品企业设计直播营销矩阵。

互联网营销师知识训练

一、单项选择题

扫码答题
看解析

1.直播营销的核心是通过构建（　　），结合消费者的消费需求和情感需求，为消费者提供沉浸式的消费体验。

A.直播场景　　B.直播团队　　C.直播间　　D.直播平台

2.在直播营销的人员要素中，（　　）是直播营销中重要的角色，是连接商家与用户的桥梁，也可能作为流量入口，成为直播营销体系前中后期最具价值的营销对象。

A.用户　　B.场控　　C.主播　　D.助播

3.（　　）是在直播营销产业链中提供多元化服务的中介机构，包括主播孵化、内容制作、直播运营、产品营销、供应链支持等。

A.商家　　B.MCN机构　　C.服务商　　D.明星/达人

4.社交平台直播是基于商家与用户、用户与用户之间的（　　），将商品直播在社交圈层中扩散，从而形成销售转化。

A.交易关系　　B.信任关系　　C.合作关系　　D.竞争关系

5.抖音平台主打（　　），即一种基于人们对美好生活的向往，满足用户潜在购物兴趣，提升消费者生活品质的电商模式。

A.信任电商　　B.货架电商　　C.内容电商　　D.兴趣电商

二、多项选择题

1.相较传统营销模式而言，直播营销具有（　　）的特点。

A.营销互动性强　　B.营销场景真实　　C.营销效果直观

D.营销规模较小　　E.营销时间缩短

2.直播营销中的“人”，既包括直播间内的人，也包括直播前和直播后营销触达的人群，即（　　）。

A.MCN机构人员　　B.直播人员　　C.服务商人员

D.用户　　E.供应商人员

3.直播营销产业链主要是由直播供应端、直播平台端和消费者需求端三大类型的参与主体构成，主要包括（　　）。

A.直播商家　　B.MCN机构　　C.服务商

D.直播平台　　E.主播和消费者

4.下列平台属于电商直播平台的有（　　）。

A.淘宝直播　　B.京东直播　　C.抖音平台
D.快手平台　　E.小红书

5.某品牌商家计划开展直播营销，商家对直播平台的选择标准应包括（　　）。
A.平台入驻门槛　　B.平台类别和规模
C.平台用户数量和质量　　D.平台对商家的扶持政策
E.平台运营能力

三、判断题

1.相较传统营销模式，直播营销模式从消费方式上来说，以用户主动搜索商品为主，传统营销模式以平台或商家向用户推荐商品为主。（　　）

2.直播营销的“货”不仅是产品和服务，还可以是通过主播的人物形象塑造、口播内容和场景打造所构建起来的产品、服务、事件、体验、人物、地点等融合体。（　　）

3.直播代运营服务商集合了大量的主播资源，在内容生产方面具有丰富的经验。（　　）

4.短视频直播平台的营销特点包括获客成本低、直播内容可直接触达用户以及可形成裂变效应。（　　）

5.由于个人或企业输出的直播内容和销售的商品不同，因此在选择直播平台时需要分析平台的用户画像是否符合商家的直播内容和商品特点。（　　）

2

工作模块2

直播营销筹备

学习目标

知识目标

1. 掌握不同类型的直播营销团队架构
2. 掌握直播营销团队的核心岗位及岗位职责
3. 掌握不同流程下直播营销团队的人员分工
4. 掌握直播营销账号的类型
5. 掌握直播营销账号定位方法
6. 掌握直播账号开通及装修方法
7. 掌握直播间场地、硬件设备类型、主题与封面等场景的搭建

技能目标

1. 能够根据商家现状进行直播营销团队搭建
2. 能够根据商家定位进行直播营销账号搭建
3. 能够根据直播规模进行直播场景搭建

素养目标

1. 遵守团队协作的职业守则
2. 遵守勇于创新的职业守则
3. 坚持正确导向，营造良好的网络生态环境

情境描述

直播营销前期筹备，是品牌商家开展直播营销工作的基础。党的二十大报告中指出，“教育、科技、人才是全面建设社会主义现代化国家的基础性、战略性支撑”。对于直播营销而言，品牌商家需要搭建分工明确的直播团队负责执行各项工作任务，需要搭建定位清晰的直播账号作为商家直播营销平台，需要搭建设备齐全的直播间，为品牌直播营销提供专业的直播场所，充分发挥直播营销中教育、科技与人才的力量。直播营销人员需要明确品牌商家的直播营销目标，利用现有资源条件，完成直播团队、直播账号和直播间的搭建任务。

工作活动

活动1　直播团队搭建
活动2　直播账号搭建
活动3　直播场景搭建

活动1 直播团队搭建

活动目标

1. 能够根据直播营销目标，设计商家直播营销团队架构；
2. 能够根据直播营销发展阶段，设置直播营销岗位；
3. 能够根据直播营销流程，完成直播营销人员分工。

职业工作情境

直播营销人员需要明确品牌商家的直播营销目标，利用现有资源条件，完成直播团队的搭建。

职业知识储备

知识点1 直播营销团队架构

商家在直播产业业务结构下的各项直播业务，衍生出不同类型的直播团队架构。合理的团队架构，能够更好地帮助直播团队实现体系化的直播运营。

1. 直播店铺的团队架构

电商或实体店铺开展直播的营销目标主要是提高店铺经营业绩，因此直播团队要面向店铺运营全流程设计组织架构，发挥提高直播商品销量、支持店铺运营、提升店铺影响力的作用。

通常情况下，直播店铺团队架构包括商品部、创意部、直播部、运营部和客服部等职能部门，如图2-1所示。

2. 直播部门的团队架构

品牌商成立直播部门的目的是通过直播来实现企业的品牌营销或商品销售。直播部门的团队架构会根据直播营销流程搭建，进行专业化分工，一般包括选品团队、拍摄团队、主播团队和运营团队，如图2-2所示。

3. 直播间的团队架构

直播间中直播团队的工作核心是执行直播活动的各项流程，团队需要对每个环节进行分工，确保每场直播的顺畅、完整，以达到营销效果。直播间团队架构包括主播、助播、场控、中控、运营和投放，如图2-3所示。

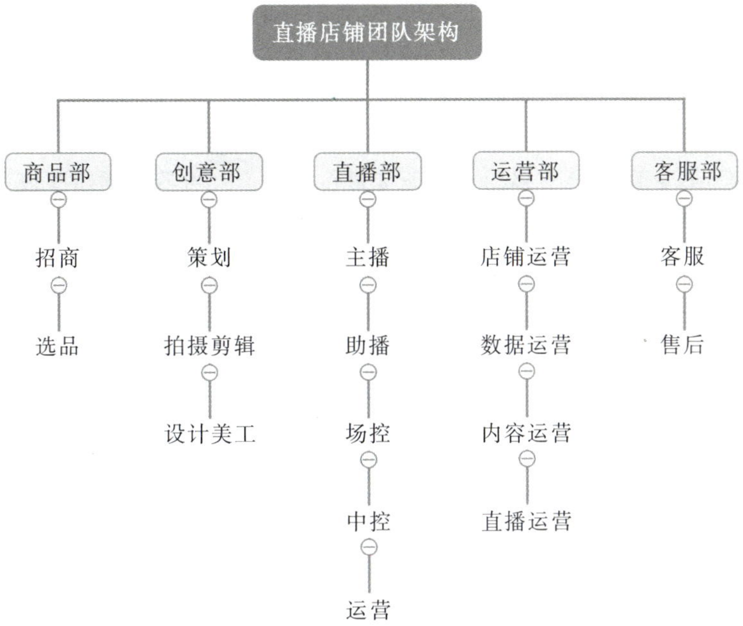

图2-1 直播店铺团队架构

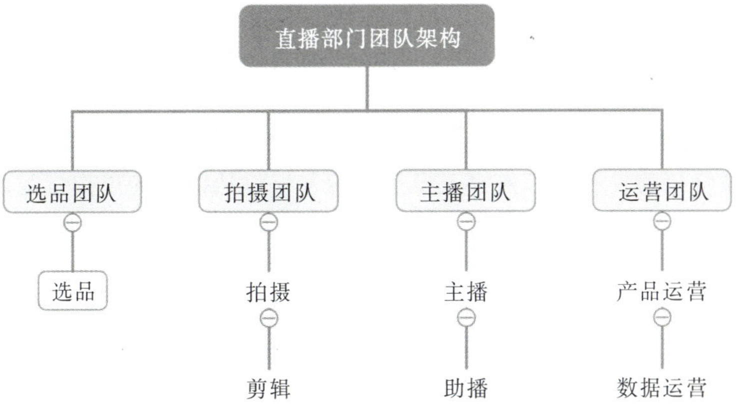

图2-2 直播部门团队架构

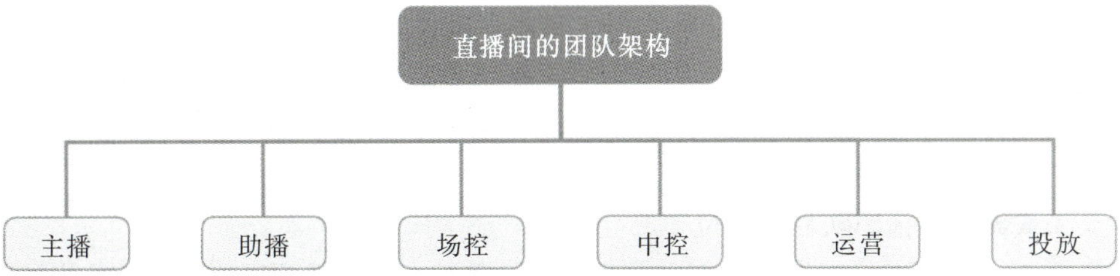

图2-3 直播间的团队架构

知识点2
直播营销团队岗位设置

微课2-1 直播营销团队岗位设置

商家在直播营销发展阶段不同、行业品类不同、建设预算不同的情况下，直播团队配置的规模也存在差异。品牌商家直播营销的发展阶段，可分为初创期、发展期和成熟期。

1.初创期直播团队核心岗位

直播团队在初创期会面临资金压力大、缺少直播经验、团队人员少、主播不够专业等问题。这一阶段，直播团队的业务量往往不大，有些直播团队成员甚至一人身兼数职，主要目的就是追求直播效果最快实现和直播效益最大化。

一般情况下，初创期的直播团队规模为2~3人，包括1名主播、1~2名运营人员，如图2-4所示。小规模直播团队可以把基本的直播流程全部执行完，实现直播的流畅性和基础直播效果。

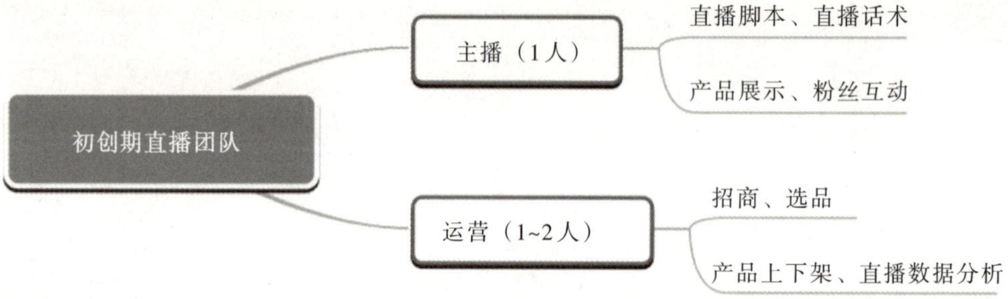

图2-4　初创期直播团队核心岗位

这个时期的直播团队需要尽快提高学习能力，储备直播运营经验，为后面直播阶段进阶做好充足准备。

2.发展期直播团队核心岗位

在直播营销的发展期，商家流量逐渐增加，直播团队的工作量随之增大，现有团队规模已不能满足所有直播营销工作的需求。团队面临的直播问题增多，如主播基础人设打造较为成功，但直播间粉丝互动性不高，难以留存；直播间氛围不错，但产品销量不理想；现有产品品类不能满足粉丝需求，产品供应链不充足等。

发展期团队人数基本为4~8人，岗位包括1~2名主播、1名助播、1~2名运营、1名场控，如图2-5所示，可根据团队实际需要增加选品或客服岗位。此时，直播团队需要更加细化工作任务和成员分工，保证各司其职。例如，直播团队会增加助播人员，配合主播产品介绍和引导粉丝互动，也会增加专门的场控人员处理产品上下架、实时监控直播数据等。此阶段对直播团队成员能力的要求都会有所提升。

3.成熟期直播团队核心岗位

在直播营销的成熟期，随着直播业务的不断扩大，品牌商家的资金条件得到改善，直播团队配置达到8人以上，根据企业实际需要确定各岗位具体人数。这个阶段，直播团队结构基本完善且分工较为明晰，围绕招商选品、内容运营、拍摄剪辑、客服等工作组划分出多个具体岗位，如图2-6所示。

品牌商家直播团队规模与岗位设置，可依据不同发展阶段下自身的运营目标、经验与能力、资金实力等情况进行合理的规划与设计，见表2-1。

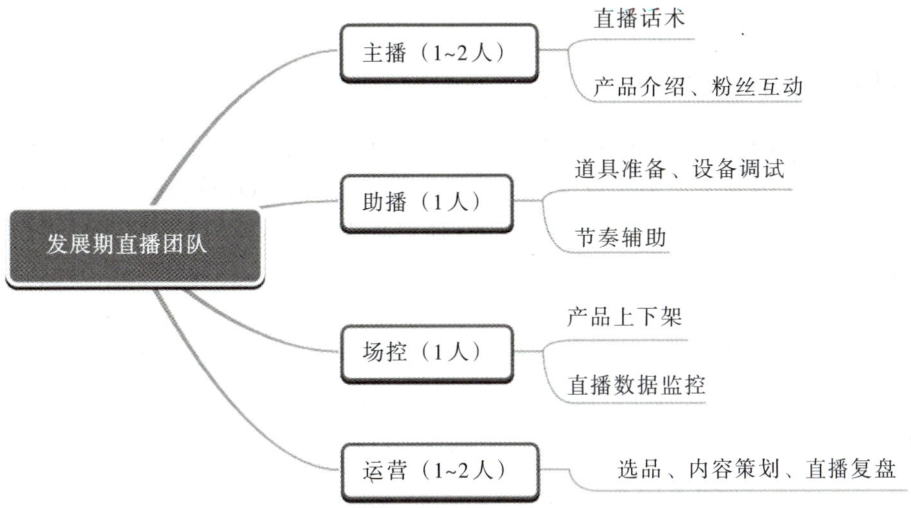

图2-5　发展期直播团队核心岗位

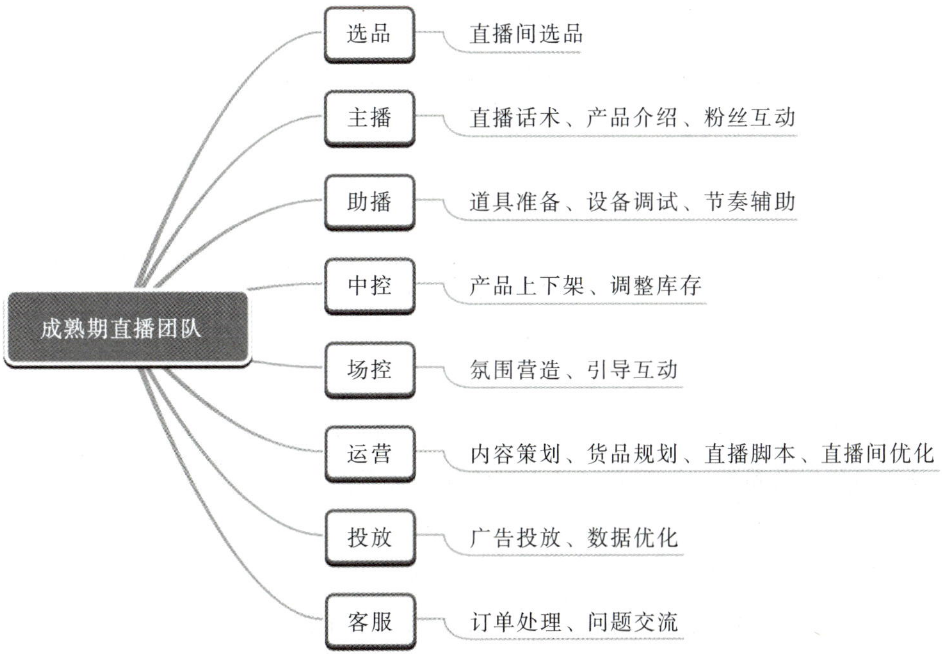

图2-6　成熟期直播团队核心岗位

表2-1　各阶段直播团队配置

阶段	团队规模	核心岗位设置	适配条件
初创期	2~3人	主播、运营	初涉直播业务
发展期	4~8人	主播、助播、场控、运营	具有直播经验和直播基础，但直播内容和直播效果待优化
成熟期	8人以上	主播、助播、场控、中控、运营、投放、选品、客服	直播业务量增多，直播业绩相对稳定，岗位分工待细化

知识点3
直播团队岗位人员分工

微课2-2

直播间需要多少人员

优秀品牌商家的直播营销策划与执行，按照直播流程对团队人员预先进行合理的分工，防止因分工不当、协调配合不到位而出现的直播口碑与效果不佳等问题。为此，直播团队通常会按照直播前期、直播中期和直播后期的流程顺序对所有团队人员工作进行划分。

1.直播前期团队分工

准备小组需要在直播开始前完成所有产品的准备、场景的搭建、设备的调试、产品卖点的话术提炼、直播引流短视频的拍摄以及一些和直播相关的商务谈判，共同确保直播的每一个细节顺利流畅，不出问题，具体岗位分工见表2-2。

表2-2 直播准备期分工

岗位	负责工作
主播	负责了解产品信息，梳理商家痛点，提炼产品卖点
助播	负责排序直播商品，布置过款产品，准备促单道具
场控	负责排品脚本和活动设计
中控	负责调试直播间设备，操作商品上下架，对接库存
投放	负责建立流量投放计划
拍摄剪辑	负责制作直播推广预热视频，制订直播切片拍摄计划
运营	直播策略制定（直播目标、预热计划、投放预算、活动设计）

2.直播中期团队分工

直播中执行小组主要负责整场直播的落地与执行、直播过程中的粉丝互动、粉丝订单转化以及粉丝黏性培养，具体岗位分工见表2-3。

表2-3 直播执行期分工

岗位	负责工作
主播	负责直播间产品讲解，把控直播节奏，引导粉丝互动
助播	负责与主播配合，辅助产品讲解，协助营造氛围，引导评论
场控	负责调动直播氛围，协调团队合作，处理临场问题
中控	负责直播数据采集和后台管理，协助营造直播氛围
投放	负责关注直播动态，实施直播间商业流量投放
拍摄剪辑	负责完成切片短视频拍摄剪辑和发布工作
运营	负责直播中期所有相关工作的统筹与安排
客服	负责解答用户咨询

3. 直播后期团队分工

直播后复盘小组主要负责直播下播后的复盘工作，总结直播中遇到的问题和问题出现的原因，制订下一场直播的执行方案，见表2-4。

表2-4　　直播复盘期分工

岗位	负责工作
主播	负责参与直播复盘，话术优化，配合短视频拍摄
助播	负责参与直播复盘，配合短视频拍摄
场控	负责参与直播复盘
中控	负责参与直播复盘，汇总直播相关数据
投放	负责复盘投放计划
拍摄剪辑	负责结合直播数据指标进行复盘优化
运营	负责组织直播复盘，结合数据总结沉淀运营经验
客服	负责处理售后问题，解答咨询

通达行业2-1　一线直播电商团队“泰洋川禾”是如何工作的

泰洋川禾公司原本是一家以艺人经纪业务为主的新型娱乐公司，但随着其经营业务逐步拓展到诸多领域，现已凭借较为成熟的短视频业务发展为头部MCN公司。2020年5月，泰洋川禾正式布局直播电商业务。在2021年“6·18”期间，创造了18天20场达人直播、整体销售额近亿元的直播带货战绩。令全行业赞叹的GMV数据背后，是泰洋川禾直播电商业务团队的精细化分工和部门间严密的协调配合在支撑。

紧锣密鼓的前期选品

一场直播看似只有几小时，但前期需要大量的准备工作。比如最开始的招商，在这个阶段，团队的许多精力用于收集商品线索、与商家沟通合作细节、确定卖点和利益点。整个“6·18”期间，泰洋川禾得过滤10 000条招商线索，并根据每次的直播主题在短时间内找到足够多符合需求的商品。从招商线索筛选，到最终进入直播间，泰洋川禾的选品过滤比例大约是10%。为了保证和商家合作的顺畅以及用户的购物体验，团队在选品时需要确认大量维度的信息，这些信息包括但不限于品牌名称、商品ID、商品品类、库存数量、产品卖点、直播价格、优惠情况、是否最低价、是否参与满减、佣金比例、赠品情况、发货时间、是否包邮、快递选择等。每件商品，都要整理多达50个维度的信息，选品工作之复杂可见一斑，如图2-7所示。

Z	AA	AB	AC
商品规格 （包含：颜色|克重|容积|数量|型号等）	发货时间*	包邮*	发货快递公司
2个SKU 1.净重4.5-5斤/单果1000g（2斤起）/2个 2.净重8斤/单果1000g（2斤起）/3-4个	48小时	是（部分偏远地区不发货）	中通（中通不到可发韵达、邮政、顺丰）

图2-7　泰洋川禾“6·18”大促产品信息

绷紧神经的中期直播

每场直播，泰洋川禾团队成员都是在全员高度集中的状态下进行，需要主播区、监控区、技术区、客户区人员的密切协作，以便各岗位能针对直播动态做出即时反应。几乎所有人在直播过程中都不能分心，比如主播区的导演、控场、PPT操作、场务、道具；监控区的投放监控、投放、总控。以投放区的工作为例，按照泰洋川禾的分工安排，直播过程中，投放监控人员需要每30分钟在飞书上记录该场直播的各类数据，如观看人数、在线人数、销售额；投放的投入和产出及ROI；付费/自然/短视频流量的来源情况等。这既是为了能针对直播动态即时做出反应，也是为了直播后的复盘。

6月16日晚，直播进行到1/4时，艺人主播正在讲解一款小包，这款小包和其气质匹配，也是此次直播主推的商品，如图2-8所示。这时，数据监控人员发现直播间在线人数从3万增加到了6万，职业敏感性马上告诉他们："这是个爆品！它还可以卖得更好。"

图2-8 主播在直播间讲解产品

直播团队立刻被调动了起来：运营组的同事迅速调整安排，拉长小包的直播时间；投放组马上针对产品信息跑人群包，并根据数据反馈加大投放力度；同时，直播团队与抖音电商工作人员的沟通也在密切进行中。

30分钟内，投放组跑了将近20万元的预算，直播在线人数增长至近10万人，小包的瞬时销售额一度冲到了80万元。最终，光是小包一款产品，就为这场直播创造了150万元的销售额。而上述所有动作的快速执行，都是在团队有序分工下进行的。

持续沉淀的后期复盘

每场直播下播后，直播团队会针对直播数据进行分析，复盘结果会在飞书上做记录。“6·18”期间的20场达人直播，对应着80个左右的复盘文档。直播团队会沉淀下来将所有直播数据、产品信息、品牌沟通细节都整理成相应的总结性文件，用来丰富公司内部的知识库，如包含“运营岗位的职责”“直播链接怎么上”“后台怎么处理”“跟客户对接时要注意什么问题”等各种细节的运营部门工作手册等。

有了工作手册，公司近200个直播运营人员就能“统一思想”，新入职的员工也能快速上手。泰洋川禾每一场直播数据在持续沉淀后形成复利价值，那个名为GMV的雪球，也因此越滚越大。

资料来源 吴鸿键. 梳理上万招商线索、直播途中打爆单品，一线直播电商团队如何工作[EB/OL].[2021-06-29]. https://baijiahao.baidu.com/s?id=1703871355061541700&wfr=spider&for=pc.有删改.

思考：分析泰洋川禾直播团队的主要岗位及岗位分工。

职业技能操练

工作项目

“狮子蛮王”品牌直播团队搭建。

项目背景

“狮子蛮王”是国潮新中式点心的新锐品牌，隶属于山西食盒记网络科技有限公司。目前，品牌已开发出麻薯、泡芙、芝士脆、蛋挞等众多年轻化、休闲化和零食化的中式点心产品，打造了多家线下连锁门店，在区域市场众多中式点心品牌中知名度较高。在前期经营过程中，品牌尝试与探店达人合作推广品牌产品，成功实现了数家连锁门店的“爆店”效果。现阶段公司准备承借品牌热度和用户口碑入驻直播电商平台，借助直播营销的行业势能带动“狮子蛮王”品牌营销。品牌营销总监国伟负责品牌直播营销的前期筹备工作，需尽快组建直播部门，并完成品牌直播团队的搭建。

工作目标

- 确定“狮子蛮王”品牌直播营销的经营模式，明确直播营销参与主体；
- 确定“狮子蛮王”品牌直播营销团队架构及岗位分工。

工作计划

请将“狮子蛮王”品牌直播团队搭建计划填入表2-5。

表2-5　　直播团队搭建计划

工作要点	计划描述
品牌特点分析	
直播营销模式设计	□品牌自播带货　□达人直播带货　□其他________
直播团队架构设计	
直播团队岗位设置	
直播团队人员分工	

工作实施

步骤一：分析“狮子蛮王”品牌特点

狮子蛮王
品牌手册

[基础任务] 扫描二维码查阅“狮子蛮王”品牌手册，分析“狮子蛮王”品牌特点，分析目前品牌开展直播营销的人员基础。

品牌特点：________________________________

人员基础：________________________________

步骤二：设计“狮子蛮王”品牌直播营销模式

[基础任务] 根据“狮子蛮王”品牌前期营销效果及品牌直播营销目标分析，设计适合“狮子蛮王”品牌的直播营销模式。

□品牌自播带货

理由：________________________________

□达人直播带货

理由：________________________________

□品牌自播带货+达人直播带货

理由：________________________________

□其他模式________________________________

理由：________________________________

____

____

步骤三：设计“狮子蛮王”品牌直播营销团队架构

［基础任务］根据“狮子蛮王”品牌直播营销规划，设计品牌直播营销团队架构，填入图2-9中。

图2-9　“狮子蛮王”直播营销团队架构

步骤四：设置“狮子蛮王”品牌直播营销团队岗位

［基础任务］根据“狮子蛮王”品牌直播营销团队架构，设置团队岗位及岗位人数，见表2-6。

表2-6　直播营销团队岗位人数设置

岗位名称	岗位人数

［进阶任务］根据“狮子蛮王”品牌直播营销团队岗位设置，描述岗位职责，见表2-7。

表2-7　直播营销团队岗位职责

岗位名称	岗位职责

步骤五：设计“狮子蛮王”品牌直播营销团队人员分工

[基础任务] 设计“狮子蛮王”品牌直播营销团队的基本人员分工，见表2-8。

表2-8　直播营销团队人员分工

岗位人员	直播前	直播中	直播后

[进阶任务] 参照“泰洋川禾”直播团队的人员分工，如图2-10所示，并为“狮子蛮王3·8妇女节”直播促销活动设计具体的活动人员分工表。

物料	数量	主传播渠道	优先级	当前进度	相关文档	预完成时间	具体负责人
前期预热							
预热视频	3	短视频平台	P0	已完成	输入@插入相关文档	2020/11/1	@张铭
预热文章	1	社交媒体	P0	已完成	输入@插入相关文档	2020/11/5	@张铭
活动上线							
直播预告	1	社交媒体	P1	进行中	输入@插入相关文档	2020/12/5	@郑凌
线上直播	5	社交媒体	P1	进行中	输入@插入相关文档	2020/12/30	@郑凌
活动后期							
文章	3	社交媒体	P2	未开始	输入@插入相关文档	2021/1/1	@郑凯
视频	5	视频平台	P2	未开始	输入@插入相关文档	2021/1/1	@郑凯

图2-10　“泰洋川禾”直播团队的人员分工

“狮子蛮王3·8妇女节”直播促销活动具体的活动人员分工：

工作成果自查（见表2-9）

表2-9　　直播团队搭建工作成果自查表

检查内容	检查标准	检查结果
品牌特点分析的准确性	是否包括品牌竞争状况、品牌受众、品牌定位分析；是否全面、具体	
品牌直播营销模式的合理性	是否参考品牌前期营销效果；是否符合品牌直播营销目标	
品牌直播营销团队架构的合理性	是否考虑到品牌近期及中远期的直播营销规划	
品牌直播营销团队岗位的合理性	岗位名称是否准确；人数设计是否恰当，占总员工比例是否合理；岗位职责是否清晰	
品牌直播营销团队人员分工	分工是否明确、具体；是否按照直播前、中、后期划分；是否存在工作交叉重叠；分工表是否具有可行性	
自查结论		

工作项目评价（见表2-10）

表2-10　　直播团队搭建工作项目评价表

评价项目	评价标准	分值（分）	专家评分（50%）	教师评分（50%）	得分（分）
技能评价	能够分析商家品牌特点	10			
	能够设计品牌直播营销模式	10			
	能够设计品牌直播团队架构	20			
	能够设置直播团队岗位	15			
	能够设计直播团队人员分工	15			
素养评价	熟悉直播营销相关法律法规	10			
	注重直播营销的正确导向和良好网络环境营造	10			
	工作项目中团队协作良好	10			

职业素养指南

2022年“双12”期间，某知名直播间频繁出现失误，例如直播预告的假发产品没有按时出现在直播间、直播间福利一直没有发出、直播背景海报没有及时切换、商品面板显示的到手价低于领券后的价格等问题不断。一系列不合理的运营操作，导致直播效果大打折扣，直播团队被迫停播整顿一周。

直播商家出现上述直播状况的主要原因是什么？请分析提高直播营销团队协作配合程度的方法。

社会拓展任务

为助力乡村振兴工作，请以当地某特色农产品品牌或农产品企业为例，为其制订直播营销团队搭建计划。

活动2 直播账号搭建

活动目标

1. 能够根据直播营销规划，确定商家直播账号定位；
2. 能够根据账号定位，完成直播平台账号注册；
3. 能够根据账号定位，完成直播平台账号装修。

职业工作情境

直播账号是商家内容生产传播、与用户互动、实现销售转化的营销阵地，直播营销人员需要掌握账号定位、注册及装修的具体方法，完成商家直播账号的搭建。

职业知识储备

知识点1 直播账号定位

微课2-3 确定直播账号类型

直播营销前期，商家只有做好详细的规划，后期才会事半功倍。直播账号定位的主要目的就是确定直播账号的内容方向、人设风格、产品类型及账号功能等。

1.账号定位作用

账号定位越明确，粉丝和用户会越精准，商业经营能力越强。反之，直播账号定位不明确、直播人设打造不精准，则会导致直播流量不精准，直播转化率不高等问题。

精准定位的账号具有三方面特征：①用户标签更精准，吸引的目标群体更加精确，粉丝黏性较高；②用户更加相信商家和主播的专业度及推荐，消费转化率较高；③具有显著的人设风格，更容易吸引用户注意。例如，两个直播账号都在进行茶叶销售，产品和价格都差不多，其中一个是售货员的形象，摆了一张桌子，一个劲地叫喊大家快来买，而另外一个是位饮茶爱好者，卖的是自己最喜欢喝的茶，并对各种茶叶的知识娓娓道来，如图 2-11 所示，显而易见，消费者在购买时会更倾向于后者。所以好的账号定位具有更强的商业价值。

图 2-11 茶叶销售直播间

2. 账号类型选择

一般来说，商家直播账号类型通常分为三大类：第一类是品牌型账号，第二类是商品型账号，第三类是 IP 型账号。

（1）品牌型账号

品牌型账号是强调品牌推广的账号，该账号的建设，除了商品销售，还承担着展示品牌形象和实现品牌价值沉淀等目标。这类账号因商业属性比较强，导致整体流量会更为依赖付费流量，且账号的页面装修也会更精致，如：花西子官方旗舰店的抖音账号，会发布花西子品牌故事，如图 2-12 所示；五谷磨房官方旗舰店，会发布与产品理念等相关的视频，如图 2-13 所示。

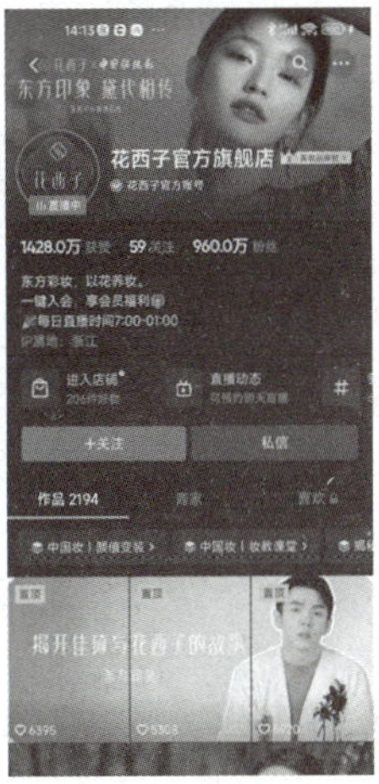

图 2-12 花西子品牌抖音账号

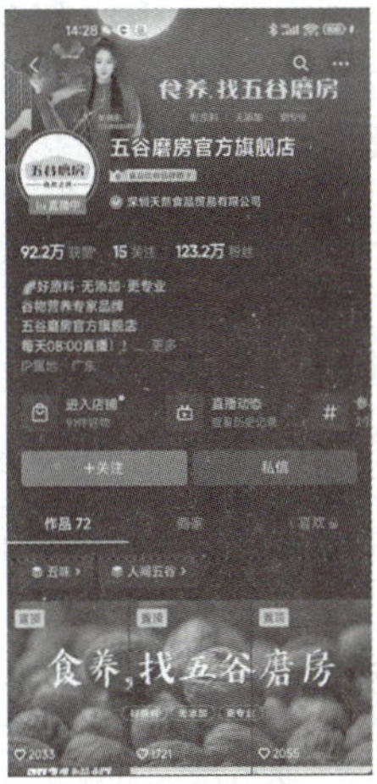

图 2-13 五谷磨房品牌抖音账号

（2）商品型账号

商品型账号是以商品售卖为核心，特点是内容与商品高度匹配，因此，覆盖人群的精准度比较高，获取精准用户的边际成本要低。例如，安踏体育抖音账号，会发布与商品相关的种草视频，如图2-14所示。

图2-14 安踏体育抖音账号

（3）IP型账号

IP型账号的核心是打造一个被众多用户所认可的人设，核心诉求是基于粉丝积累带来更高的变现能力，通常而言，粉丝认可度、粉丝黏性是它最大的优势。如明珠羽童精选，就是格力公司2022年打造的IP型账号，通过董明珠及其当时的秘书孟羽童的个人魅力及讨论热度为账号聚集粉丝，如图2-15所示（随着2023年5月孟羽童从格力离职，账号名已改为格力明珠精选）。酒仙网拉飞哥，是酒仙网打造的典型IP型账号，如图2-16所示。

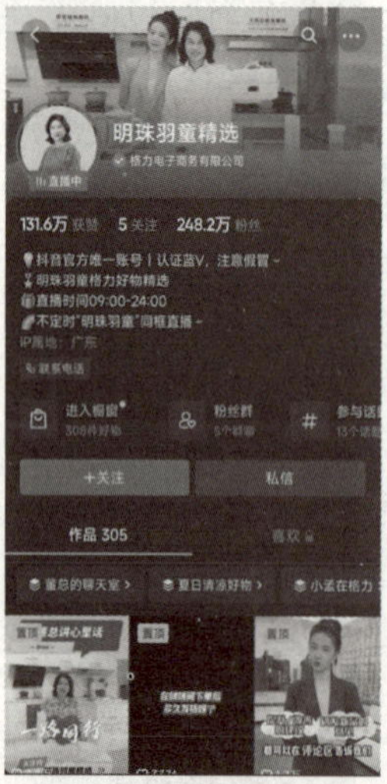

图2-15 格力明珠精选抖音账号

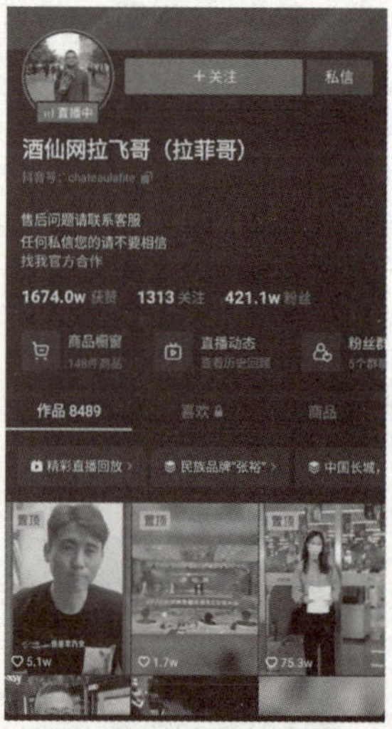

图2-16 酒仙网拉飞哥抖音账号

上述每种类型的账号都有自己的优势和不足，为弥补不足商家可以进行矩阵账号的搭建。如酒仙网，既建立了品牌账号，也建立了商品和人设账号。

3.账号定位内容

商家在进行直播账号定位规划时，可围绕所属行业或所处领域、用户画像、人物形象、供应产品等方面展开。

（1）用户定位

商家在开启直播运营前，最先需要思考的是用户是谁，用户特点是什么，什么样的用户在直播间更有可能互动或消费，以及直播账号、直播间应该建立什么样的用户标签，如何才能建立起稳定、精准的用户标签。只有建立了稳定的用户标签，系统才能依据标签将直播间推荐给相应的人群。也只有用户在直播间内进行了互动或消费后，系统才会参考产生转化行为的用户画像，为直播间推荐更多相似用户。因此，对于商家而言，就应该通过用户画像分析，去准确定位账号下的核心消费人群；然后再基于用户偏好，反向优化账号，使账号内容能够更精准地触达核心人群，带来更广泛的用户，从而更高效率地完成扩散和转化。

例如，某知识付费账号，服务的人群是面临中考的英语考生，那么账号直播内容就应该是服务中考学生的英语干货，只有这样，直播营销系统才能够更好地识别目标用户，进而为账号和直播间导入更多相似人群。但即便是同一商品，账号内容也可定位完全不同人群。知识付费产品也可定位到关心孩子英语成绩的家长们，这是由于账号面向的人群不同，所提供的直播内容也应与其他账号存在明确差异。如图2-17所示，该账号的主要内容是初中生必看的中考考点知识，而如图2-18所示的账号的主要内容是讲给父母的“孩子英语基础差如何补救”“家长该如何引导孩子去学习”等教育经验。

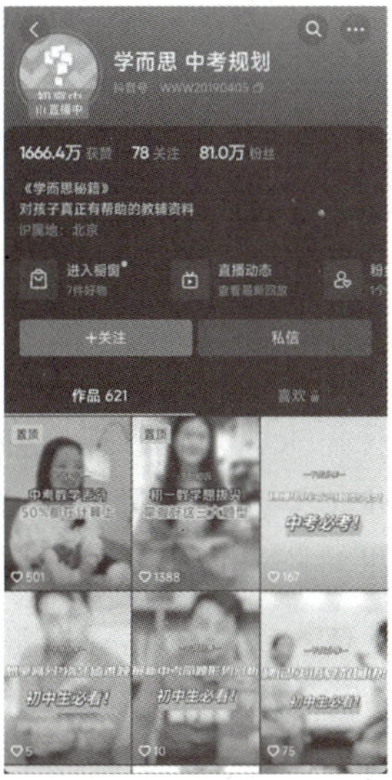

图2-17 中考规划抖音账号

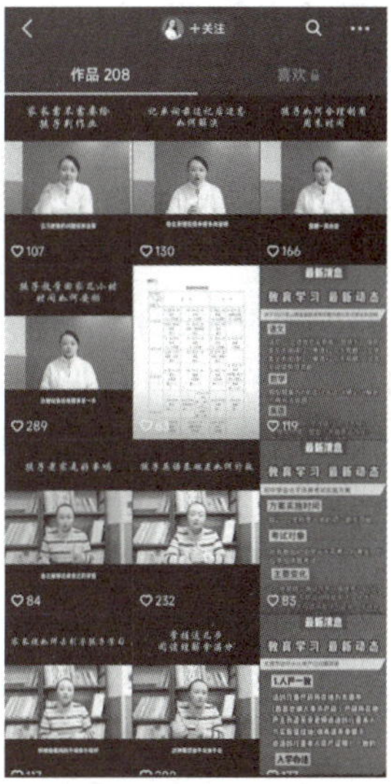

图2-18 英语教育经验抖音账号

（2）内容定位

内容定位可以理解为账号的内容范畴，包括向用户提供什么服务、提供哪些内容信息、经营哪些商品等。商家在前期明确核心用户群体后，就要围绕用户需求和用户偏好去定制化生产优质的账号内容。在进行内容定位时需要考虑以下3点：

①账号内容符合商家调性。短视频或直播等账号内容符合品牌或产品的风格和理念，符合其在用户心目中的形象。如东方甄选直播间及其主播围绕“知识带货”的直播特色，倡导全民阅读和健康生活理念，邀请了各界文化名人参与直播，拉动了图书的销量。

②账号内容符合商家特色或优势。账号内容定位要以商家自身资源和诉求为出发点，挖掘最擅长和最具特色的内容作为支撑点。如东方甄选经过在抖音平台一段时间成熟稳定的运营后，推出了主打自营产品的“东方甄选自营产品”抖音账号，该账号以直播销售东方甄选品牌的优质农产品及其他产品为主，旗下的董宇辉、石明、顿顿、YoYo等主播以他们独特的人设背景和泛知识内容受到用户的广泛认可。账号充分呈现了产品、主播、直播内容等特色优势，依靠内容吸引消费者，增加了用户停留时长，如图2-19所示。

图2-19 东方甄选自营产品抖音账号

③账号内容符合用户偏好。账号内容要能够迎合用户需求，为用户提供内容价值。例如抖音上的用户有三大需求：好奇心需求、情感需求、自我提升需求。那么，商家在打造账号内容时，就最好要满足其中一种需求，短视频或直播内容或者新奇有趣，或者让用户有情感共鸣，或者传递知识价值。东方甄选就凭借主播自己所擅长的技能，分享自己的知识和经历，获得了大批对账号内容有认同感的高质量粉丝，如图2-20、图2-21所示。

（3）人设定位

人设定位可以理解为账号的人物设定，包括账号相关人物的性格、行事风格、价值观等，也可以理解为账号的身份标签，准确的人设定位有利于快速传播有价值的内容，形成有认可度的粉丝群体，并产生裂变式传播。

图2-20　东方甄选主播在账号中分享人生见解

图2-21　东方甄选主播在账号中分享物理知识

一般来说，账号的人设定位分为三大类：①专家/偶像/老板：通常通过这样的人设建立粉丝信任度，带来跟随性消费；②闺蜜/好友：目的是减少与用户的距离感，最终进行推荐式消费；③销售/促销员：这类人设存在感并不强，多以产品卖点为主，目的是营造更好的销售氛围，以此来吸引用户消费。从现阶段看，多数的商家自播采用的是销售/促销员人设。

不同的账号人设可以通过服化道、口头禅、方言、肢体语言等呈现，如可以选择有辨识度的人，加上一些有趣的行为，适当引入外语、方言、口头禅或运用特别的才艺作为人设切入点。例如，主播董宇辉的鲜明人设是博学多才的英语老师，这就很容易让粉丝对他产生信任感和依赖感，也容易将他和其他主播区分开。

通达行业2-2　东方甄选直播爆火的定位逻辑

没有声嘶力竭的诱导，不做戏剧性的表演，东方甄选直播间在知识输出的同时，平静且有趣地就把货给卖了。2周涨粉1 700万，平均场观超千万，直播单场带货超千万元……一群原新东方的老师在俞敏洪的带领下，在超短时间内成功完成了转型，并把直播带货做“出圈”了，这背后的定位逻辑值得思考。

1. 找准特征，定位核心价值

一切偶然的背后都是必然，东方甄选的成功，很大一部分取决于其直播间的“特征”。东方甄选没有浓妆艳抹、油头粉面的主播形象，而是一个个长相普通、穿着朴素的年轻人。耳边没有“买到就是赚到……1、2、3，上链接”，取而代之的是类似于“没带你去看过长白山皑皑的白雪，没带你感受过十月田间吹过的微风，没带你去看过沉甸甸地弯下腰、犹如智者一般的谷穗……浪漫不止星空花海，还有烟火人间”等散文诗一般的主播语言。主播锚定销售的最终导向，结合教学式的直播讲解，时不时来上几个段子，教几句英语，让直播间的风格变得独特生动。网友口中的“真诚”“不套路”“有新意”“做慈善有好感”这些评价正是东方甄选的特征标签。

2.摸清用户诉求，定位直播内容

东方甄选的主播们无一不是内容能力极强的人，双语自由切换，天文地理随口就能讲上一些，他们身上具备的内容能力是很多直播间难以复制的。他们了解用户进入直播间的诉求，就是为了寻找乐趣、消磨时间，不愿意在直播间为了争抢一件商品而产生焦虑。东方甄选能做到的是在不知不觉间输出商品价值，甚至主播会说出“买不买都可以”之类的话语。

3.把握选品方向，定位社会形象

东方甄选主推农产品、食品百货及图书板块，特别是农业作为我国的基本盘，在乡村振兴和农业现代化的大背景下，农业数字化站上了政策的风口。东方甄选借“助农扶农”，与农产品产地政府合作，促进助农公益活动，既抓住乡村振兴、共同富裕的宏观政策红利，又符合社会公众对东方甄选正面形象的预期，这也是东方甄选火热的核心原因。

资料来源 作者根据相关资料整理而成.

思考：从用户、内容和人设定位角度，分析东方甄选的账号定位。

知识点2 直播账号开通

直播账号的开通是直播商家与用户接触的第一步，也决定着直播账号能否与观众快速建立信任关系以及直播信息能否准确传递。商家直播账号开通，通常需要经历账号注册、直播权限开通和创建直播三个步骤。

1.第一步：账号注册

账号注册相对而言比较简单，只需要下载相应的直播平台客户端，并通过验证码或授权等方式成功登录平台，按平台提示填写信息，完成实名认证后即可完成。抖音一个执照最多可认证2个抖音企业号，快手一个执照可认证1个主账号和多个子账号。目前，国内绝大多数的直播平台都是零注册费用，但在平台上获得直播权限是有条件要求的。

2.第二步：直播权限开通

商家在直播平台完成账号注册后，需要根据平台要求开通直播权限。

在抖音平台开通直播带货功能，需要开通商品橱窗并满足开通条件，包括粉丝数量超过1 000人、发布视频作品超过10个等。满足条件后，缴纳商品分享保证金即可开通直播带货功能，如图2-22所示。

图2-22　抖音商家开通直播权限流程

在快手平台开通直播权限需满足的条件包括实名认证且年满18岁、绑定手机号且注册时间超过7天、至少发布公开作品1个、粉丝数大于6个、连续观看视频7天且每天至少1分钟。商家如果在快手直播带货，还需要先开通快手小店，如图2-23所示。

图2-23　快手小店开通流程

开通淘宝直播权限的条件各有不同，主要分为商家直播权限、个人直播权限、机构直播权限和其他身份直播权限四类，具体开通条件可登录平台查询《淘宝直播入驻指南》，如图2-24所示。

无论哪个直播平台，入驻和开通直播规则都可能随时产生变化，商家需要认真阅读平台上最新的入驻协议或开通条件，以了解官方直播权限的相关要求。

图 2-24　淘宝直播入驻指南

3.第三步：创建直播

商家开通直播权限后，即可按照直播规划，在每场直播前创建直播。以抖音平台为例，创建抖音直播有两种方法，第一种方法是打开【抖音】—点击抖音首页【+】—选择【开直播】；第二种方法是打开【抖音】—点击右下角【我】—点击右上角图标“三”—选择【抖音创作者中心】—选择【开始直播】。选择好直播形式，设置好直播封面标题，商家就可以正式开始直播了，如图 2-25 所示。

图 2-25　抖音开启直播界面

知识点3 直播账号装修

直播账号注册完成后，商家需要对账号进行装修。账号装修的目的是通过账号设计呈现定位，让用户从账号主页的信息中了解账号风格。账号主页是留给用户的第一印象，将账号主页设计好不仅可以加深用户印象还能提升用户的信任感，因此账号装修是直播前必不可少的工作环节。虽然个人直播账号和企业号的装修存在差异，但总体装修内容包括账号名称、头像、背景图、账号简介、个人或企业信息、视频封面等，如图2-26所示。

微课2-4

直播账号装修

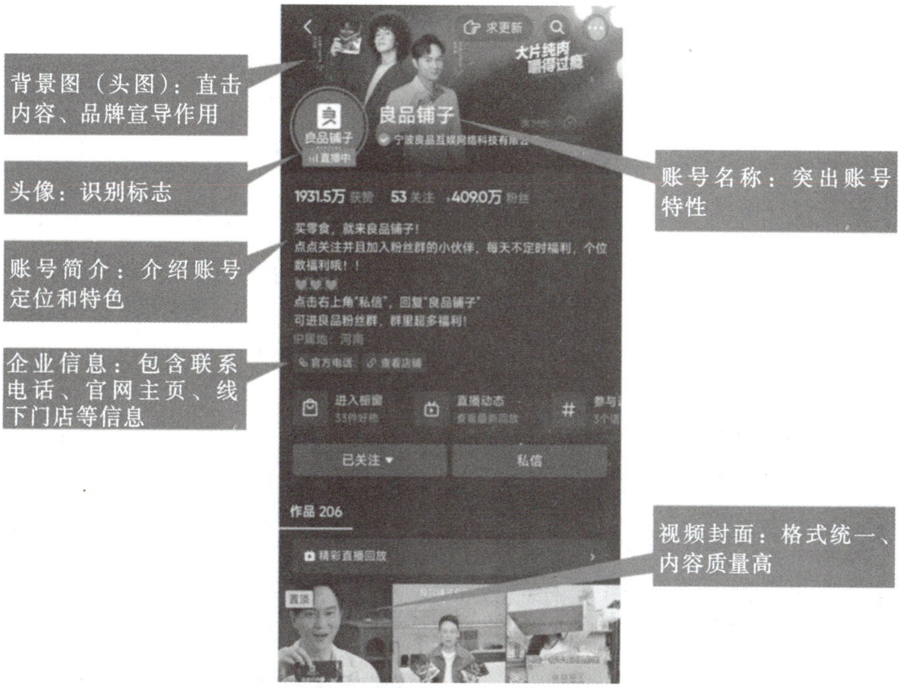

图2-26 直播账号主页图

1.账号名称设计

（1）设计原则

①贴近账号定位，准确传达商家信息，能够让用户快速理解，建立信任。

②辨识度高，与同类竞品相比具有差异性和传播性，例如“职场礼仪教学”就好过“职场礼仪美学”。

③名字不宜过长，文字简明，便于用户记忆。

④企业号不建议使用个人名称，例如以“赵某某”等命名餐饮店企业号，就不如以其命名店铺名如“赵某某炸鸡”或“赵某某小吃”等更贴合。

（2）设计技巧

①企业名称或品牌名称，如良品铺子、广汽丰田、华为等；②企业名称或品牌名称+店铺，如交个朋友直播间、麦当劳抖金店、汾酒旗舰店、亿标衣架品牌店

等；③企业名称或品牌名称+行业或品类，如旺旺俱乐部食品、二侠海鲜、蔡同妹服装商行、小北职业穿搭等；④企业名称或品牌名称+账号定位，如东方甄选、港真靓货、肯德基吃货福利社等。

2. 账号头像设计

（1）设计原则

①头像应与公司或品牌或产品有相关性，保持统一。

②头像要简洁清晰，尽量避免局部或者远景人像，不用杂乱场景。

③不使用空白头像或系统默认头像，不使用反平台规范的头像。头像不侵犯其他品牌或第三方的合法权益。

（2）设计技巧

①个人账号头像应以人为焦点，建议使用个人的正面形象照或生活照，这样会更有亲和力，使人产生更强烈的信任感；②企业或品牌账号，可直接选用企业的商标图案或者品牌LOGO为头像，以增加品牌曝光度；③垂直领域账号，要选用跟领域相关的头像。

3. 账号背景图设计

账号背景图可以展示商家的品牌形象、企业产品、提供的服务或定位，一般根据功能可以分为展示产品、展示人设、展示功能、引导行动、信任背书、活动通知等类型，如图2-27至图2-32所示。经过认证的企业号背景图装修既可以是视频，也可以是图片，如图2-28所示。

图2-27 账号背景图展示新款产品

图2-28 账号背景图展示主播人设

图2-29 账号背景图展示账号功能

图2-30 账号背景图引导关注行为

图2-31 账号背景图展示信任背书

图2-32 账号背景图展示商家活动

账号背景图可以展示商家的品牌形象、企业产品、提供的服务或定位等。账号背景图设计技巧包括：①需要和头像相呼应，与账号整体风格统一；②背景图要美观、有辨识度，具有引导关注、优势展示、新品推荐、促销提示等作用；③避免图片模糊、文字显示不全、存在侵权文字和图片等问题。

4.账号简介设计

账号简介要让用户快速了解账号，清楚地介绍账号定位和特色。账号简介应简洁明了，重点突出账号价值，还可以利用账号简介介绍每周直播开播时间，商品上新时间、直播促销信息等，如图2-33、图2-34所示。

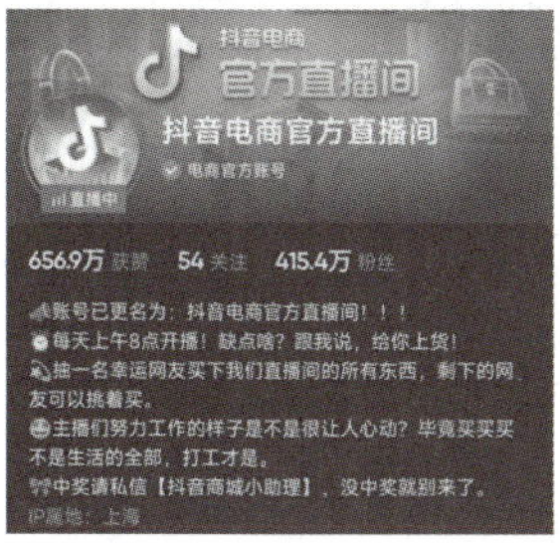

图2-33　抖音电商官方直播间账号简介

图2-34　锋味派旗舰店账号简介

5.视频封面设计

账号视频封面设计技巧包括：①账号视频封面需要保持统一性，如持续使用相同风格的画面排版，边框相同的字体和开头等，都可以达到统一的效果；②账号视频封面可尝试不同风格的一些封面图；③可制作三联视频封面，其中要注意发布视频的顺序，如图2-35、2-36所示。

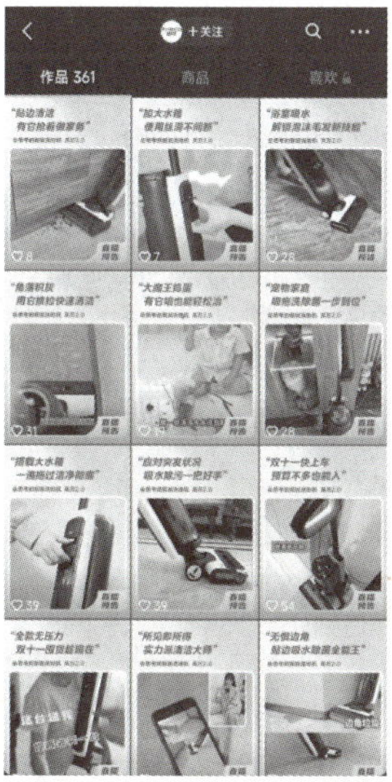

图2-35　添可抖音账号统一视频封面

图2-36　花西子抖音账号三联视频封面

通达行业2-3　家居建材系列直播账号装修

越来越多的家居建材商家开启直播营销之路，如果用户被商家的直播吸引进入商家主页后，看到的是杂乱的内容、不明确的介绍，这会让商家流失粉丝。家居建材账号该如何装修呢？

1. 账号背景图（见表2-11）

表2-11　家居建材系列直播账号背景图设计

<table>
<tr><th>背景图示例</th><th>图片内容</th><th>特点</th></tr>
<tr><td>
</td><td>名人代言/真人出镜</td><td>展现品牌格调和影响力，提升可信度</td></tr>
<tr><td>
</td><td>企业IP形象</td><td>展现独特性，强化记忆点</td></tr>
<tr><td>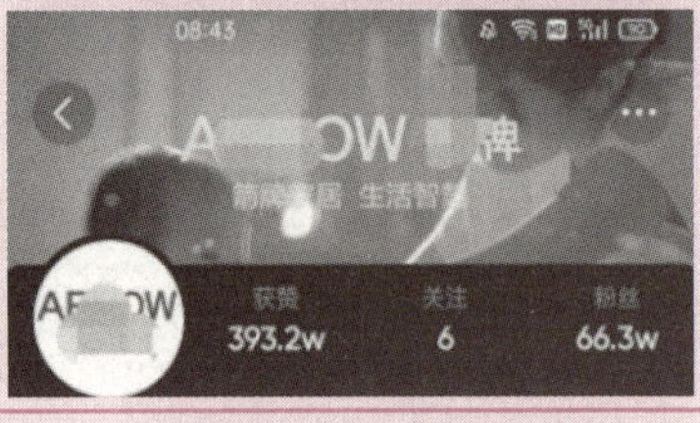
</td><td>公司名称+Slogan</td><td>直入主题，简洁明了</td></tr>
</table>

2. 账号头像（见表2-12）

表2-12　家居建材系列直播账号头像设计

<table>
<tr><th>头像示例</th><th>头像内容</th></tr>
<tr><td>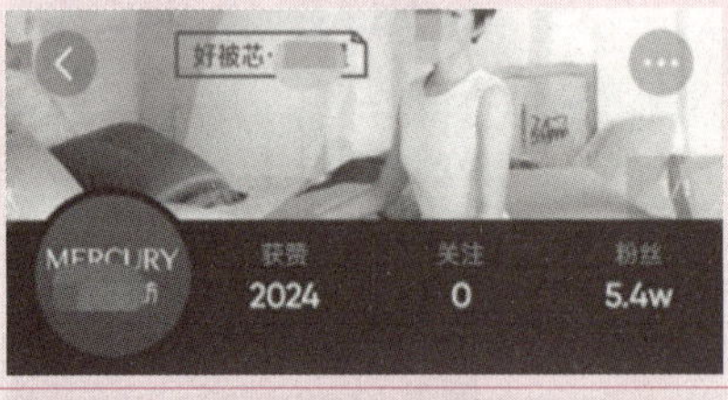
</td><td>品牌色+品牌Logo</td></tr>
<tr><td>
</td><td>品牌色+品牌IP形象</td></tr>
<tr><td>
</td><td>品牌色+账号服务内容</td></tr>
</table>

3.账号简介（见表2-13）

表2-13 家居建材系列直播账号简介设计

账号简介示例	简介内容
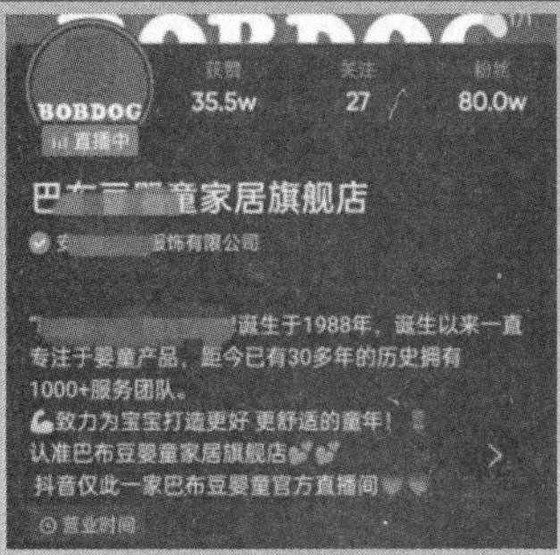	采用描述性文案，强调店铺特色，烘托记忆点
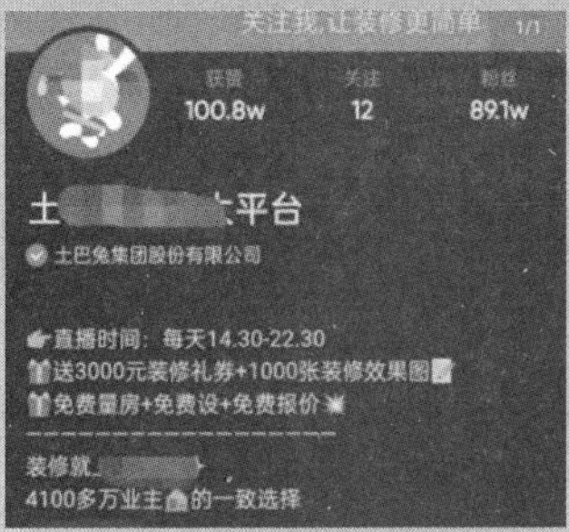	强调直播时间、福利通告、促销活动等，刺激用户购买欲望
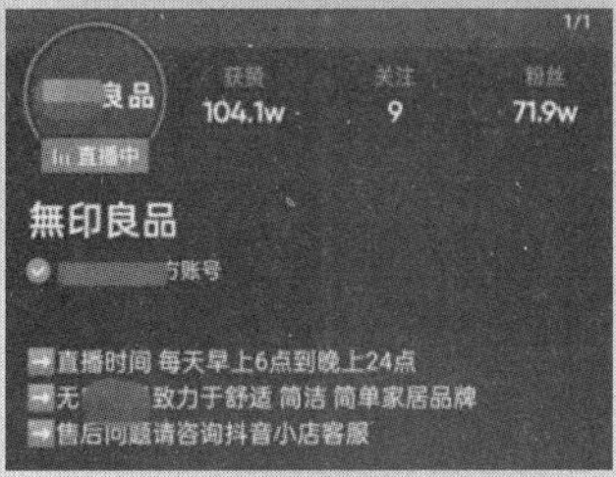	内容简洁明了，重点突出，强调用户关注后的价值，提升用户信任度

4.账号视频封面（见表2-14）

表2-14 家居建材系列直播账号视频封面设计

视频封面示例	简介内容
	画面、景别、字母位置、字体大小等风格连贯统一
	尝试不同主题，创建合集，剧情联动

思考：分析家居建材系列直播账号装修特点。

职业技能操练

工作项目

“狮子蛮王”品牌直播账号搭建。

项目背景

还是以“狮子蛮王”新锐品牌为例，现阶段公司进行直播营销的前期筹备工作，需尽快设计直播账号定位，并完成平台账号注册。

工作目标

- 明确“狮子蛮王”品牌直播账号定位，确定账号用户、内容及人设；
- 完成“狮子蛮王”品牌直播账号注册及装修。

工作计划

请将“狮子蛮王”品牌直播账号搭建计划填入表2-15。

表2-15 直播账号搭建计划

工作要点	计划描述
直播账号定位规划	
直播账号类型设计	□品牌型账号 □商品型账号 □IP型账号
直播账号定位方法	
直播账号开通流程	
直播账号装修要点	

工作实施

步骤一：设计“狮子蛮王”直播账号类型

［基础任务］扫描二维码查阅“狮子蛮王”品牌手册，根据“狮子蛮王”品牌直播目标，设计“狮子蛮王”直播账号类型。

狮子蛮王
品牌手册

□品牌型账号

理由：

□商品型账号

理由：____

____

____

□IP型账号

理由：____

____

____

□其他类型____

理由：____

____

____

步骤二：设计“狮子蛮王”直播账号定位规划

［进阶任务］根据“狮子蛮王”直播账号类型，进行“狮子蛮王”直播账号定位，填入表2-16。

表2-16 “狮子蛮王”直播账号定位

账号总体定位	计划描述
用户定位	
内容定位	
人设定位	
产品定位	
垂直领域定位	

步骤三：开通“狮子蛮王”直播账号

［基础任务］根据直播平台注册规则，开通“狮子蛮王”直播账号，填入表2-17。

表2-17 “狮子蛮王”直播账号开通计划

开通平台名称	平台1	平台2	平台3
账号计划数量	主账号： 子账号：	主账号： 子账号：	主账号： 子账号：
账号注册条件			
直播权限开通条件			
创建直播方法			

步骤四："狮子蛮王"直播账号装修

［进阶任务］借助"狮子蛮王"品牌手册提供的素材，完成直播账号基础装修，填入表2-18。

表2-18 "狮子蛮王"直播账号装修

账号名称	主账号名称： 子账号名称：		
账号头像	备选头像1	备选头像2	备选头像3
账号背景图	备选背景图1	备选背景图2	备选背景图3
账号简介			
视频封面	备选封面1	备选封面2	备选封面3

工作成果自查（见表2-19）

表2-19 直播账号搭建工作成果自查表

检查内容	检查标准	检查结果
直播账号定位准确性	是否准确定位账号类型； 是否准确定位账号用户； 是否准确定位账号内容； 是否准确定位账号人设	
直播账号开通的完整性	是否完成平台账号注册； 是否开通账号直播权限	
直播账号装修质量	账号名称是否合理合规； 账号头像是否美观规范； 账号背景图是否美观规范，是否起到展示和引导作用； 账号简介是否清晰明了，是否清楚介绍账号定位和特色； 视频封面是否统一、美观	
自查结论		

工作项目评价（见表2-20）

表2-20 直播账号搭建工作项目评价表

评价项目	评价标准	分值（分）	专家评分（50%）	教师评分（50%）	得分（分）
技能评价	能够完成账号定位	20			
	能够开通直播账号	20			
	能够完成直播账号装修	20			
素养评价	熟悉直播营销相关法律法规	10			
	注重直播营销的正确导向和良好网络环境营造	10			
	工作项目中团队协作良好	20			

职业素养指南

某位主播在抖音平台的粉丝超过260万人，其主页简介为“学习职场权谋智慧”，所发布视频内容主要是介绍职场上的“成功之道”，包括各种人情世故、心灵鸡汤等，获赞数超千万；其橱窗内主要销售成功学教程。该主播在直播中称“社会灰色文化、亚文化是必须要学的，人际关系、送礼这些你排斥的东西恰恰是你要学的”，并在抖音直播中公开宣扬送礼等不良文化，发表不当言论。随后，“女主播开向领导送礼课”等相关话题迅速登上热搜，引起网友热议。抖音平台经核实后，认定该账号直播内容出现偏离，贩卖焦虑、涉嫌歧视，存在公开宣扬不良送礼文化等问题。抖音平台对该主播予以封禁30天处罚，并下架存在问题的商品。

直播账号内容为什么要遵循公序良俗？请分析直播商家和直播从业人员该如何设计合理的账号内容，维护健康向上的直播生态。

社会拓展任务

为助力乡村振兴工作，请以当地某特色农产品品牌或农产品企业为例，为其搭建直播营销账号。

活动3 直播场景搭建

活动目标

1. 能够根据直播账号定位，合理规划直播间场地；
2. 能够完成直播间背景、灯光的设置；
3. 能够根据直播场景，配备直播硬件及软件。

职业工作情境

直播间的场景布置会影响直播画面的呈现效果，决定了用户的直播观看体验，也会对直播营销效果产生影响。因此，直播营销人员需要搭建一个舒适整洁且符合商家直播需求的直播间。

职业知识储备

知识点1 直播间场地规划

微课2-5 直播场地规划

直播间场地的标准是饱满而不拥挤，场地的大小要根据直播的实际情况进行分配，既不要太过拥挤，影响直播物品的摆放和主播行动，又不要太大，造成空间资源浪费。另外，直播前要测试场地的隔音和回音情况，如果隔音不好或者回音太重，都会影响直播的正常进行。同时，直播间场地要贴合定位，与直播内容、直播商品和主播风格相适应。

直播间场地可分为室内直播场地和室外直播场地两大类。

1.室内直播场地

常见的室内直播场地有主题直播室、线下门店、商品产地、工厂车间等，如图2-37所示。

图2-37 东方甄选直播间室内直播

室内直播场地选择的注意事项，见表2-21。

表2-21 室内直播场地要求

要点	标准
场地大小	个人直播场地面积为8~15平方米，团队直播场地面积为20~40平方米。美妆直播一般选择10平方米左右的小场地即可；穿搭、服装类直播，一般选择15平方米以上的场地。
场地高度	一般控制在2.3～2.5米，保证留下顶光灯空间，不会因为层高过高导致环境光发散、话筒不易收音
声音环境	场地隔音效果好，无杂音干扰；收音效果好，直播中无回音
光线效果	光线充足，可借助灯光设备补充光源，直播画面具有真实感和美观度
预留空间	预留待播商品、直播道具摆放和工作人员活动空间

2.室外直播场地

室外直播场地类型非常丰富，常见的室外直播场地有商品室外产地（如田间地头、蔬果种植园、茶园）、室外打包场所、露天集市等，如图2-38所示。室外直播一般适合直播体量较大或规模较大的商品，或用于展示货源采购现场，例如现场采摘农产品、商品在室外被现场打包发货、在集市现场挑选海鲜等场景。这类直播可以带领用户近距离观看商品的采购、加工、包装、发货等过程，不仅能带给用户有吸引力的沉浸式体验，还能提升用户对商品的信任度。

动画2-1
狮子蛮王直播场地设计

图2-38 东方甄选“多彩贵州行”室外直播

室外直播场地选择的注意事项，见表2-22。

表2-22　室外直播场地要求

要点	标准
场地大小	直播需要限制室外场地的范围，便于主播将更多精力放在商品讲解和用户互动上
场地环境	环境要整洁，保持直播场地美观度，场地不宜出现过多与直播无关的画面
天气状况	一般选择晴朗的日子开播，同时要做好应对下雨、刮风等天气的防范措施。为了避免在直播中遭遇恶劣天气而导致直播延期，可设计室内直播备用方案
网络状况	需要提前调试好直播网络，避免出现室外直播卡顿或中断问题

通常标准直播间的场地可划分为6个区：①背景区，用作形象展示、品牌展示、直播主题展示、产品展示；②中景区，用作主播讲解、上身整体展示、主播操作演示；③近景区，用作展示细节与质感；④待讲解产品区，用作整场直播待讲解产品摆放；⑤灯光区，作为灯光摆放位置以及安装位置；⑥中控台区，作为摆放电脑的区域，实时根据主播节奏负责上架产品改价。

通达行业2-4　游乐场变身直播间，开启第一视角坐过山车带票

2022年9月，由西安乐华城引领的在直播间以“第一视角坐过山车”的风潮席卷抖音，随后有包括北京欢乐谷、长沙世界之窗等在内的不下10个抖音账号开始了类似的尝试。游乐园内部人士表示，这种形式的直播热度很高，曾进入短视频平台百强热榜，以及地区直播热榜第三。直播间的高热度不仅使游乐园账号粉丝量得到了显著增长，也对门票的销量产生了积极影响。

坐在过山车上的主播虽然满脸惊慌，声音发抖，但还是抓住机会，在攀上顶峰前的几秒钟时间里，给直播间的观众做了简单的口播，如图2-39所示。

图2-39 直播第一视角坐过山车带动门票销售

“我们299的双人票，还有168的单人票，即将涨价，大家要来玩的抓紧时间，过了这个村就没这个店了。”

“抓紧时间，大家抓紧时间，快买票来玩！”

接下来，直播间内传来主播的尖叫声和现场观众凑热闹的笑声。主播真实不做作的反应，也让网友们戏称她是“全网最惨的带货主播”。

自9月1日开始常态化的“第一视角坐过山车带票”起，西安乐华城便迎来了直播间的流量高峰。每日场观平均在40万，人气峰值达到2.5万，与此前不足5万的场观和100+的同时在线人数，形成鲜明对比。直播间之所以能迎来高光，与直播场景的优化有直接关系。在直播间跟随主播一起进行实时的沉浸式体验，刺激程度大大增加的同时，也弥补了部分迫于胆量或是时间、地域问题，不能去现场的人们的遗憾。这样的实地体验，其实是更精准地种草与排雷，通过直播观众也能更了解游乐项目本身，根据自身需求进行选择。

除直播间外，账号还会将这些直播片段做成切片发布短视频，进一步利用直播素材扩大游乐园声量。

资料来源　卡思数据．“第一视角坐过山车”走红抖音，直播间场景卷无止境［EB/OL］.［2021-09-26］. https://ishare.ifeng.com/c/s/v002K8Yu--KTdANAogbvBQ--O-_y01TN33z5o0rb84pRY-_pzcA_.有删减.

思考：分析案例中将直播间置于游乐场过山车上，有哪些需要注意的直播事项。

知识点2 直播间背景布置

微课2-6

直播间布置

布置直播间背景，应保证背景的类型、风格与直播商品或主播的个人气质相契合。布置直播间背景有两种方法：一是布置实物背景，二是设置虚拟背景。

1.实物背景布置

（1）纯色或浅色背景。纯色背景常见于服装类直播，颜色一般以浅色为主，常用墙纸或幕布搭建，可以更好地展示商品，如图2-40所示。需要注意的是，纯色背景一般不选用白色，因为白色背景不利于灯光布置。

（2）品牌Logo背景。添加了品牌Logo的直播间背景，直观简洁，可以增强品牌效应，适用于大多数直播场景，如图2-41所示。

图2-40 直播间浅色背景

图2-41 直播间品牌Logo背景

（3）商品摆放背景。这类背景布置一般是将商品或商品展架置于直播间，具有较强的营销目的，如图2-42所示。在这类背景布置中，商品的展示数量可以根据直播间大小或展示架大小而定。但是从用户的观看感受出发，商品数量一般不宜过多。

（4）与直播商品匹配的特色背景。这类背景的应用需要挖掘商品的特色，在背景中融入与直播主题或直播商品相关的特色元素。如图2-43所示，农产品商品的商家直播，其背景墙融入农家木桶和腊肉等元素，凸显了湘西农家的特色风情。

2.虚拟背景设置

在布置直播间背景时，为避免直播不同类型商品时频繁更换背景，可以设置虚拟背景。虚拟背景直播间的背景可以随意变换，更能打造出具有沉浸式视觉感受和消费体验的直播场景，如图2-44所示。虚拟背景直播间整体的搭建造价相对便宜，但是对灯光技术、电脑性能的要求比较高。

图 2-42　直播间商品摆放背景

图 2-43　直播间特色背景

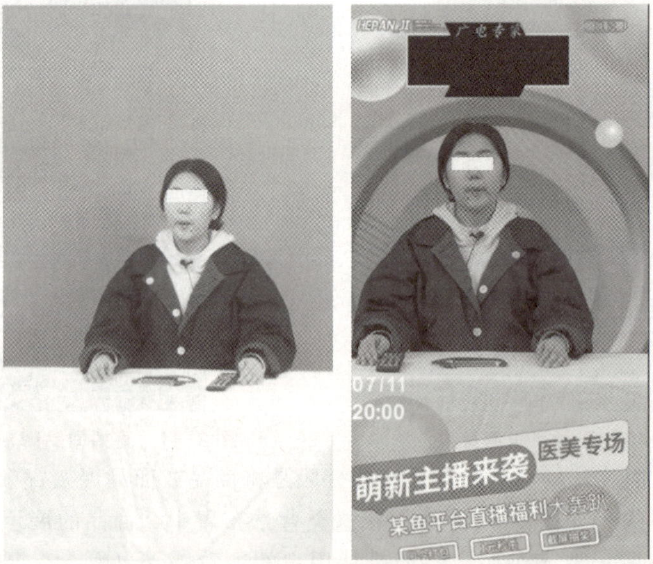

图 2-44　虚拟直播间背景设置前后对比图

虚拟直播背景一般采用绿幕作为直播间的实体背景，然后通过直播软件将绿幕替换成背景图。虚拟直播背景的设置步骤是：①在电脑上安装具有虚拟直播功能的软件；②在背景设置中选择绿幕抠图；③添加图片或视频背景素材；④投屏到背景画面中。

知识点 3
直播间灯光布置

直播间灯光布置可以提升主播形象，清晰、真实地展现商品和品牌的亮点，为用户呈现优质的直播效果。直播间常用的光源有：顶光、主光、辅光、轮廓光、背景光。不同类型的灯光，摆放在不同位置，调整为不同的亮度、色温等，就能创造出不同的光线效果，如图2-45所示。

图2-45　直播间灯光布置

1.灯光类型

（1）顶光

顶光是从头顶位置照射的灯光，主要作用是给直播间整体亮度。从主播上方照下来的光线，产生浓重的投影感，有利于轮廓的塑造，起到瘦脸的作用。需要注意的是顶光位置最好不要离主播位置超过2米。顶光的优点很多，但缺点是容易在眼睛和鼻子下方形成阴影。

（2）主光

主光是从正面位置照射的灯光，主要作用是给主播面部亮度。光源应放置在主播的正面，与视频摄像头上的镜头光轴形成0~15度夹角，从这个方向照射的光充足均匀，使主播的脸部柔和，起到磨皮美白的效果。但是主光的缺点是从正面照射时会没有阴影，使整个画面看上去比较平，欠缺层次感。

（3）辅光

辅光是从侧面位置照射的灯光，主要作用是增加整体的立体感。在主播左前方45度照射的辅助光可以使面部轮廓产生阴影，打造立体质感。从右后方45度照射的辅助光可以使后面一侧的轮廓被打亮，与前侧光产生强烈反差，更利于打造主播整体造型的立体感和质感。但要注意亮度的调节，避免光线太亮使面部出现过度曝光和部分太暗的情况。

（4）轮廓光

轮廓光是从后面位置照射的灯光，主要作用是增加主播的轮廓感。应设置在主播身后的位置，形成逆光效果。从背后照射出的光线，不仅可以使主播轮廓分明，还可以将主播从直播间背景中分离出来，突出主体。作为轮廓光，一定要注意光线亮度调节，如果光线过亮会直接造成主播身后佛光普照的效果，使整个画面主体部分过黑，同时摄像头入光会产生耀光的情况，使用不当容易引起反作用。

（5）背景光

背景光是从前后位置照射的灯光，主要作用是给直播间均匀亮度，使主播美肤的同时保留直播间的完美背景。但需要注意背景光是均匀灯光效果的，因此灯光应采取低光亮多光源的方法布置。

2.灯光色温

灯光色调一般分为冷色调和暖色调，色温在5 300K（开尔文）及以上为冷色光，色温在3 500K及以下为暖色光。如果用的是两灯布光，那左右两灯不能全是冷色调，需要一盏冷色调和一盏暖色调进行协调，才能让脸部看起来更自然、更好看。

一般来说，服饰类和美妆类的直播间适合使用5 700K的白光，这种色温比较接近自然光，便于在镜头前展示衣服和化妆品、护肤品等产品的真实状态，可以减少服装和妆容在镜头前的颜色误差，把衣服、化妆品的颜色更清晰直观地展现给观众，如图2-46所示。

图2-46　服饰美妆类直播间灯光色温效果

美食类和家居类的直播间适合使用3 000K~4 000K的暖光，用偏暖色的光可以把食物衬托得更加醇美，让人垂涎欲滴；可以让家居、家纺类更加有温度，看起来更温馨，如图2-47所示。

图 2-47 美食类直播间灯光色温效果

3.灯光配置

一般来说，直播间面积越大，所需要的灯光也就越多，效果也会越好。具体灯光配置建议见表2-23。

表 2-23 不同面积直播间的灯光配置

面积	使用场景	灯光选择
9平方米以下	单人直播	一盏环形灯
10~15平方米	小场景直播	（1）双灯方案：上方一盏主灯，打亮主播面部；主播左侧或右侧一盏辅光灯，同时照亮主播、产品和背景 （2）三灯方案：采用主灯+辅灯+地灯的布光模式。主灯照亮主播头发和面部，充当眼神光；辅灯在主播右前侧包围补光，充当一定环境光；地灯打亮主播腿部，避免走动展示时画面亮度不均匀
15~30平方米	服装、小家电直播	一般需要4盏灯：主灯打亮场景，为主播脸上补光；辅灯1在主播左侧补光，充当一定环境光；辅灯2在主播右侧补光，同时充当一定环境光；轮廓灯置于主播左后侧，充当轮廓光
30平方米以上	大型产品直播	需要更多灯光打亮场景：左右两盏轮廓灯照亮空间轮廓，增加主播立体感；两盏辅灯照亮侧面和背景，增强画面自然感；一盏面光灯照亮主播，补充脸部光线

知识点4
直播间物料陈设

直播间物料主要包括展示用的商品及周边商品、宣传物料、装饰品等。直播间的物料应摆放整齐，不同的物料可以根据直播想要达到的意图和直播间场地的大小，摆放在不同的位置。

微课 2-7 直播间物料陈设

1.商品陈列

食品、珠宝首饰、化妆品等小件商品一般可摆放在主播面前的陈列台或陈列桌上，让用户一进入直播间便可以了解主播主推的商品，如图2-48所示；针对包装可拆的小件商品，可以将包装拆开，直观地展示商品的款式、色泽等细节，如图2-49所示；对于服装等大件商品，可以将其陈列在主播的身后或两侧，如图2-50所示。

图2-48　台前陈列

图2-49　拆装陈列

图2-50　身侧陈列

2. 宣传物料陈列

宣传物料的类型比较丰富，包括黑板、白板，以及电子屏、海报、贴纸、胸卡、气球等一系列用于展示文字、图片信息的道具，如图2-51所示。

3. 饰件陈列

如果直播间空间较大，可以放置一些玩偶、壁画等饰件，以丰富直播场景。饰件应与商品特性相匹配，如2022年足球世界杯期间某巧克力直播间陈列出卡塔尔世界杯吉祥物，既配合直播主题，又丰富了直播画面，如图2-52所示。

图2-51　直播间促销价格宣传

图2-52　直播间陈列足球世界杯吉祥物

知识点5
直播间软硬件设备选用

1.直播硬件设备

在直播间中，各个设备相互连接共同组成了集画面和声音采集、处理、传播于一身的专业推流直播设备组合，如图2-53所示。直播硬件设备缺失，会导致直播过程中出现效果不佳甚至无法开播的可能。

微课2-8
直播间软硬件设备选用

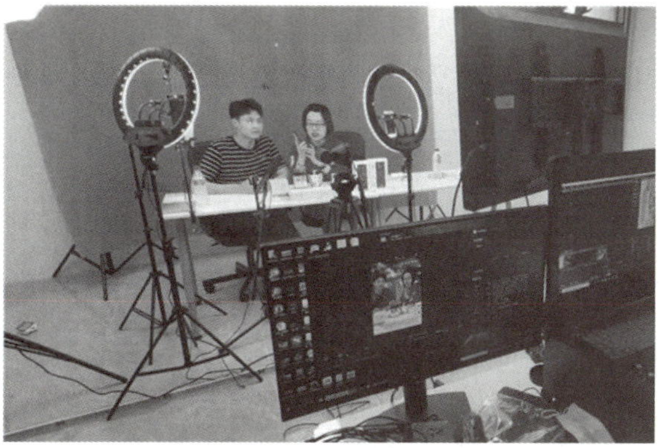

图2-53　直播间硬件设备环境

直播设备可分为入门级和专业级两大类，一般情况下，对于刚进入直播领域的商家来说，在开播初期会采用入门级直播设备（见表2-24），当直播的质量及销售数据稳定后，可以考虑将入门级直播设备更换为专业级直播设备（见表2-25）。

表2-24　入门级直播设备

设备名称	数量	用途
手机	2部	一部用作直播拍摄，另一部用作查看直播互动情况
手机支架	1个	放置手机
环形补光灯	1个	放置手机，补光、美颜，提供辅助光线

表2-25　专业级直播设备

设备名称	数量	用途
计算机工作站	1台	直播推流，直播图像及声音处理
专业摄像头	2个	直播视频拍摄，一个位于正前方采集整体画面，另一个位于侧方采集特写画面
声卡、麦克风	2套	采集并处理声音
专业补光灯	3个	直播照明
背景绿幕	1套	实现抠图，制作虚拟直播背景
手机	1部	查看直播互动情况
支架	多个	放置显示大屏、摄像头、手机

两套设备比较，入门级直播设备操作简单、开播方便，但是直播画面的二次编辑处理却相对单一，无法融入更多营销元素；而专业级直播设备虽然操作相对复

杂，却可以实现更多直播功能。

2.直播软件设备

目前在直播领域，主流的直播软件有淘宝直播、直播伴侣、快手直播伴侣、OBS等，其中淘宝、抖音、快手都有自己的直播平台，其余各大平台基本都支持通过OBS进行推流直播。商家在直播前需要对直播平台和软件进行设置和测试。

知识点6
直播间标题和封面设计

大部分用户在直播间封面的停留时间不超过2秒，要在2秒内吸引观众点击，封面和标题就显得尤为重要。

1.标题撰写方法

主流直播电商平台对直播标题有统一的规范要求，一般不允许标题使用极限词、虚假促销信息，如全网最低、倒闭、清仓等。在写标题前要了解平台规则，避免因此受到处罚。

标题的撰写可以从以下三个要点着手：直戳痛点、福利吸引、突出重点。

（1）直戳痛点型

这种直播标题以某产品或某话题中的核心烦恼为中心，结合产品对痛点的作用，将其运用到标题中，如图2-54所示，某减脂直播账号的直播标题为“不想甩肉的不要进”。

（2）福利吸引型

福利吸引型直播标题可吸引对价格敏感的消费群体，通过直播间的专享福利来吸引观众点击观看，如图2-55所示，网易严选将直播标题设置为“今天的黑猪肉包怎么这么便宜”，以此吸引用户进入。

图2-54 直戳痛点型直播标题

图2-55 福利吸引型直播标题

（3）突出重点型

这种直播标题运用可传递情绪或加深印象的标点符号及字词来突出重点，如图2-56所示，京东国际海外旗舰店将直播主题设置为“京东国际官方自营，保正保真！”以此打消用户对国际产品是否为正品的顾虑。

图2-56　突出重点型直播标题

2.封面设计要点

直播间封面主体包括商品、主播和生产场景。当直播间封面图出现用户想要购买的产品、信任的主播或感兴趣的信息，都会容易吸引他们点击。因此，以商品为主体的封面一般应选择具有视觉冲击力的商品图片，如图2-57所示，封面以公鸡营造视觉冲击。在举办大型活动时，可以在封面中适当添加文案，对标题进行补充，如图2-58所示。

图2-57　直播封面营造视觉冲击力

图2-58　直播封面文案补充

通达行业2-5　**揭秘老罗直播间顶级配置**

一场出色的直播不仅依靠现场主播营造氛围，还需要借助高科技设备来呈现出色的状态。观摩“交个朋友”直播间，扒一扒老罗用了哪些设备，就知道一个天花板级直播间的配置到底是什么样的。

主拍摄设备是4K摄影机，配上电影级镜头，搭配阿莱大灯的柔光遮光，光影交错，尽显产品丰满质感。再看侧面，还有一个辅助机位，这样总共7~8个机位，导播通过多机位，能够全息展示直播的各种需求，如图2-59所示。

图2-59　4K摄影机和导播台

拥有实现综艺、电影级别效果的达芬奇实时调色软件，如图2-60所示。直播间主屏幕是一个5米高8米宽的高清4K LED背景超大屏幕。还有一个顶机位，它能从俯视的角度去展示产品，还有收音、提词器、货架、推拉流等各种配置，如图2-61所示。这些配置使直播间最终实现了顶级直播效果，如图2-62所示。

图2-60　调色台和格栅

图2-61　直播间配有超大屏幕

图2-62　直播间呈现效果

资料来源　作者根据相关资料整理而成.

思考：分析如何以相对较低的投入成本，实现近似的直播间效果。

职业技能操练

工作项目

“狮子蛮王”品牌直播场景搭建。

项目背景

“狮子蛮王”是国潮新中式点心的新锐品牌，现阶段公司准备承借品牌热度和用户口碑入驻直播电商平台，借助直播营销的行业势能带动“狮子蛮王”品牌营销。品牌营销总监国伟负责直播营销的前期筹备工作，目前需尽快搭建好直播间，并完成直播场景设计。

狮子蛮王
品牌手册

工作目标

- 完成“狮子蛮王”直播间场地规划
- 完成“狮子蛮王”直播间背景设计
- 完成“狮子蛮王”直播间灯光设计
- 完成“狮子蛮王”直播间物料陈设
- 完成“狮子蛮王”直播间设备选用
- 完成“狮子蛮王”直播间标题和封面设计

工作计划

请将“狮子蛮王”直播场景搭建计划填入表2-26中。

表2-26　直播场景搭建计划

工作要点	计划描述
直播间场地规划	□室内直播　□室外直播
直播间背景设计	□实物直播背景　□虚拟直播背景
直播间灯光设计	□一灯方案　□两灯方案　□三灯方案 □四灯方案　□五灯及以上方案
直播间物料陈设	
直播间设备选用	
直播间标题和封面设计	

工作实施

步骤一：规划“狮子蛮王”直播间场地

［基础任务］依据直播定位，为“狮子蛮王”直播间选择适合的直播场地。

□室内直播间

室内直播地点：______________________________

选择理由：______________________________

____

____

场地要求：______________________________

____

____

□室外直播间

室外直播地点：______________________________

选择理由：______________________________

____

____

场地要求：______________________________

____

____

［进阶任务］山西食盒记网络科技有限公司现有一间20平方米的办公室可改造为直播间，为该场地做功能区域划分并绘制在图2-63中。

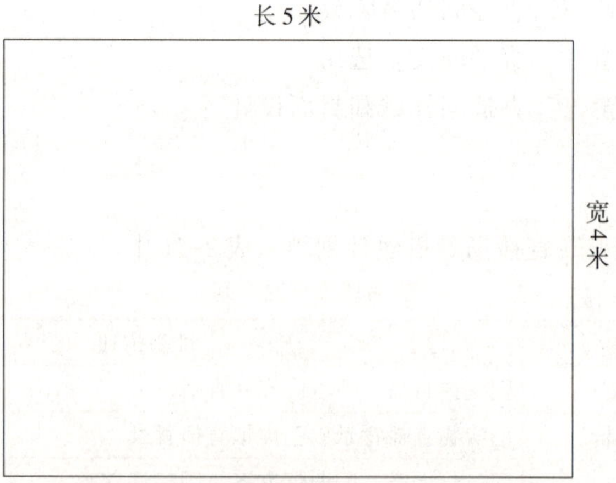

图2-63 “狮子蛮王”直播间功能区规划图

步骤二：布置“狮子蛮王”直播间背景

［基础任务］依据直播定位，为“狮子蛮王”直播间选择适合的直播间背景。

□实物直播背景

①背景颜色：______________________________

②Logo位置：________________

③商品位置：________________

□虚拟直播背景

①使用软件：________________

②背景图案：________________

③背景内容：________________

［进阶任务］根据直播背景设计，展示“狮子蛮王”直播间背景效果图，填入图2-64、图2-65中。

图2-64　实物直播背景效果图

图2-65　虚拟直播背景效果图

步骤三：设计“狮子蛮王”直播间灯光

［基础任务］经直播团队商议，主播拟采用站播方式，结合“狮子蛮王”产品特点设计20平方米直播间灯光布置方案，填入表2-27中。

表2-27　“狮子蛮王”直播间灯光布置

灯光类型	灯光数量及要求
顶光设计	
主光设计	
辅光设计	
轮廓光设计	
背景光设计	

步骤四：设计“狮子蛮王”直播间物料陈设

［基础任务］结合“狮子蛮王”直播间背景设计，合理陈设直播间物料，填入表2-28。

表 2-28 “狮子蛮王”直播间物料陈设

物料类型	陈列位置	陈列要求
品牌商品		
宣传物料		
装饰摆件		

步骤五：配置“狮子蛮王”直播间软硬件设备

［基础任务］结合“狮子蛮王”直播间需要，列举直播间所有可能需要的硬件，填入表2-29中。

表 2-29 “狮子蛮王”直播间硬件清单

序号	设备名称	型号	数量	用途
1				
2				
3				
4				
5				
6				
7				
8				
9				
10				

［进阶任务］结合“狮子蛮王”直播间需要，列举直播间所有可能需要的软件，填入表2-30中。

表 2-30 “狮子蛮王”直播间软件清单

序号	设备名称	型号	数量	用途
1				
2				
3				
4				
5				
6				
7				
8				

步骤六：设计“狮子蛮王”直播间标题及封面

［基础任务］结合“狮子蛮王”直播间特点，设计3个日常直播间标题及封面，

填入表2-31中。

表2-31 “狮子蛮王”日常直播间标题及封面

序号	直播间标题	封面图案
1		
2		
3		

［进阶任务］结合“狮子蛮王”直播间特点，分别设计直播间母亲节、七夕节和“双11”促销主题的标题及封面，填入表2-32中。

表2-32 “狮子蛮王”直播间主题促销的标题及封面

主题	直播间标题	封面图案
母亲节		
七夕节		
“双11”大促		

工作成果自查（见表2-33）

表2-33 直播场景搭建工作成果自查表

检查内容	检查标准	检查结果
直播场地规划的合理性	直播场地位置是否合理； 直播场地面积是否合理； 直播场地功能设计是否合理	
直播间背景设计质量	直播背景是否合理； 直播背景是否美观； 能否正确使用虚拟背景软件	
直播间灯光设计合理性	灯光数量是否合理； 灯光色温是否合理； 灯光搭配是否合理	
直播间物料陈设合理性	商品陈列是否合理； 宣传物料陈列是否合理； 装饰摆件陈列是否合理	
直播间设备配置合理性	硬件设备选用是否合理； 软件设备选用是否合理	
直播间标题和封面设计质量	标题及封面是否符合平台规范； 标题及封面是否具有吸引力； 封面设计是否美观	
自查结论		

工作项目评价（见表2-34）

表2-34　　直播场景搭建工作项目评价表

评价项目	评价标准	分值（分）	专家评分（50%）	教师评分（50%）	得分（分）
技能评价	能够完成直播间场地规划	10			
	能够完成直播间背景设计	10			
	能够完成直播间灯光布置	10			
	能够完成直播间物料陈设	15			
	能够完成直播间设备配置	10			
	能够完成直播间标题及封面设计	15			
素养评价	熟悉直播营销相关法律法规	10			
	注重直播营销的正确导向和良好网络环境营造	10			
	工作项目中团队协作良好	10			

职业素养指南

2022年11月，卡塔尔足球世界杯举办期间，众多商家也借势在直播间封面中设计了丰富的世界杯元素，吸引用户点击进入。但没过多久，抖音电商平台便发布了关于违规使用世界杯相关信息的治理公告。公告称，平台发现世界杯相关侵权场景增多。平台将对世界杯相关商品、内容加大排查处罚力度。具体违规行为包括直播间背景使用世界杯官方标识，未经授权进行虚假宣传，售卖未经授权生产的世界杯特许商品，使用世界杯商标标识变异图形、品牌变形词、衍生词等。侵权和违规行为一经平台排查发现，将根据违规程度对商家采取限制营销活动推广、商品封禁、店铺扣分、清退及扣除保证金等处置措施。对于创作者将采取扣除信用分、账号商品分享功能停用整改、永久关闭或永久封禁账号等不同程度的处置措施。

没有取得授权的商家，直播间封面为什么不能利用举世瞩目的世界杯吸引眼球？请分析直播营销人员勇于创新直播内容的同时，应如何规避侵权问题。

社会拓展任务

为助力乡村振兴工作，请以当地某特色农产品品牌或农产品企业为例，为其直播间设计直播场景。

互联网营销师知识训练

一、单项选择题

扫码答题
看解析

1.一般情况下，初创期的直播团队规模为2~3人，其中包括1名（　　）和1~2名（　　）。

A.主播；助播　　B.主播；运营人员

C.场控；运营人员　　D.主播；客服人员

2.由主播、助播、场控、中控、运营、投放、选品、客服等岗位组成的直播团队，适合于商家哪种情况？（　　）

A.初涉直播业务

B.具有直播经验和直播基础，但直播内容和直播效果待优化

C.直播业务量增多，直播业绩相对稳定，岗位分工待细化

D.以上都不是

3.根据直播团队岗位人员分工，在直播准备期，主播应负责（　　）。

A.了解产品信息，梳理商家痛点，提炼产品卖点

B.排序直播商品，布置过款产品，准备促单道具

C.调试直播间设备，操作商品上下架，对接库存

D.直播策略制定（包括直播目标、预热计划、投放预算、活动设计）

4.（　　）的核心是树立一个被众多用户所认可的人设，核心诉求是基于粉丝积累带来更高的变现能力。

A.品牌型账号　　B.商品型账号　　C.IP型账号　　D.社交型账号

5.企业或品牌账号的账号头像，可直接选用企业的（　　），以增加品牌曝光度。

A.代言人照片　　B.商标图案或品牌Logo

C.直播时间　　D.负责人照片

二、多项选择题

1.品牌商成立直播部门的营销目的是通过直播来实现企业的（　　）。

A.品牌设计　　B.品牌营销　　C.商品销售

D.财务绩效　　E.企业形象

2.直播账号定位的主要目的就是确定直播账号（　　）。

A.销售目标　　B.内容方向　　C.人设风格

D.产品类型　　E.账号功能

3.直播账号名称的设计原则包括（　　）。

A.贴近账号定位，准确传达商家信息

B.辨识度高，与同类竞品相比具有差异性和传播性

C.名字不宜过长，文字简明，便于用户记忆

D.不建议使用个人名称

E.不能少于5个字

4.直播账号装修的总体内容包括（　　）。

A.账号名称与头像　　B.账号背景图　　C.账号简介

D.个人或企业信息　　E.视频封面

5.直播间场地要贴合定位，与（　　）相适应。

A.直播内容　　B.直播商品　　C.主播风格

D.装修风格　　E.背景音乐

三、判断题

1.品牌商家直播团队规模与岗位设置，可依据不同发展阶段下自身的运营目标、经验与能力、资金实力等情况进行合理的规划与设计。（　　）

2.专家/偶像/老板型的账号人设，通常目的是减少与用户的距离感，最终进行推荐式消费。（　　）

3.商家在直播平台完成账号注册后，不需要根据平台要求开通直播权限。（　　）

4.经过认证的企业号背景图装修既可以是视频，也可以是图片。（　　）

5.直播需要限制室外场地的范围，便于主播将更多精力放在商品讲解和用户互动上。（　　）

3

工作模块3

直播营销策划

学习目标

知识目标

1. 掌握直播间选品策略
2. 掌握直播间商品类型及合理配置方式
3. 掌握直播间商品规划与管理方式
4. 掌握直播各个环节内容策划方法
5. 掌握脚本策划准备工作要点
6. 掌握直播脚本撰写要点

技能目标

1. 能够根据直播需求选择、配置及规划商品
2. 能够全面策划直播各环节的内容
3. 能够全面细致地设计整场直播的运作脚本

素养目标

1. 遵守严控质量的职业守则
2. 遵守诚实守信的职业守则
3. 坚持正确导向，营造良好的网络生态环境

情境描述

直播营销前期策划，是直播营销活动的必要准备工作。品牌商家或直播间需要选择合适的商品作为直播主体，需要根据商品品类策划有吸引力的直播内容，需要提前规划直播脚本来指导直播顺利进行。直播营销人员需要根据品牌商家的营销目标，通过分析与规划，完成直播间选品、策划直播内容和直播脚本的任务。

工作活动

活动1　直播选品策划
活动2　直播内容策划
活动3　直播脚本策划

活动1
直播选品策划

活动目标

1.能够根据对直播间的分析进行选品；
2.能够根据直播需求配置不同类型的商品；
3.能够配合直播管理和合理规划商品。

职业工作情境

直播营销人员需要根据品牌商家的营销目标，通过分析与规划，完成直播间的选品工作。

职业知识储备

商业的本质是消费，直播带货和传统商业的底层逻辑是一样的，最重要的三个因素都是“人”“货”“场”。“货”是直播间所推荐和销售的商品，好的商品能够被接受，甚至可以激发消费者的购买欲。商品的选择很大程度上决定了直播间是否可以盈利，要想提高直播间的订单转化率，选择合适的商品很重要。因此，选品一定要讲究策略，规划好结构，还要做好配置与管理。

知识点1
直播商品来源

微课3-1 直播商品来源

直播商品的来源主要有以下三种，分别是分销平台、自营品牌和合作商。

1.分销平台

分销平台主要指淘宝、京东等电商平台，或者抖音等短视频平台。主播可以在这些平台上选择商品进行直播带货。其优点是适合想快速冷启动的主播，主播可以根据商品品类、质量、受欢迎程度、佣金等因素综合考虑来挑选商品，选好品之后需要确定发货机制，并提前与商家对接好售后流程。

以抖音直播为例，主播可以通过抖音精选联盟来选品（如图3-1所示）。精选联盟是连接商品和达人主播的平台，符合平台入驻条件的商家可以把商品设置佣金添加到精选联盟商品库，供达人主播选品推广。达人主播可以在平台上选择适合的商品进行直播推广。

2.自营品牌

开启自播模式的企业，商品来源就是自营品牌的商品，少了第三方直播推广的费用，利润较高；而且拥有完整的商品、仓储、供应链体系，直播更加有保障。但是其粉丝号召力、直播间流量等一般低于头部主播。

图3-1　精选联盟页面

3. 合作商

在企业直播影响力不足的情况下，就会寻求主播进行合作，企业就成为主播的合作商，主播一般也乐于与品牌方直接进行合作，可以自行洽谈合作机制，而且品牌商品后端有保障，商品的转化率比其他非品牌商品要高，但是主播的坑位费也很可观。

知识点2
直播间选品策略

1. 分析用户画像，直击需求

微课3-2
直播选品策略

在直播间只有满足用户需求的商品才能有高转化率，选品需要围绕需求展开。通过账号粉丝数据分析用户画像，剖析诉求，就可以有针对性地提炼出用户需求，从而帮助挑选相应的商品。

分析用户画像需要从直播间账号和主播账号两方入手。首先，需要明确账号类型，是全面型多品类的，还是比较单一的垂直类账号，不同类型账号粉丝类型分布不同，而且账号类型会限制选品范围。如果账号经营的是垂直的内容，那么就可以根据粉丝类型较为精准地进行选品。其次，需要分析具体的用户画像，要用具体的数据作为支撑，了解粉丝群体的性别、年龄、地域分布、兴趣以及购物偏好等属性，如图3-2所示。

在传统的用户画像中，最多关注的是兴趣属性，但是单薄的兴趣点不足以支撑精准选品。粉丝的留言、评论等互动信息可以作为兴趣的有力补充，这些评论和留言包含粉丝想解决却没能解决的问题，也就是痛点。例如，抖音统计的美白兴趣点可以通过留言评论（如图3-3所示）扩充为身体美白、面部美白、美白精华、美白面膜、美白成分、肤感、敏感等词语的集合。通过这些词，用户对于美白商品的选择会更加精准，直达痛点，满足消费需求。

图 3-2 用户画像

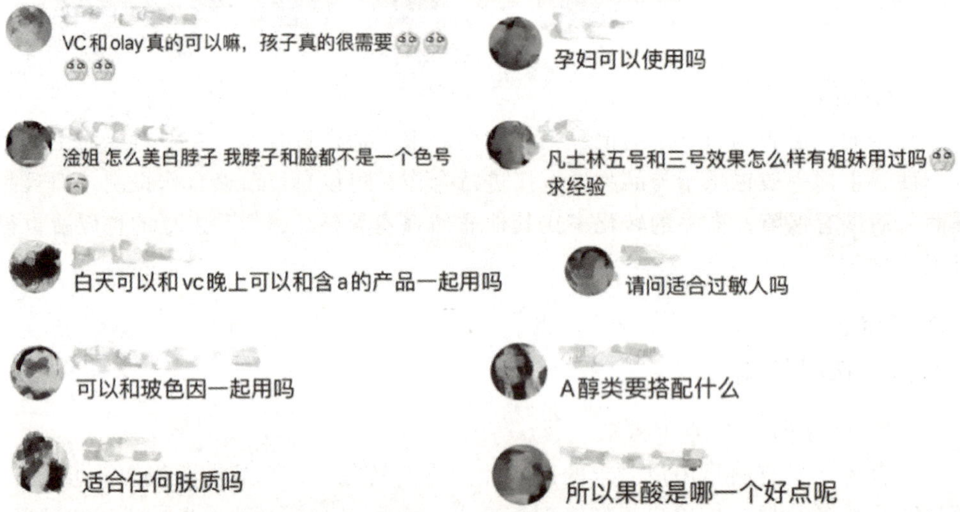

图 3-3 评论信息

2. 分析大数据，确定风向与趋势

直播选品也需要符合市场趋势，可以通过一些数据分析工具掌握商品类目和具体商品的销售信息来判断风向，确定趋势。生意参谋、灰豚、新抖等数据平台依据电商市场和用户需求情况，从统计数据中可以获得网络行为数据、直播间行为数据、商品偏好数据、交易数据等，为选品提供了强有力的数据支撑。

以灰豚为例，其提供多平台直播、短视频可视化数据监测，提供精确高效的数据分析服务（如图 3-4 所示）。在抖音直播中，灰豚可以提供多方位的选品数据支持。

在行业大盘中，先从赛道大盘中比对所选择的目标市场是否热门，涨幅如何，可以根据实际情况调整目标市场。然后在流量大盘中，通过商品排行、品牌排行、品类排行了解直播商品状况。具体的选品可以依托商品分析模块中的数据，其中的直播商品榜从分类、价格、关联主播、佣金比例等方面分析商品情况；实时爆款榜

图3-4　灰豚数据

以商品销量、销售额等数据展示商品情况；商品搜索可以精确了解所选商品的佣金、销量、转化等的具体情况。可以根据目标市场的商品品类结合以上数据，选择符合当下潮流和趋势的、适合直播间的、适合主播的商品。

直播结束后的数据情况也可以作为下一场直播选品的依据。直播后，可以查看此次直播商品的详细售卖数据，从互动、点击、停留时长、回访、新增、转化等方面分析每一种商品，滞销品和爆款便一目了然。这些数据可以让下一次的直播选品更精准。

3.根据选品原则进行选品

在选品过程中还应当注意以下四条原则：

动画3-1

直播选品策划

①品牌选品。品牌商品相较于非品牌商品，在公众心目中的认可度更高。品牌代表的是信任，代表的是有保障的商品质量和售后服务，所以知名度越高的品牌商品转化率越高。因此，在选品过程中可以更偏向于品牌商品，这样也可以提升直播间的转化率。

②品质选品。商品品质是直播间向好发展和长期存续的基础。直播间绝大部分消费者是粉丝，粉丝因为信任账号、信任主播才会关注、观看直播甚至购买商品。因此，直播间推荐的商品，不管是福利品、价高或价低的商品，都应保障商品的良好品质。好的商品具有好的效果与体验，可以带来许多正面的评价，这样才能增加粉丝黏性，甚至吸引更多粉丝。

③价格选品。直播带货兴起的重要原因之一就是价格便宜。在选品的时候可以偏向于选择价格合理且优惠力度相对较大的商品，这样可以更好地提高直播间商品转化率。但是价格低不是唯一的标准，所选商品的价格要匹配账号和主播的定位。泛娱乐主播一般选择低客单价商品作为直播间主打商品，专业性较强的主播一般选择中等价位的商品，头部主播及专家会选择一些高品质、高价格的商品，来提升直

播间平均客单价。

④多样性选品。商品的多样性可以保持直播间的新鲜度，也可以覆盖更多消费者的需求。主播重复推荐一款或者一类商品，很容易使观众视觉疲劳或者没有购买欲望，以至于缩短观众的停留时间。因此直播间选品要保证商品的多样性，满足多种需求，让消费者有更多选择，这样才能吸引观众持续停留进而提升直播间转化率。

通达行业3-1　**二胎宝妈如何乘风破浪多次爆单**

把粉丝当闺蜜是一种什么样的体验?有这么一位带货达人，从舞台剧演员，跨行来到直播电商行业，做出了单场破亿的好成绩，她就是千惠（如图3-5所示）。

图3-5　千惠直播

通过在短视频中和直播间内分享自己的育儿心得、家庭生活，截至2023年7月，千惠收获粉丝超过500万。并且千惠的粉丝用户群体高度精准，89%为女性用户，年龄区间集中在24~40岁，是一群有购买力、高复购率和高忠诚度的母婴用户群体。

以下是蝉妈妈平台对千惠的访谈内容（节选）:

蝉妈妈：通过蝉妈妈平台可以看到，您主要带货的品类是美妆护肤、母婴用品和日用百货，这三个品类的受众差别不是很大，您的选品逻辑是什么？有什么偏好吗？

千惠：我从来没有思考过什么叫选品逻辑，也没思考过怎么组货盘就一定能卖爆、就能成绩好。说实话，我所有的选品出发点就是我自己在用，并且得是我的爱用物。

卖美妆护肤类的商品，是因为我本来就是演员，经常上台表演。加上女孩嘛，对美妆护肤类的商品一直都很感兴趣，所以自己会去找些好用的商品。至于母婴用品和日用百货，我结婚之后有了另外的身份，成为一个家的女主人、孩子的母亲，所以自然而然会去了解这类商品，去比价、去做功课，这些都是我的生活。母婴商品是我特别喜欢去研究的，因为我是两个孩子的妈妈，所以有很多自己的爱用品，可以分享给大家。

我们团队的选品就很简单，就是一切以我的爱用物为主，我没那么在乎佣金和品牌方能给到我们什么机制，说出去肯定有人不信，但是我确实就是这么做的。

蝉妈妈：这几个品类，竞争还是蛮大的，都是抖音的热门赛道，你有没有想过，千惠的优势是什么？

千惠：其实我真没想过跟别人去做横向的对比。我是属于关起门来做好自己的类型，我们做的很多决策，是从本身出发，基本上不参考别的达人。

选择这三个赛道，总结一句话，就是适合我。这三个品类的商品，是我目前的生活阶段主要接触的，而且粉丝朋友也很喜欢。我也想尝试自己喜欢的一些其他品类，比如鲜花、宠物、虚拟商品等，我自己家里就收养了7只流浪猫，我自己很喜欢这些东西，就会想推荐给粉丝朋友。

我的优势是自己很热爱这份事业，这种热爱粉丝朋友也会感受得到。我是真的想要把这份事业做长久，所以要做得舒服，不能被逼着做，保持自己想要给粉丝推荐好物的初心。

资料来源 佚名．蝉妈妈对话千惠：单场销售破亿，二胎宝妈如何乘风破浪多次爆单？[EB/OL]．[2022-03-28]．https：//www.sohu.com/a/533263592_120380906.有删改．

思考：千惠直播间的选品策略是什么？对于她的选品策略，你有什么想法？

知识点3
直播商品结构配置

微课3-3

直播商品结构配置

在选品的时候还需要考虑商品的结构，进行合理规划。不同性质和类型的商品，在直播间承担的角色不同，通常将商品分为五种类型，印象款、引流款、活动款、利润款和品质款。在选品的时候要充分考虑这五类商品的作用，合理规划比例，确保直播顺利有序进行。

1.印象款

印象款商品的重要之处在于其决定着消费者对直播间的第一印象。主播在直播中一般先介绍印象款商品，以促成消费者的第一次购买，有品质的印象款商品可以形成消费者对直播间一定的信任度，提高消费者的复购率。高性价比、低客单价的商品一般可作为印象款，实用性越强的商品覆盖的目标消费人群范围也就越广。例如，穿搭类直播中，可以选择百搭的打底衫作为印象款商品；护肤类直播中，可以选择基础的保湿面膜作为印象款商品。

2.引流款

引流款用来获得更多流量，而且可以快速提升直播间转化率。引流款商品利用趋利心理能够快速吸引更多流量并留住消费者，可以说，直播间之间的竞争也就是流量的竞争。因此，主播在每一场直播中都应该搭配一款或多款引流款商品。引流款商品既可以放在直播的开始阶段，再配合一些优惠活动或时段限制，营造紧张的购物氛围，缩短消费者购买决策的时间，快速提升商品转化率；也可以在直播间人气达到顶峰时再推出引流款商品，将有购买意愿的消费者留在直播间。消费者在直播间下单时，会很在意直播间内商品的优惠价格，所以一般可以选择高性价比、低客单价的常规商品来快速引流，提升转化，如9.9元包邮的商品。也可以选择具有独特卖点的商品作为引流款商品，通过展示同类商品的差异或者独家商品的优势来吸引观众，提升直播间的人气。

3.活动款

活动款用来激发购买热情，增强粉丝黏性。活动款商品一般是面向直播间粉丝发放的福利，即直播间的用户只有关注主播或加入主播的粉丝团以后，才有机会抢购活动款商品，这种机制可以将更多的公域流量转化为账号和主播的私域流量。活动款商品一般为超低价款，如1折限量1 000件、1元限量1 000件等，以此来刺激消费。也可以将活动款商品作为活动奖品赠送给粉丝，炒热直播间氛围。

4.利润款

利润款商品用来实现直播间盈利。直播带货最重要的一个目的就是实现盈利，因此在选品时一定要搭配利润款商品，且利润款商品的数量在所有类型的商品中应占比较高。当主播用引流款商品让直播间人气达到一定程度之后，便可以“趁热打铁”推出利润款商品。利润款商品在五种类型的商品中最应该根据用户画像精准满足消费者的需求，通过解决消费者痛点来刺激消费。除了单款利润商品外，也可以通过附赠其他小商品等方式组合其他优惠品来提高利润款商品的转化。

5.品质款

品质款用来增强商品在用户心目中的好感，提升直播间形象。一般选择高品质、高价格的商品作为品质款，例如定制款、设计师限量款等，以提升直播间的格调，这样就可以慢慢提高直播间定价标准，从而拓展选品的价格范围，提高直播间的平均客单价。但直播间品质款不是必需的，可以根据定位和发展需求来决定是否配置。

通达行业3-2　“斗志姐”网红直播间被查！卖的阿迪达斯、李宁、特步是假货

湖北省武汉市市场监管局与武汉市黄陂区市场监管局、武汉市黄陂区公安分局组成联合执法组，对黄陂区一直播涉假服饰仓库进行突击执法检查，网红“斗志姐”直播带货卖的阿迪达斯、李宁、特步等是假货，如图3-6所示。

图3-6　“斗志姐”直播间被查现场

执法人员在直播平台搜索“斗志姐”发现，其旗下有“斗志姐（国潮运动）”“斗志姐（国潮运动小号）”等多个账户，其中“斗志姐（国潮运动）”有粉丝38.8万、点赞19.5万次。其描述称“专注运动品牌23年，拥有10万平方米独立仓储”。

执法人员现场发现，仓库内有“玖品仓”“斗志姐直播基地”等字样，还有正要发出的发货单，三层楼的仓库货架和挂架上摆满了标有李宁、特步等商标的服饰。

经现场查看，这些服饰的线头完全没有处理过，走针是变形的状态，衣服商标是压板机压上去的，布料用手摸有凹凸感。公司一员工称这些服饰“是从网上买的”，执法人员依法没收这些货物并进行全面鉴定。某品牌打假代理商称：“现场经初步甄别，基本可以确定是假冒商品。”

据悉，此次执法行动是武汉市市场监管局收到举报，经过前期摸底排查后组织的。当天，共扣押涉嫌侵犯商标权服饰2万余件。

武汉市市场监管局相关负责人表示，涉假商品之前一直通过直播平台进行售卖，以低廉的价格销往偏远地区。

资料来源　曾双峰，吴采平．“斗志姐”网红直播间被查！卖的阿迪达斯、李宁、特步是假货［N］．中国消费者报，2022-05-19.

思考：直播间选品应该注意什么？

知识点4
直播商品规划与管理

微课3-4

直播商品规划与管理

选择好商品的品类，配置好商品类型之后，选品还有第三步工作，那就是规划和管理商品，具体为规划商品比例和库存、更新商品、商品预留和返场。

1.规划商品比例和库存

商品比例要依据商品类型、价格、是否应季等因素对应直播主题、直播时间和直播节奏来进行。同时，应根据消耗程度对各个商品的库存进行规划，配合直播间引流、限时抢购、饥饿营销等活动，甚至可以设置店铺内商品库存，来刺激消费，提升商品转化率。

2.更新商品

在规划好商品配置比例的基础上，需要不断更新商品。这样可以保证每场直播的新鲜感，用新商品满足新需求，稳固老粉，吸引新粉。一场直播更新的商品可以设置为整场直播总商品数的50%左右，尽可能让粉丝在每场直播中都能找到符合需求的商品，从而长期关注直播间。

3.商品预留和返场

在选品的时候，需要选择一些预留品和返场品。预留商品用来当作部分商品因特殊情况无法及时到位时的应急补充，以保证直播的顺利进行。返场品可以作为直播中流量高峰期的新流量转化，也可作为活动商品再次上架。一般选择往期直播爆款或者销量较高的优质商品作为预留品和返场品，在一定程度上可以保障直播间的商品转化率，也是对商品资源的充分利用。

职业技能操练

工作项目

千惠直播间“818宠粉节”选品工作。

项目背景

千惠是因分享育儿经验而成长起来的博主。她事业有成，婚姻美满，儿女双全，为很多粉丝呈现了一种她们所向往的生活模板，因此吸引了许多人关注。粉丝画像显示，千惠的粉丝之中89%是女性，超过七成是20~40岁的人群，18~23岁人群的占比达到21.77%。千惠做直播带货一年多的时间，就成为抖音少数可以单场破亿的带货达人，展示出了极高的带货能力。“818宠粉节”即将到来，千惠想为这次直播进行前期选品策划，尽快定下来商品、类型、数量等细节。

工作目标

- 为千惠“818宠粉节”直播进行选品，确定商品品类及来源。
- 确定整场直播商品类型的配比，规划管理此次直播商品。

工作计划

请将千惠“818宠粉节”直播选品计划填入表3-1。

表3-1 直播选品计划

工作要点	计划描述
直播间与主播分析	
制定策略进行选品	□分析需求 □分析数据 □选品原则
确定直播商品来源	□分销平台 □自营品牌 □合作商
直播商品结构配置	
直播商品规划与管理	

工作实施

步骤一：分析千惠直播间与主播粉丝群

［基础任务］通过数据分析工具分析主播千惠粉丝的群体特征，分析直播间观众的群体特征。

主播粉丝群体特征：____

____

____

____

直播间观众群体特征：______________________________________

____

____

____

步骤二：选取“818宠粉节”选品策略进行选品（可选一种或几种）

［基础任务］通过对粉丝群及直播观众的分析，选取适合的选品策略进行“818宠粉节”直播选品工作。

□分析用户画像确定消费者需求

理由：____

____

____

□分析数据确定风向与趋势

理由：____

______

______

□依照选品规则选品

理由：______

______

______

______

步骤三：确定“818 宠粉节”直播商品来源（可选一种或几种）

［基础任务］选择好商品以后，确定商品来源，选择可靠的商品渠道。

□分销平台

理由：______

______

______

□自营品牌

理由：______

______

______

□合作商

理由：______

______

______

步骤四：配置直播间商品结构

［基础任务］和合作商确定直播商品以后，配置每种类型的商品品类及比例，见表3-2。

表3-2　直播商品配置

类型	商品	数量	占比	作用	营销目标
印象款					
引流款					
活动款					
利润款					
品质款					

步骤五：规划与管理“818 宠粉节”直播商品

［基础任务］对商品的比例、库存、预留、返场等作规划和管理计划。

规划和管理计划：______

工作成果自查（见表3-3）

表3-3 直播选品工作成果自查表

检查内容	检查标准	检查结果
直播间与主播粉丝群分析的准确性	具体分析对象是否包含直播间过往数据、主播个人特点、粉丝画像、主播直播表现等，分析是否全面	
选品策略选取的合理性	是否有充足的理由选取选品策略，所选策略与直播间及主播是否匹配，所选商品是否符合直播需求	
商品来源的匹配性	商品来源是否匹配直播需求，仓储、发货、售后是否有保障	
商品配置的合理性	商品类型的配置是否符合直播需求，每种类型的商品配置是否能充分发挥自身的功能	
商品规划与管理的合理性	在商品的规划与管理方面是否为此次直播做好了适当的预留和返场，商品库存管理是否符合直播节奏，商品更新是否及时	

工作项目评价（见表3-4）

表3-4 直播选品工作项目评价表

评价项目	评价标准	分值（分）	专家评分（50%）	教师评分（50%）	得分（分）
技能评价	能够准确分析直播间与主播粉丝群	10			
	能够合理利用选品策略进行选品	20			
	能够选择合适的商品来源	20			
	能够合理配置商品结构	10			
	能够合理规划与管理商品	10			
素养评价	熟悉直播营销相关法律法规	10			
	注重直播营销的正确导向和良好网络环境营造	10			
	工作项目中团队协作良好	10			

职业素养指南

某品牌自播时宣称直播销售的服装是线下门店同款产品，由品牌门店直接发货。但有消费者发现，直播间买到的衣服质量和线下门店有很大差别，直播间服装价格虽低，但质量也明显低于线下门店。因此，消费者怀疑品牌商家存在线上线下服装用料不一的问题。

品牌商家相同型号产品，存在线上线下差异的问题是否合规？请分析直播选品工作严控质量的意义。

社会拓展任务

党的二十大报告指出，全面推进乡村振兴，发展乡村特色产业，拓宽农民增收致富渠道。政府扶农助农项目已陆续开启，计划在某村建立农村直播基地，并组建好了直播团队。你作为学校社会服务项目中的一员，在这次的任务中，需要为此直播团队培训选品策划方法，并为此直播间制订一次选品计划。

活动2 直播内容策划

活动目标

1. 能够完整策划直播各个环节的内容；
2. 能够设计匹配商品的介绍形式及文案；
3. 能够设计有效促进转化的直播内容。

职业工作情境

直播营销人员需要根据品牌商家的营销目标，完成直播内容策划的工作。

职业知识储备

直播带货就是在镜头前介绍商品，但是把直播带货做好，让消费者通过主播的商品介绍下单，很难，直播的内容要保持持续的吸引力，这需要用心去策划。直播间的流量越来越取决于直播的内容以及交互方式。通常在一场持续几个小时的直播中，对商品进行介绍（推品）是主体内容，除此之外还包括开场、转化、收尾等模块，四个模块相互配合，确保直播更好地进行，如图3-7所示。

获取更多流量和增加平均停留时长对于提升直播间商品转化率有非常重要的作用，直播内容的策划需要围绕这两点来进行。

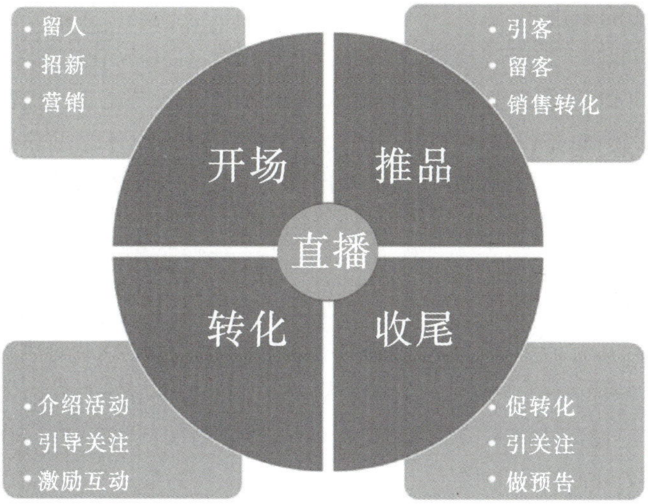

图3-7　直播内容模块

知识点1
开场预热

直播的开场是每场直播留给观众的第一印象，一个良好的开场，才能留住更多的观众。

1.直播开场预热的设计原则

微课3-5

直播开场预热

直播开场内容的设计可以遵循以下三个原则：

（1）激发观众继续观看的兴趣

激发兴趣是直播向好发展的第一步——“留人”，只有让观众感兴趣的内容才能吸引他们继续观看。因此，策划开场内容时需要调查了解用户兴趣点，可以是对商品的兴趣、对功效的兴趣，也可以是对主播的兴趣、对优惠的兴趣等。满足用户兴趣才可以调动他们持续观看的积极性。

（2）促使观众推荐，带来新观众

推荐是直播向好发展的第二步——“招新”，在直播开始的时候就需要想办法获取更多的流量。因此，要采取一些措施来鼓励现有观众分享直播间，邀请亲朋来观看直播，给直播间带来更多观众，直播间观众的规模一定程度上决定了交易的规模。

（3）渗透营销目的，为转化作铺垫

直播间的最终目的是促成交易，获取收益，作为开场需要渗透这一营销目的。因此，直播开场的内容还需要包括本场直播的商品、优惠、活动预告，让直播间的观众提前了解一些商品的品类、优惠的力度、活动的类型，在观众心中形成一个预期。

2. 直播开场的表现形式

（1）直击主题

直播开场可以从介绍直播主题开始。对于观看直播的观众首先需要让他了解本场直播的主题，到底是护肤品专场，还是运动商品专场，还是助农专场，介绍直播主题也就是向观众预告有价值的信息，让用户对直播间和自己的需求进行匹配，这样有需求的用户就会留在直播间。

（2）结合热点

直播开场可以从一个热点开始。热点是互联网上广大观众所重点关注的话题，人们多少都会对其有所了解，当直播间的观众听到自己所悉知的热点话题，会有想继续听下去的欲望，甚至进行互动。当然在选择热点话题的时候，需要选一些传播正能量的热点，比如惠农助农等，或者选一些讨论度高的热点，比如早C晚A用法、家用美容仪是否是智商税等。

（3）利用趋利心理

直播开场可以从一场福利诱惑开始。在直播间消费者所获得的利益并不局限于商品的低价，还表现在红包、福袋、开奖等活动形式当中。在开场的时候，可以预告一下这些优惠活动的时间和力度，或者把一些活动直接放在开场，如开场红包雨、开场福袋等。利用消费者的趋利心理，不仅把他们留在直播间，也可以促使现有观众将直播间分享给亲朋，为直播间带来更多流量。

（4）问题引入

直播开场可以由几个问题引出的痛点开始。由问题引出的痛点可以让有相同问题的用户产生共鸣，当然，只抛出问题远远不够，还需要针对问题预告商品及其主要性能，为用户提出解决办法，这样才能有效地激发用户继续观看直播甚至了解商品的兴趣。

这几种形式可以单独使用，也可以根据需求结合起来使用，总之在策划开场内容的时候一定要尽可能地达成留人、招新和营销的目的。

知识点2
商品介绍

微课3-6
直播商品介绍

商品介绍是直播内容的主体，其他三个模块的内容属于结构性内容，商品介绍属于实质性内容。这部分奠定了整场直播内容的调性，也奠定了直播间的形象基础，决定了直播间能否吸引人、留住人。更重要的是商品介绍是销售转化的基础，直接决定了直播间的收益。因此，商品介绍的内容更需要精心策划。

1. 商品介绍的切入点

（1）契合直播主题

直播主题所要表达的含义往往被加诸商品上，对直播的认可也就是对商品的认可。

有些直播的主题比较明确，就可以通过这个切入点来介绍商品。比如一场助农直播，主打销售有机无公害的地方特色农产品，那么就要使直播间的观众对每一种农产品都留下有机无公害、有特色等印象，而且要让他们觉得下单就是助农、就是惠农；休闲零食专场要给人一种这些零食都可以在休息时吃的感觉；特惠专场要给人一种直播间每种商品价格都特别优惠的感觉等。让直播主题为每一种商品加持，也是促进消费者了解商品的一种比较好的方式。

（2）直击商品卖点

让人眼前一亮的卖点可以帮助商品打开市场。目前的市场大环境中，商品同质化越来越严重，商品难以突围成为爆品，消费者也越来越难在一众商品中做出购买决策。因此，当商品拥有一个差异化的独特的卖点，有助于用户在同类商品中更高效地做出选择，商品也更容易出圈。

在提炼商品卖点的时候，需要一个突出的卖点，再加一个独特的卖点。突出的卖点可以使用“FABE”法则来提炼，这一法则从顾客感兴趣的特征（F）开始，分析这一商品特征的优点（A），然后找出商品优势给客户带来的利益（B），最后需要提供一些客观、权威的相关证明（E）。这是一个完整的营销内容表述。独特的卖点来自对比，人无我有，人有我优，不管是价格、原料，还是外观、服务等，都可作为差异化的来源，尤其可以关注其他同类商品的负面评价，容易找出突破口。突出的卖点是基础，差异化的卖点就是临门一脚，相互配合实现交易目标。

（3）打造使用场景

场景化的内容最容易让消费者产生共鸣，带入自身，让消费者相信商品可以为自己解决问题，从而产生交易。在直播间打造使用场景就是在展示用户可能遇到的、相似的甚至相同的使用场景，非常直接地告诉用户商品可以为他们解决什么样的问题，让用户相信买这个商品是有用的，从而产生购买冲动。

场景三要素包含对象、需求和情境，围绕商品展开设想与展示，也就是谁可以在什么场合使用什么商品，然后会怎么样。场景化的直播内容不仅可以虚拟地满足消费者的需求，也可以通过代入感唤醒消费者的需求，本来以为不需要的商品，看完场景式介绍之后，觉得又需要了，这就是场景化直播的魅力。

打造使用场景可以用实物打造，例如食品直播间可以装扮成一个厨房或者在餐桌上直播，卖衣服的直播间可以装扮成衣帽间。有些商品没有合适的场景主题，也可以只进行商品的试用和体验。有些商品无法试用，但也需要进行样式展示。打造场景最重要的，不是物理场景，而是对场景和使用体验的描述。可以将使用的情境和感受紧扣痛点详细地、绘声绘色地描述给直播间观众，还可以将其他可能的使用场景用语言描述出来，来说服观众商品可以满足需求、解决问题。

（4）讲好品牌故事

直播中对品牌故事的介绍可以吸引消费者停留，更重要的是可以增强消费者对品牌的认知，增强信任，从而更加了解商品，促成交易。

一般来说品牌故事可以从三个方面来讲：一是品牌历史，可以从悠久的历史中提炼文化底蕴；二是创业故事，可以使观众感动于励志精神；三是品牌大事，可以使消费者震撼于企业对品牌的执着。消费者这些内心的情感都会外化而加之于商品，从而为文化、为情怀付费。比如说可以介绍品牌源起，比如某品牌以玻尿酸起家，为大牌护肤品提供原料，那么其自身的玻尿酸商品也就更深得消费者信任；可以讲述企业社会责任，以品牌为回馈社会所做的贡献，来赢得消费者信任。只要是正面的、相关的品牌故事都可以讲，最终目的是吸引观众，加强信任和增进了解。

要想讲好品牌故事，还需要将内容转化为适合直播的形式。故事内容不可繁杂，只要提炼出核心，突出差异，然后转化为直播形式的口语即可，内容少，但一定要直击人心。

2.商品介绍的表现形式

微课3-7

直播商品介绍内容策划

商品介绍内容的策划很重要，其表现形式也同样重要，好的表现形式可以吸引更多关注，帮助内容快速出圈，来提升直播间转化能力。确定内容的表现形式可以从以下5个方面入手：

（1）结合热点话题

有讨论度的话题自然就有流量，热点话题会引发人们热烈讨论，也会激起人们的好奇心，对其产生探索欲。直播时的热点话题可以引起观众的兴趣，进行实时的话题互动，因此，结合热点会让更多的人关注直播、观看直播、参与互动，有效增加用户在直播间的停留时长。在策划直播内容时，需要有敏锐的洞察力，在社会新闻、事件、人物等一众热点中找出和直播间以及商品相契合的热点，通过热点引流，可以为商品带来更多的曝光量。

（2）借助名人效应

名人推荐的商品可以获得更多的关注和信任。首先，名人凭借自身的社会影响力，可以给直播间带来更多的关注，凭借庞大的粉丝群为直播带来更多观众。其次，名人在直播间和粉丝聊天，并展示和亲自试用商品，会提升直播间和商品的信服力，增强消者的购买欲望。比如，有些品牌借助罗永浩的话题度和流量，将一些新品首发放在了交个朋友直播间，赚足了曝光量。

（3）提供专业知识

专业知识对于消费者来说是强价值的干货，信赖度高。现阶段消费者对商品的认知需求越来越高，不管是品质、原料，还是效果，都希望有专业的人士来帮助自己全面了解，这样才买得放心。因此主播在介绍商品的时候，可以从专业的、权威的内容入手，紧抓消费者关注的信息以及消费者的购买心理，将相关信息清晰地传达给观众，及时解答疑惑，提升购物体验，加速下单转化。例如护肤品需要介绍成分以及每种成分发挥功效的机制，还可以用专业机构的检测报告或者用户的使用报告来增强消费者的信任。

（4）设计新奇创意

直播产业发展到现在也出现了同质化严重的现象，因此，在表现直播内容的时候可以用新奇的方式来抓人眼球，依靠别出心裁的创意获取更多流量。360公司为“loading”举办了一场告别仪式的直播，引起大家的好奇，其不仅精准戳中消费者痛点，而且巧妙地表达出了360路由器解决卡顿问题的核心卖点。疯狂小杨哥的“疯狂”“暴力”模式火速破圈就是因为展示商品的方式足够奇特，用“暴力”来测试商品，非常直观地向观众展示了商品质量，极大程度地打消了消费者的顾虑，促使其快速下单，而且这种模式兼具娱乐效果，吸引了许多人的关注。

（5）形成独特风格

有特色的原创内容，是一个主播以及直播间在行业立足的根本，打造差异化，不断强化自己的风格，才能在一众直播间中脱颖而出。比如火爆出圈的东方甄选，每个主播都靠自己的才华和学识，吸引了一众粉丝，从而撑起了一个有文化底蕴的直播间。观看东方甄选的消费者都期待在直播间听到优美的诗句、博古通今的历史知识、与商品相关的文艺故事等，用不同的爱情状态来展示黏豆包，用英语教学的方式来展示牛排，文艺又有趣，这样的直播间怎么能不算独特呢？“阿文的小超市”在众多直播间中也算一股清流，许多观众喜欢郝劭文的直播风格，温柔的讲话，耐心的讲解，给人一种很舒服的感觉，这样带有温柔氛围的内容为直播间赢得了许多“真爱粉”。在策划直播内容的时候，要善于了解自己，挖掘专长，形成自己的独特风格，贴上自己独有的标签。

值得注意的是，不管是商品介绍的内容还是表现形式，都需要坚定文化自信自强，以社会主义核心价值观为引领来策划，传承中华优秀传统文化，传播正确价值观。在国家健全网络综合治理体系之下，紧跟步伐，成为推动形成良好网络生态的一员。

通达行业3-3 情有独钟，那些只属于东方甄选的关键词

东方甄选直播间（如图3-8所示）实打实地火了。2022年6月14日，词条“中关村周杰伦”登上热搜，而在热搜的主人公董宇辉看来，自己的走红就是靠运气。

图3-8 东方甄选直播间

董宇辉凭借才华成为直播圈的一股清流，在他的直播间里从来听不到夸张的语言和声嘶力竭的商业诱导，一个普普通通的桃子，也仿佛被赋予生命一样活泼灵动。

主播用中英文对照，一边讲解着商品，一边讲述着相关的知识、讲述着自己的生活，吸引着所有来到直播间的观众的关注。原本只是正常的购物，在东方甄选直播中，却蕴含着超越想象的智慧与情感，让人流连忘返。

在主播董宇辉的直播中，他介绍商品的风格可谓独树一帜。对于玉米的介绍，他能从孩子们放学后一溜烟地逃到小巷中，谈到盛夏夜晚的星光和轻柔的微风，把玉米变成一种对家乡的怀念；在销售大米的时候，他讲起了长白山上的积雪，讲到了10月份的麦子像智者一样垂下头，具有画面感的介绍词引起了很多网民的共鸣。再配上他轻描淡写的几句话，更是将自己的真实性格展露无遗，用真诚打动消费者。可以说，董宇辉靠的不是自己所卖的商品，而是带货输出的真实经历，以及自己的接地气的乡土气息。

其实影响直播购物的因素有很多，比如消费者在东方甄选直播间体验到的中英双语直播、吉他演奏，还有主持人与观众分享人生经历、诗词歌赋、人生的意义。这是一种前所未有的直播文化氛围，也是其他直播间无法比拟的。与传统的网络购物不同，直播间更注重的是交互性，东方甄选的主播们将自己的亲身经历、英语、中国古典诗歌等在不经意间植入，不仅可以在介绍商品的同时进行文化输出，还可以影响观众的情绪，满足消费者的情感需求。在“娱乐至死”的大环境下，观众们显然更喜欢这种有内涵、有品位的直播。通过场景化的方式，发掘出更深层次的价值，在展示商品的过程中，传达出更多的知识，这也是东方甄选能受欢迎的原因。每个主播都有自己的风格，用双语带货，将课堂教学和商品融合在一起。他们销售的不是商品，而是知识、价值观和理想。

董宇辉和东方甄选之所以能在这么短的时间内火起来，还有一个很重要的因素，那就是将新东方的公司文化和价值观带入了带货直播中，展现出了他们的“情怀”。尽管“情怀”在某些时候会限制发展，但是在初期，新东方的“情怀”因素却能给商家和消费者带来可观的直接利益。

东方甄选直播中的一句经典台词就是“当你背单词时，阿拉斯加的鳕鱼正跃出水面；当你算数学题时，南太平洋的海鸥正掠过海岸；当你晚自习时，地球极圈的夜空正五彩斑斓。但少年，梦想你要亲自实现，世界你要亲自去看。”这句话，也是新东方多年来一直坚持的品牌理念。

资料来源　袁国宝．东方甄选爆火背后的流量密码［EB/OL］．［2022-07-15］．https：//m.thepaper.cn/newsDetail_forward_19026390.有删减．

思考：东方甄选直播内容的特点是什么？使用了什么样的商品表现形式？

知识点3
促进转化

微课3-8

直播促进转化

直播内容不是单向输出，强互动性的内容才能炒热气氛，让观众有存在感、参与感，提升观看与消费体验，从而提升商品转化率。因此，直播间的内容策划还需要考虑到互动的问题。

商品介绍是直播间商品转化的基础，促进更多订单的转化还需要其他内容做辅助，而且，直播间除了有产生收益的目的之外，还有发展的目的。

为了达成炒热直播间、提升转化、长远发展、产生更多收益的目的，促进转化的内容可以包含以下四种：

1.介绍优惠活动

任何一场直播基本都围绕着商品促销进行策划与设计，毕竟直播间最大的优势是“低价”，低价又体现在各式各样的优惠活动中，比如领券、抽奖、红包、福袋等。在策划优惠活动内容的时候，要遵循简单、易操作的原则，活动是为了促进转化，而不是设置障碍。在介绍优惠活动的时候，一要清晰明了地介绍规则，让消费者完全了解活动内容；二要突出重点，包括金额、时间、时效、操作流程等，可以通过重复强调来突出重点。

2.指导下单操作

有些直播间的下单操作不是简单地添加购物车后付款就可以，还需要点关注、亮灯牌、加粉丝团、领券、写备注等。如果设置了这些环节，就需要清楚地向消费者说明下单流程，或者用手机等设备进行流程演示，确保直播间观众可以拿到全部活动的优惠。指导下单操作可以减少因操作流程不明或烦琐而导致放弃订单，也可以让消费者下单更加顺畅，增强购物体验。

3.激励参与互动

互动是消费者与主播最直接进行交流的方式，可以增加观众在直播间的平均停留时间，可以提升直播间的活跃度，活跃的直播间对新进的观众更有吸引力。消费者参与互动也可以提升自身在直播间的存在感和参与感，从而更加喜欢主播，喜欢直播间。当然，互动需要话题吸引，社会热点、消费者痛点都是可以引起讨论的话题。互动也需要用利益吸引，例如评论“已拍”可提前发货，评论“喜欢”可赠送运费险等。当直播间观众参与互动之后，主播和工作人员需要有回应，而且是积极热情的回应，这样才能体现直播间对观众的重视，从而俘获观众的心。

4.引导关注加群

关注直播间和加粉丝群（如图3-9所示）是直播间发展的一个必要渠道，一个不断壮大的粉丝群体可以保证一定比例的复购，也会让其他消费者认为粉丝量庞大的直播间更可靠，从而产生选择偏好。同样，引导观众关注直播间，加入粉丝群，也需要利益的驱使，比如粉丝专属红包、粉丝专属免单抽奖等。如何关注亮灯牌，如何加入粉丝群，也需要主播或者其他工作人员进行指导或演示，提升增粉率。

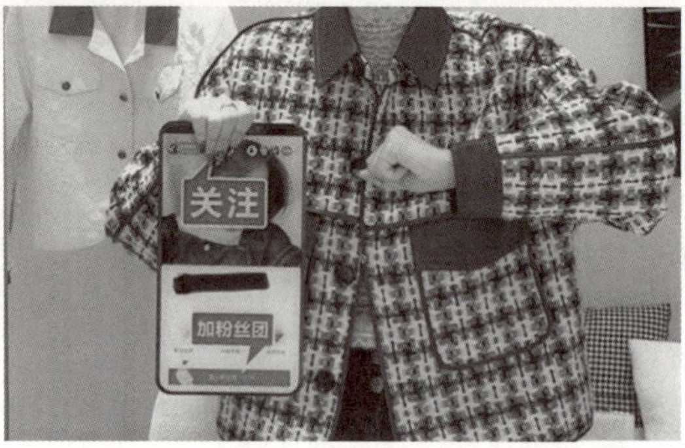

图3-9　直播间引导关注加粉丝团

直播间目前展示以上四类内容的重点信息的主要方式是制作提示牌，提示牌更加直观，也可以吸引观众注意力，让消费者更清晰明了地了解活动、互动、加群等操作。

知识点4
直播收尾

直播收尾不可简单了事，最后的时间也不能放弃商品转化，而且，虽然每场直播之间都是独立的，但是每次直播的收尾都可以进行提前预告，酝酿下一场直播的氛围，为下一场直播积累潜在观众。因此直播收尾的内容也需要根据实际情况与需求用心策划，一般包含以下四类内容：

第一类：直播收尾需要感谢观众的支持，诚心表达感谢，夸赞他们的表现，如果能喊出具体的ID效果会更好，让直播间成为有温度有情感的直播间。

第二类：对商品的概括性总结可进一步促进销售转化。在直播收尾时间需要对引导下单和加关注做最后的努力。可以用简短的时间重点介绍一下还有库存的商品，用仅限本场、全场最低价等话术或者下单抽奖活动刺激消费者下单。

第三类：引导观众关注，增强粉丝黏性。直播收尾阶段也需要用加关注、加粉丝群有下一场直播的额外专属红包等形式引导观众关注直播间，将更多公域流量转为私域流量，也为下一场直播争取一些观众。

第四类：直播收尾一般都会预告下一场直播的相关内容，让更多的观众有所期待。一要预告直播时间，告诉观众具体的直播时间，欢迎大家到来，多次重复形成记忆点。二要预告主推商品，帮助观众提前了解下一场直播将上架的商品，有助于对直播内容和用户的提前精准匹配，争取将更多本场直播的观众带到下场直播中，也可以获得更精准的用户流量。三要预告促销活动，用促销力度以及红包抽奖等活动吸引观众，提高直播间回访率，为直播间聚集流量。

通达行业3-4　**速看！近三成主播、四成商品涉违规**

疫情推动直播购物的爆发式发展，直播带货悄然成为全民讨论的话题。为掌握直播带货的真实情况，2022年“双11”期间，浙江省消保委对淘宝、拼多多、京东、快手、抖音五个平台“双11”直播带货情况进行了消费体察。

体察情况：主播夸大宣传，用绝对性广告语现象仍存在。

“双11”期间，浙江省消保委共体察了17位主播，发现5位主播存在夸大宣传、用绝对性广告语、与其他直播间进行价格对比等问题。

例如，在淘宝平台的某主播（粉丝数量838.6万）在直播间带货时频繁提及其他平台，并宣称自己价格低。在拼多多平台的某直播间（粉丝数量589万）中，主播称其某品牌商品上年卖出1个亿，全网第一；产品具有抗衰老，养颜美容等功能；并频繁和其他直播间价格作对比，称其他直播间卖68元，在自己的直播间只需要59元，如果老板不同意这个价格，差价将由自己补上。在快手平台的零食优选某小店（粉丝数量96.8万）直播间中，主播在介绍商品时做出起身拉下裤子拉链、露出肚脐眼的不雅行为。此外，在快手平台的某直播间内（粉丝数量84.7万）未按消费者要求展示完整的商品。

值得注意的是，在拼多多平台中，此次体察发现较多少发漏发、发错尺码、实物与宣传不符等问题；水果短斤缺两现象也普遍存在。

律师观点：北京炜衡（杭州）律师事务所律师张雄伟表示，关于主播夸大宣传，《中华人民共和国广告法》明令禁止使用“国家级”“最高级”“最佳”以及其他词义相同的广告用语。医疗、药品、医疗器械广告不得含有表示功效、安全性的断言或者保证，不得含有说明治愈率或者有效率的内容。同时，明确规定广告不得含有虚假或者引人误解的内容，不得欺骗、误导消费者。《中华人民共和国价格法》第十四条规定，经营者不得有下列不正当价格行为：利用虚假的或者使人误解的价格手段，诱骗消费者或者其他经营者与其进行交易。

关于少发漏发、发错尺码、实物与宣传不符等问题，《中华人民共和国民法典》合同编规定，经营者应当按照约定或者承诺向消费者按时、足额交付商品。商品少发漏发的，经营者应当按照消费者要求及时补足并承担相应的违约责任。《中华人民共和国消费者权益保护法》规定，经营者向消费者提供商品或者服务的质量、性能、用途、有效期限等信息，应当真实、全面，不得作虚假或者引人误解的宣传。《中华人民共和国广告法》规定，广告内容应当真实、合法，不得含有虚假或者引人误解的内容，不得欺骗、误导消费者。

资料来源　作者根据相关资料整理而成.

思考：你认为在策划直播内容时需要注意什么？

____

____

____

____

职业技能操练

工作项目

千惠直播间“818 宠粉节”内容策划工作。

项目背景

千惠直播间“818 宠粉节”即将到来，这次直播前期选品工作已结束，商品品类、数量、售后等细节已经敲定。直播前内容策划工作已提上日程，这次的直播需要涵盖哪些内容，如何去介绍商品，活动信息如何展示等，需要尽快完成策划，保证直播顺利开展。

工作目标

- 为千惠“818”宠粉节直播进行全环节内容策划。
- 设计每个部分的内容，确定细节。

工作计划

请将千惠“818”宠粉节直播内容策划填入表 3-5。

表 3-5　直播内容策划

工作要点	计划描述
主播特点与直播主题分析	
商品分析	
设计预热开场	
策划商品介绍文案与形式	□契合直播主题　□直击商品卖点 □打造使用场景　□讲好品牌故事 □结合热点话题　□借助名人效应 □提供专业知识　□设计新奇创意 □形成独特风格
设计促进转化环节	
设计直播收尾环节	

工作实施

步骤一：分析主播千惠的特点与直播主题

[基础任务] 为了策划更加契合主播的直播内容，分析主播千惠的特点与本次直播主题。

主播特点：____

____

____

____

____

____

直播主题：____

____

____

____

步骤二：分析本次直播所有商品

[基础任务] 为策划直播内容打基础，分析此次所有直播商品。

分析商品卖点：____

____

____

分析品牌：____

____

____

分析商品优惠机制：____

____

____

分析商品营销目标：____

____

____

步骤三：设计"818"宠粉直播开场

[基础任务] 以主播与产品分析结论为基础设计直播开场，填入图3-10中：

图3-10　直播开场设计

步骤四：策划商品介绍内容与形式

［基础任务］以主播特点与产品分析结论为基础，策划商品介绍内容与内容的表现形式。

内容：

□ 契合直播主题：____

____

____

□ 直击商品卖点：____

____

____

□ 打造使用场景：____

____

____

□ 讲好品牌故事：____

____

____

形式：

□ 结合热点话题：____

____

____

□ 借助名人效应：

____

____

□ 提供专业知识：

____

____

□ 设计新奇创意：____

____

____

____

____

□ 形成独特风格：____

____

____

步骤五：设计促进转化环节

［基础任务］以主播特点与产品分析结论为基础，为直播设计促进转化环节，见表3-6。

表 3-6 促进转化环节设计

环节	具体内容
介绍优惠活动	
指导下单操作	
激励参与互动	
引导关注加群	

步骤六：设计直播收尾环节

［基础任务］以主播与产品分析结论为基础，为直播设计收尾环节，见表3-7。

表 3-7 直播收尾设计

环节	具体内容
表感谢	
促转化	
引关注	
做预告	

工作成果自查（见表3-8）

表 3-8 直播内容策划工作成果自查表

检查内容	检查标准	检查结果
主播特点分析的准确性	对主播形象、角色、身份、讲话风格、知识储备、兴趣、才艺等分析是否全面准确	
商品分析的全面性与准确性	对商品的品牌、卖点、类型，对直播的作用等分析是否全面准确	
开场设计的吸引力	直播重要信息是否展现，商品和活动是否做了预告，表现形式是否能达到留人、招新、营销的目标	
商品介绍的吸引力	商品介绍的切入点是否契合，内容是否有价值、有吸引力，表现形式是否符合产品特性，是否能抓人眼球	
转化环节的有效性	转化环节是否全面、形式是否简单易操作、是否利于主播引导	
收尾策划的有效性	收尾部分是否涵盖所需环节，每个环节是否可以发挥效用，是否能起到促转化、引关注、做预告的作用	

工作项目评价（见表3-9）

表3-9　直播内容策划工作项目评价表

评价项目	评价标准	分值（分）	教师评分（50%）	专家评分（50%）	得分（分）
技能评价	能够准确分析主播与商品	10			
	能够设计有吸引力的直播开场	20			
	能够策划有吸引力的商品介绍文案与形式	15			
	能够设计有效促进转化的互动环节	15			
	能够设计发挥效用的直播收尾	10			
素养评价	熟悉直播营销相关法律法规	10			
	注重直播营销的正确导向和良好网络环境营造	10			
	工作项目中团队协作良好	10			

职业素养指南

许多艺人转战直播阵地带货赚钱，但是对于带货的艺人，商家也应该有所选择。

直播平台规定，对于失德艺人，商家不得提供公开进行文艺表演、发声出镜的机会，防止转移阵地复出。

为什么平台会有禁止失德艺人以直播带货形式复出的规定？请分析该规定与营造良好网络生态环境的关系。

社会拓展任务

政府扶农助农项目的直播间已选好直播产品，直播团队无直播经验，主播人选为回村创业的大学生，请以某村为例为其进行一次直播内容策划。

活动3
直播脚本策划

活动目标

1.能够做好策划脚本的前期准备工作；

2.能够完整策划整场直播的脚本；
3.能够策划单个产品的直播脚本。

职业工作情境

直播营销人员需要根据品牌商家的营销目标，完成直播脚本策划的工作。

职业知识储备

直播脚本是直播活动重要的一项工作任务，一份清晰、详细、可执行的直播脚本是直播顺利进行，并取得良好效果的有力保障。直播脚本规划了直播的内容、活动和时间，可以使主播及团队的其他成员明确自己需要在直播过程中完成的工作，同时明确直播活动的时长、具体流程、活动计划、活动力度等。

知识点1 策划直播脚本的目的

1.帮助主播梳理流程

直播脚本能够帮助主播了解本场直播的时长、环节及主要内容，梳理直播流程。策划脚本的目的就是让主播可以清楚地知道在某个时间点应该做什么、说什么，通过细致的脚本内容，可以减少主播在直播中无话可说、活动规则解释不清楚等情况的发生。一份详细的直播脚本甚至在主播话术上都有相关的提示，帮助主播保持语言上的吸引力，完整地表达出商品以及活动的内容，游刃有余地与粉丝进行互动交流。

2.提高直播筹备工作的效率

在直播之前，直播运营团队如果事先没做好充足的直播规划，就容易出现人员职责不清，相关细节考虑不周等问题。因此在开播之前策划制作直播脚本，就是为了帮助参与直播的工作人员了解直播流程，明确每个人的职责，让每个人各司其职，从而保证直播筹备工作有条不紊地展开，降低直播中出现错误的概率。

3.控制直播预算

策划直播脚本时可以提前设计好自己能够承受的优惠券面额、红包金额、赠品商品及数量等，这样就可以提前控制直播预算。

知识点2 脚本前期策划准备

直播运营团队可以通过梳理直播前准备工作来策划脚本，从而规划直播流程及内容。在制作脚本前，可以从以下五个方面做准备：

1.直播商品分析

直播带货，所有努力的最终目的都是“卖货”，因此在策划脚本前要分析本场直播中要出售的商品。首先要厘清印象款、引流款、活动款、利润款、品质款分别是哪些，不同类型的商品属于不同的环节，在直播中起到不同的作用。其次，需要分析本次直播的商品品类在直播平台上的畅销程度、商品评价，根据商品特性提炼出商品的优势与卖点，总结要点作为脚本内容，提示主播在直播中介绍和演示。

2.受众分析

分析直播受众是为了更好地满足消费者需求，从而将他们留在直播间。首先 需要分析受众的年龄层，不同年龄段的消费者有不同的个性特征和语言风格等，可以在策划脚本时有针对性地设计互动方式和引导话术。而且不同受众直播观看时间段也不同，直播观看时间段的选择直接影响着观看直播的人数与直播的效果，因此应选择目标消费者观看直播的高峰期进行直播。接下来要分析目标受众的利益诉求，消费者观看直播一般都具有目的性，期望在直播中有所收获，比如获得高性价比的商品、愉快的心情等，可以根据分析结果设计相应的脚本内容。

3.设计活动

直播过程中的活动，比如红包数额、抽奖礼品、互动形式和内容都需要提前设计好，要对应商品、对应环节、对应目标去设计。比如在介绍引流款的环节，需要观众把“福利接受”打在公屏上；点关注、亮灯牌，就可以9.9元买到5包洗脸巾。卖货的同时引导关注、转化粉丝。商品、福利、目标是相关联的，需要在合适的环节通过活动把它们串在一起，主播根据脚本的活动设定，就可以井然有序地进行直播活动。

4.量化目标及设定完成时间

每次直播都需要有目标，商品转化的目标、互动目标、观看人数的目标、新增粉丝的目标等，通过对直播商品和目标消费者进行分析，制定出可行的和可操作的直播目标，量化的目标有利于衡量直播的效果。设立直播目标完成时间是为了提高效率，督促相关负责人尽量在计划时间内完成目标。比如新增粉丝1 000人，那么在策划脚本时就需要设计一些吸粉环节，可以根据目标完成的程度调整直播环节和内容，更好地在规定时间内完成整体的直播目标。

5.明确分工

明确分工可以保障直播有条不紊地进行。脚本内的任务需要明确每一位工作人员的职责，策划完成之后要检查是否能够满足直播任务的需要，以及人员分工是否合理，职责是否明晰。明确分工就是直接告诉每位工作人员自己的职责是什么，除了直播时的工作内容，还包括自己职责所对应的前期准备工作。直播内容的多少关系着直播活动工作量的大小，如果内容多，工作量较大，那么就需要充足的工作人员，避免一些问题的发生。

知识点3
整场直播脚本策划

整场直播脚本是对整场直播活动的内容与流程的规划与安排，重点是规划直播活动中的玩法和直播节奏。它的针对性更强，是对直播流程和内容的细致说明，可以让直播团队各岗位人员明确岗位职责、实现默契配合。

整场直播脚本通常以表格的形式呈现，其主要内容包括直播主题、直播时间、直播目标、主播介绍、注意事项、人员安排、流程细节。直播流程需详细具体，这样才便于主播把控直播节奏。可以将脚本策划准备的内容放到直播脚本要素表格中，见表3-10。

表3-10　直播脚本要素

直播脚本必备要素	具体说明
直播主题	从商品、主播或者受众需求出发明确直播的主题，直观告诉消费者这场直播是做什么的、卖什么的
直播时间	直播开始时间和结束时间
直播目标	明确此次直播要实现的目标，如增加关注、宣传新品、商品转化、观看人数等，一定要是量化的目标
主播介绍	介绍主播、助播的名字、身份
注意事项	说明直播中关于商品、品牌、活动等需要注意的事项： · 直播间讲解节奏 · 商品匹配场景 · 主推××商品 ……
人员安排	明确参与直播人员的职责。主播负责引导关注、讲解商品、解释活动规则；助播负责互动、回复问题、发放优惠信息等；后台/运营负责修改商品价格、与粉丝沟通转化订单等
流程细节	直播的流程细节要非常具体，详细说明开场预热、商品讲解、优惠信息、用户互动等各个环节的时间、具体内容、如何操作等问题，尽可能都规划好，并按照规划来执行

在整个脚本中，直播的流程是最重要的部分。直播中需要进行的每一个环节的顺序都要提前安排好，比如解说环节、抽奖环节、上链接环节、聊天环节等。每一个细节也需要策划，比如说直播中多久抽一次奖、每一款商品的卖点是什么、每一款商品的优惠活动是什么、用什么话术引入商品、用哪些催单方法促进转化、多长时间进行一次引导关注等。表3-11为整场直播脚本示例。

表 3-11　　　　**整场直播脚本示例**

<table>
<tr><th>直播脚本要素</th><th colspan="4">具体说明</th></tr>
<tr><td>直播主题</td><td colspan="4">××品牌护肤品宠粉回馈</td></tr>
<tr><td>直播时间</td><td colspan="4">20××年8月20日 18：00—22：00</td></tr>
<tr><td>直播目标</td><td colspan="4">累计观看人数 20 000 人
增加关注 2 000 人，宣传新品××
转化率 15%</td></tr>
<tr><td>主播介绍</td><td colspan="4">主播：××，千万粉丝达人
助播：××，品牌主理人</td></tr>
<tr><td>注意事项</td><td colspan="4">· 新款××讲解节奏放缓，××福利款节奏加快
· 禁用夸张词，慎用效果词
· 主推××商品</td></tr>
<tr><td>人员安排</td><td colspan="4">主播负责引导关注、讲解商品、解释活动规则
助播负责互动、回复问题、发放优惠信息
后台/运营负责修改商品价格、与粉丝沟通转化订单
客服处理售后问题</td></tr>
<tr><th colspan="5">直播的流程细节</th></tr>
<tr><th rowspan="2">时间段</th><th rowspan="2">流程规划</th><th colspan="3">人员分工</th></tr>
<tr><th>主播</th><th>助播</th><th>场控、客服</th></tr>
<tr><td>18：00-18：10</td><td>开场预热</td><td>主播自我介绍，向直播间观众问好，开场介绍抽奖规则介绍、当天主推商品</td><td>演示抽奖方法，回答粉丝问题</td><td>向各个平台分享开播链接</td></tr>
<tr><td>18：10-18：15</td><td>红包活动</td><td>引导粉丝对直播间进行分享，介绍分享领红包活动</td><td>与主播配合详细介绍红包活动，讲清规则</td><td>收集符合条件粉丝信息，提示在规定时间内领红包</td></tr>
<tr><td>18：15-18：25</td><td>活动预告</td><td>简单介绍本场直播的所有商品，说明直播间的优惠情况</td><td>配套展示商品，补充主播遗漏的信息</td><td>向各平台推送直播活动信息</td></tr>
<tr><td>18：25-18：30</td><td>商品推荐</td><td>讲解试用第一款商品，介绍福利优惠，回复粉丝问题，引导下单</td><td>协助主播互动，突出此次优惠力度，协助回答粉丝问题</td><td>发布商品链接，回复粉丝订单咨询，收集咨询数据和转换数据</td></tr>
<tr><td>18：30-18：35</td><td>商品推荐</td><td>讲解试用第二款产品，突出此次直播主题，刺激粉丝下单</td><td>协助主播互动，突出此次优惠力度，协助回答粉丝问题</td><td>发布商品链接，回复粉丝订单咨询，收集咨询数据和转换数据</td></tr>
<tr><td>18：35-18：40</td><td>福利赠送</td><td>新关注×人，抽3位免单</td><td>提示发送福利的时间，详细介绍抽奖规则</td><td>收集中奖者信息，与其取得联系</td></tr>
<tr><td>18：40-19：00</td><td>商品推荐</td><td>讲解试用第三款产品，主要推荐本款产品，细致讲解突出卖点，从粉丝互动信息中寻找互动机会，打消消费者疑虑</td><td>提示主播重要互动信息，与主播合作回答粉丝问题</td><td>发布商品链接，回复粉丝订单咨询，收集转化数据</td></tr>
<tr><td>19：00-19：10</td><td>商品推荐</td><td>讲解试用第四款产品</td><td>协助主播互动，突出此次优惠力度，协助回答粉丝问题</td><td>发布商品链接，回复粉丝订单咨询，收集咨询数据和转换数据</td></tr>
<tr><td>19：10-19：20</td><td>商品推荐</td><td>讲解试用第五款产品</td><td>协助主播互动，突出此次优惠力度，协助回答粉丝问题</td><td>发布商品链接，回复粉丝订单咨询，收集咨询数据和转换数据</td></tr>
<tr><td>19：20-19：25</td><td>红包活动</td><td>与粉丝互动，发红包</td><td>提示发红包时间节点，介绍红包活动规则</td><td>收集互动信息，发红包</td></tr>
<tr><td rowspan="2">19：25-21：50</td><td>…</td><td>…</td><td>…</td><td>…</td></tr>
<tr><td>商品返场</td><td>对销售情况良好的商品进行返场讲解，突出优惠力度</td><td>向主播提示返场商品，提示库存信息，协助主播回复粉丝问题</td><td>收集每款商品转化数据，向主播和助播提示返场商品，回复粉丝咨询</td></tr>
<tr><td>21：50-22：00</td><td>直播收尾</td><td>感谢粉丝支持，引导粉丝关注，提示粉丝领下场直播的福利，预告下次直播时间、商品、活动</td><td>协助主播引导粉丝关注直播间，重申下次直播的预告</td><td>回复粉丝咨询</td></tr>
</table>

直播脚本策划完成后，每位工作人员都需要熟悉脚本，了解流程，这样才能在工作时间内完成各自的任务。而且，在明确职责之后，有些环节需要提前做准备、做测试，比如调灯光、准备样品、准备提示板等。顺利完成一场直播需要所有工作人员一起努力，从前期策划到直播执行，都要做好充分的准备。

通达行业3-5　**主播带货出现失误，到底是谁的问题？**

有媒体曝光了某主播直播时出现事故的画面。

刚开始主播只是脸色有些不好，但是在几分钟后却直接扔下麦克风，黑脸愤然离场，只留下助播在直播间独自尴尬。

直播间中这样的突发事件，瞬间引起了网友的关注和热议，都在讨论当时直播间究竟发生了何事。在完整观看了那场直播回放后，网友才明白事情的原委，原来是主播带货过程中出现了失误。

当时主播与往常一样在直播间带货，一男一女两位助播在旁边协助，三人都在十分认真地介绍产品的功能，直播间的观看人数也在逐渐增加。本来一切都井然有序，但是在向大家展示一款产品时，却发生了意外。主播准备一边展示产品功能，一边给大家详细操作一番，但是女助播在旁摆弄着产品，无论怎么操作，产品就是毫无动静。主播看到后，立马将脸拉了下来，面无表情地看着女助播，问了好多次是不是电源插板有问题，但女助播表示不是电源的问题。见一直没有调试好，主播自己也上前操作了一番，但还是毫无用处。这时主播的耐心仿佛已经达到了极限，只见她眉头紧锁，表情也很严肃，突然将电源线拔下后丢到一旁。之后她又多次操作产品，在确认无法开启后，将东西摔在一旁。一时间众人都不敢说话，男助播这时也看起来十分紧张，现场很安静，只剩主播摔东西的声音。而这时女助播为了救场，也重新开始卖力地介绍产品。但令众人没有想到的是，主播竟然直接摘下了麦克风后转身离去。

对于此次直播间意外事件，各方其实都是有原因的。作为品牌方，在直播前本应该将准备工作做好，对直播间的产品更应当提前检查，防止在直播时发生意外、造成麻烦；而主播不论在直播流程还是话术方面，都应该滚瓜烂熟，在明知直播时要向观众展示产品的前提下，竟然还能出现这样的意外，实在是不应该，这也属于直播工作中的重大失误。主播在产品出现问题后，曾多次询问女助播是否是电源的问题，但都被否认了，要知道如果不是电源问题，那只可能是产品自身的问题，而这是直播间接下来要售卖的产品，如果品控出现问题的话，对他们来说是十分不利的。

其实近些年来直播带货中的“直播间事故”时有发生。有些是主播不了解产品，对产品的介绍拖泥带水，而有些是产品介绍错误，或是报错价格。但是一旦产品本身出了问题，直播自然是无法继续的，而该产品在网友的心中会直接被列入黑名单，之后再怎么介绍得天花乱坠，消费者都不会再购买。主播作为该品牌的合作方，自然应当对产品的品控把握好，在直播时出现这样的问题，就会在消费者心中失去信任。

资料来源　佚名．主播带货出现失误，到底是谁的问题？[EB/OL]．[2022-08-01]．https：//baijiahao.baidu.com/s?id=1739945473883059207&wfr=spider&for=pc.有删改．

思考：直播中出现这类问题的原因是什么？如何避免？

知识点4
单品脚本策划

单品直播脚本就是基于单个商品的脚本，它只对应整场直播脚本的“商品推荐”部分。在一场直播中，主播必须对每款商品的卖点、特点和营销手段有充分的了解，才能更好地将商品推荐给用户。单品直播脚本是围绕商品来撰写的，其核心是突出商品卖点。以护肤品为例，其单品直播脚本设计可以围绕品牌、成分、功效、原理、肤感、适用肤质、注意事项等进行说明。再加上商品的活动、福利等，就构成了完整的单品脚本。一些重要商品或者主推商品会用到单品脚本，让主播做重点推荐，或者产品单一的企业自播的时候也会用到单品脚本。

单品直播脚本一般以表格的形式呈现，包含商品介绍、品牌介绍、粉丝互动、引导转化等要素。表3-12为单品直播脚本要素示例。

表3-12 单品直播脚本

单品脚本要素	内容说明
商品介绍	介绍商品属性，突出商品卖点，打造使用场景，展示试用环节
品牌介绍	介绍品牌基本情况，突出品牌定位，介绍品牌优惠活动
粉丝互动	抽奖活动、红包活动、回答粉丝问题
引导转化	引导下单操作，用对比突出活动优惠，提示下单时间限制刺激下单

职业技能操练

工作项目

千惠直播间“818宠粉节”脚本策划工作。

项目背景

千惠直播间“818宠粉节”即将开播，这次直播内容策划工作已结束，已确定好直播各环节的内容。直播脚本策划工作迫在眉睫，这次的直播流程以及具体细节等需要尽快完成策划，确保直播能够顺利进行。

工作目标

- 为千惠“818”宠粉节直播脚本策划做好准备工作。
- 为千惠“818”宠粉节直播进行脚本策划。

工作计划

请将千惠“818”宠粉节直播脚本策划计划填入表3-13。

表3-13 直播脚本策划

工作要点	计划描述
分析直播商品与受众	
设计直播优惠活动及互动环节	
量化目标及设定完成时间	
明确分工	
撰写脚本	

工作实施

步骤一：分析直播商品与受众

［基础任务］为了使策划更加契合直播运行脚本，分析此次直播的商品与受众，见表3-14。

□商品分析：

表3-14 直播商品分析

商品类型	商品	相关信息
印象款		
引流款		
活动款		
利润款		
品质款		

□受众分析：

直播间观众群体特征：______________________________

____

____

步骤二：设计直播间优惠活动及互动环节

［基础任务］以商品与受众分析结论为基础，设计直播间优惠活动及互动环节，见表3-15。

表 3-15　直播间互动活动设计

活动	互动	备注
1（具体活动）		
2（具体活动）		
3（具体活动）		
4（具体活动）		
5（具体活动）		
⋮		

步骤三：量化直播目标及设定完成时间

［基础任务］以商品与受众分析结论为基础，量化直播目标及设定完成时间，见表 3-16。

表 3-16　直播间目标设定

目标	完成时间	备注
目标 1		
目标 2		
⋮		

步骤四：明确分工

［基础任务］以商品、活动、职责为基础，明确此次直播工作人员的分工，见表 3-17。

表 3-17　直播分工

人员	分工	备注
主播		
助播		
场控		
中控		
运营		
投放		
客服		

步骤五：撰写脚本

［基础任务］根据准备工作的内容，撰写直播脚本，见表 3-18。

表 3-18　直播脚本撰写

直播脚本必备要素	具体说明
直播主题	
直播时间	
直播目标	
主播介绍	
注意事项	
人员安排	
直播的流程细节	

工作成果自查（见表3-19）

表3-19　直播脚本设计工作成果自查表

检查内容	检查标准	检查结果
分析直播商品与受众	商品分析是否全面，受众特征分析是否准确	
设计直播优惠活动及互动环节	优惠活动设计是否合理，是否符合营销目标，是否符合受众习惯与喜好；互动环节设计是否简洁易操作，是否利于主播介绍	
量化目标及设定完成时间	量化目标是否合理，是否可实现，设定完成的时间节点是否合理	
明确分工	是否根据人员角色进行分工，职责是否明晰	
撰写脚本	工作内容和环节是否全面，工作内容安排是否合理，时间分配是否合理，流程安排是否合理	

工作项目评价（见表3-20）

表3-20　直播脚本设计工作项目评价表

评价项目	评价标准	分值（分）	教师评分（50%）	专家评分（50%）	得分（分）
技能评价	能够全面准确分析直播商品与受众	10			
	能够设计直播优惠活动及互动环节	15			
	能够将直播目标量化并设定完成时间	15			
	能够根据工作人员角色合理分工	15			
	能够完整撰写直播脚本	15			
素养评价	熟悉直播营销相关法律法规	10			
	注重直播营销的正确导向和良好网络环境营造	10			
	工作项目中团队协作良好	10			

职业素养指南

某主播在直播间做了3次抽奖活动，公示了中奖人员名单和奖品信息，最后商家却没有履行奖品发放义务，声称抽奖活动属于主播个人行为。

作为直播平台，是否需要对商家的此类行为进行处理？请分析直播商家或直播人员如违背诚实守信原则，对直播平台可能造成的负面影响。

社会拓展任务

政府扶农助农项目的直播还有一周就开始了，为了使此次直播顺利进行，请为某村此次直播策划整场直播脚本。

互联网营销师知识训练

扫码答题
看解析

一、单项选择题

1.为了保持直播间的新鲜度，直播选品需要遵循以下哪条原则？（　　）

A.选择品牌商品　B.选择高品质商品　C.选择低价商品　D.选择多种类商品

2.单品解说的脚本是针对（　　）的脚本。

A.所有商品　B.产品组合　C.产品系列　D.单个商品

3.为了减少因操作流程不明或烦琐而导致放弃订单，主播最应该（　　）。

A.介绍优惠活动　B.指导下单操作

C.激励参与互动　D. 引导加群关注

4.下列各项中不属于策划直播脚本目的的是（　　）。

A.分析商品类型　B.提高直播筹备工作的效率

C.控制直播预算　D.帮助主播梳理流程

5.（　　）性质的内容可以出现在直播间。

A.攻击　B.诋毁　C.正能量　D.辱骂

二、多项选择题

1.直播间商品来源有（　　）。

A.分销平台　B.自营品牌　C.合作商　D.作坊制作

2.打造产品使用场景时以下（　　）要素是必要的。

A.对象　B.真实场地　C.需求　D.情境

3.为了更好完成直播目标，选品需要配置（　　）。

A.印象款　B.活动款　C.引流款

D.品质款　E.利润款

4.策划直播内容时，商品介绍部分可以从以下（　　）形式展开？

A.结合热点话题　B.借助名人效应　C.提供专业知识

D.设计新奇创意　E.形成独特风格

5.直播开场需要做到（　　）。

A.转化　B.招新　C.营销　D.留人

三、判断题

1.直播带货兴起的重要原因之一就是价格便宜，因此，低价是唯一的选品标准。（　　）

2.在直播选品的时候，没必要选择一些预留品和返场品，浪费资源。（　　）

3.直播收尾阶段也可以增加商品转化。（　　）

4.主播在直播活动中，应当保证信息真实、合法，不得对商品和服务进行虚假宣传，欺骗、误导消费者。（　　）

5.直播脚本能够帮助主播了解本场直播的时长、环节及主要内容，梳理直播流程。（　　）

4

工作模块 4

直播营销运营

学习目标

知识目标

1. 掌握直播话术设计要点
2. 掌握直播营销话术框架
3. 掌握直播营销常用话术
4. 掌握直播营销前期、中期、后期推广引流方式方法
5. 掌握直播粉丝类型及其维护策略与维护方式

技能目标

1. 能够根据直播营销情境，设计直播话术
2. 能够根据商家实际，制订直播引流推广计划
3. 能够分析粉丝类型，制定分析维护策略与方式

素养目标

1. 坚守热情服务的职业守则，提高直播营销的服务质量
2. 坚守勇于创新的职业守则，丰富直播营销运营手段与方法
3. 坚持正确导向，营造良好的网络生态环境

情境描述

直播营销运营，是商家开展呈现直播筹备与策划效果的重要环节，是直播营销的关键工作。商家需要开展周全的直播营销运营过程，保证直播营销的最终效果。党的二十大报告中提出，完善科技创新体系，坚持创新在我国现代化建设全局中的核心地位。因此，直播营销人员需要结合商家实际，完成直播话术设计、直播引流推广和直播粉丝运维任务，以创新性的运营手段和技术方法赢得粉丝信任，最终实现商家直播营销目标。

工作活动

活动1　直播话术设计
活动2　直播引流推广
活动3　直播粉丝运维

活动1 直播话术设计

活动目标

1. 能够根据账号定位和主播人设，确定直播话术设计要点；
2. 能够理解直播营销话术框架；
3. 能够根据不同的直播营销情境，设计直播话术。

职业工作情境

直播营销人员尤其是主播、助播，需要了解直播话术设计要点，针对直播中的不同阶段设计有效的直播话术。

职业知识储备

知识点1 直播话术设计要点

微课4-1 直播话术设计要点

直播话术是指直播过程中团队成员所使用的语言技巧。直播话术是直播团队分析用户期望、需求、动机等心理特征，运用有效心理策略所设计出来的和长期互动经验总结出来的能够打动用户的语言。

在直播中，主播主要扮演导购员和意见领袖的角色，因而在直播营销时，主播不仅要介绍商品的质量、价格等，还要运用好直播话术来突出商品的特点和优势，营造良好的直播氛围，激起用户的消费热情。

直播话术设计，通常包括以下六个要点：

（1）话术风格

直播话术应该根据账号定位和主播人设，设计与之相匹配的话术风格。例如，人设为专家或导师，话术特点应表现为观点明确、简洁明了，专业、干练、理性的风格；人设为朴实主播，话术特点应表现为朴实，口语化的风格；人设为搞笑主播，话术特点应表现为新奇、有趣，接地气的风格。

（2）话术感染力

直播过程中，主播可多用口语化的语言风格介绍商品，配合丰富的肢体语言和生动的面部表情，以此增强直播营销话术的感染力，将用户带入所描绘的消费场景当中。例如，某男主播在介绍一款口红产品时，说道："看我的嘴巴呦，是18岁少女才会有的吧，太有让人心动的感觉了吧，人间水蜜桃就是你！"这样一段浅显易懂、富有生动想象力的话语，再加上主播的使用展示，就非常容易增强用户的感受。

（3）话术情绪

主播的直播话术，需要配合恰当的情绪，传递恰当的情感，形神兼备地用语言表达出来。例如，某场直播中，公屏区所有人都在飘屏“要9块9买皮鞋”，主播用略带难过和委屈的情绪说道：“平时你买双拖鞋多少钱？喝杯奶茶多少钱？现在你要9块9买真皮皮鞋？你是要气死我这个小女孩吗？”主播用话术表达了情绪，不仅让用户完全忘记她引导互动的事实，还因此产生好感。

（4）话术语速及语调

主播在直播时的语调要抑扬顿挫，富于变化；语速也要根据直播的不同阶段、不同内容灵活变化，但是要确保用户能够听清所说的内容。例如，在推荐商品时，语速不能太慢，太慢的语速无法满足用户获取更多信息的需求，甚至使用户感觉拖沓无趣；语速也不能过快，过快的语速会导致用户听不清内容或来不及思考，影响对产品信息的接受。在催促用户下单时，语速也可以适当加快，用激情来感染用户，营造紧张气氛，促成下单。

（5）话术灵活性

虽然直播话术模板能够使得主播的直播表达更流畅，但不能一味地依赖话术模板，要根据不同的直播状况，学会灵活变通。例如，面对用户临时提出的产品问题或要求，能够灵活解答或应对；面对合理的批评，能够灵活地用幽默化解或坦然认错。

（6）话术节奏感

主播的直播话术要张弛有度，带有一定的节奏感，避免让用户产生乏味、疲倦的感觉。例如，直播开始时，主播要用热情的话术节奏打招呼，活跃气氛；讲解产品的间隙，主播可以用舒缓的话术节奏拉近与用户的距离；在直播进行一段时间后，主播应该采取刺激、新奇的提升话术节奏来提升气氛；下播前，主播仍然应该注意话术对直播间气氛的烘托，吸引用户对下一场直播产生期待。

知识点2
直播营销话术框架

微课4-2
直播话术设计框架

直播话术应按照用户的消费心理和行为逻辑，搭建话术框架。主播按照提出问题、放大问题、解决问题、消除顾虑、促进成交的逻辑顺序来介绍商品和组织直播话术，这将更具有说服力。直播营销话术框架如图4-1所示。

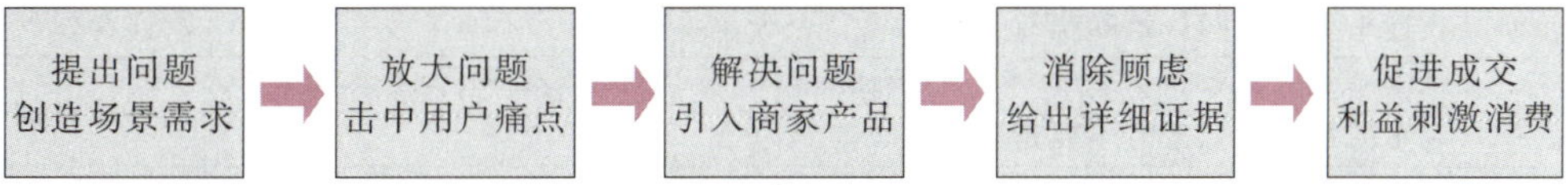

图4-1 直播营销话术框架

（1）提出问题

提出问题话术主要是通过具体的、细节性的、生活化或感性的语言来创造用户的场景需求。例如，“洗完衣服之后发现，有些洗衣液会残留在衣服上”，提出洗衣液残留问题。

（2）放大问题

放大问题话术是采用放大美好、收获、价值等正向的语言，或放大焦虑、恐惧、危害等负向的语言，击中用户的痛点。例如，“想都不用想，洗衣液残留在衣服上，一定会对我的皮肤很不好啊！”，以此击中用户对洗衣液残留的担心。

（3）解决问题

解决问题话术主要是以解决问题为出发点，说明为什么要买，产品的卖点是什么。例如，“这是一款不含对肌肤有害物质，以天然椰油和酵素为主要成分的洗衣液”，以此提出解决残留问题的方案，引出商家的洗衣液产品。

（4）消除顾虑

消除顾虑话术主要是强调品牌、产品、原料、名人推荐、专利技术、用户评价、质量、数量、售后保证等信息，给出消除疑虑的详细证据。例如，“这款洗衣液的天然椰油和酵素成分都是从植物中提取的，可降解，很好漂洗，洗后不会有残留……我们必须给大家展示一下这款洗衣液的产品检验证书”，以此打消用户对产品是否真正无残留的顾虑。

（5）促进成交

促进成交话术主要是给出用户利益点、福利活动的理由，如以新号涨粉、节日活动、换季清仓、新品上市等合理理由，利用一系列的利益点刺激用户消费行为。例如，“这款洗衣液刚刚上市，为了走量，今天直播间送出一波15元的优惠券……凡是下单购买的用户，还加赠2支100毫升的便携装洗衣液……今天过后就不会再有这样的福利了”，以此促进用户下单成交。

知识点3
直播常用话术

1.直播开场话术

微课4-3

直播营销常用话术

直播开场话术通常是在直播开始时，主播进行的5~10分钟的暖场。主播可以进行打招呼、自我介绍，讲一些具有个人特色的欢迎语，也可以告知用户本场直播福利预告等内容，重点是告知用户能带给他们什么好处，这样才能将观众留存下来。常用的直播开场话术可参考表4-1。

表4-1 直播开场话术示例

序号	直播开场话术	作用
1	欢迎来到直播间！每晚都有直播福利，今天也一样哦！	欢迎粉丝
2	感谢来到直播间的粉丝们，我的直播时间一般是每天16—20点，今天会有重磅福利哦！千万不要走开！	强调直播时间
3	大家好，欢迎大家来到我的直播间，主播还是一名新人，今天是开播的第3天。感谢大家对我的支持，有什么建议也可以直接在评论区留言！	自我介绍
4	大家好，我们是品牌自播，没有中间商赚差价，稍后就会带给大家难以想象的折扣！	优惠预告
5	欢迎大家来到直播间，我看到了一个熟悉的名字××。××是我们的老朋友了，多谢你对主播的支持！	打招呼

2.产品讲解话术

产品讲解话术通常是为了将产品的卖点、优势和使用场景等信息表达出来，让用户更了解产品，从而被“种草”。产品讲解话术既可以是列举销量截图、网友好评、官方推荐等能够增强用户信任的信息；也可以是一些专业性的讲解，增强用户信任；还可以是强调主播亲身使用产品之后的真切感受。常用的直播产品讲解话术可参考表4-2。

表4-2　产品讲解话术示例

序号	直播产品讲解话术	作用
1	这种全棉卫衣适合秋天穿，前面是撞色图案，领口几何形衍缝线，版型中长时尚百搭，可搭配紧身小黑裤，显得年轻有活力……	突出产品细节
2	有没有经常出去旅游又不想拿太多东西的，但是下雨了，只能在景区买伞。我们这个折叠伞，比普通的胶囊伞更加轻便，而且折叠简单，伞骨又做了加固处理……	强调产品卖点
3	和线下品牌比，超市卖×元，我们直播间卖×元；产品叠加优惠比价，举个例子，一件×元，两件×/2 元，三件×/3 元……	形成竞品对比
4	这款产品我给我爸妈也买了，他们也觉得很好用	增强信任感
5	大家看我穿这个L码是刚刚好的，很有弹力，穿起来又透气，主播身高、体重在公屏上有显示……	展示试用效果
6	大家可以去网上查一下这个品牌，年销量过亿，实打实的销量……	展现产品热度

3.关注引导话术

在直播间内，主播要频繁使用引导用户关注的话术，如在开播后、推荐商品前。因为直播过程中随时会有用户进入直播间，所以主播要熟练、灵活地运用关注引导话术，反复提醒用户关注直播间，这样有助于提升直播间的人气。常用的直播关注引导话术可参考表4-3。

表4-3　关注引导话术示例

序号	直播关注引导话术	作用
1	马上就要进入抽奖环节了，还没有关注的赶紧加关注，否则就没法参与抽奖了！	渲染关注氛围
2	今天我们的链接都爆单了！想要优先发货的可以加入主播粉丝团，助理小哥帮我记一下，给加入粉丝团的家人们优先安排发货哈！	强调关注后利益
3	我们即将结束直播了，还是有很多朋友在观看，但没关注主播的粉丝也不少哦，主播准备了100件打底衫，免费送给粉丝们！想要的可以加个关注哦！	强调关注后利益
4	明天直播间还会抽出1名幸运免单用户，一定要先关注主播哦，我们会有不定时惊喜福利！	增加用户黏性
5	关注人数达到×××，主播就开始抽奖了！想要中大奖的小伙伴快快动动手指关注起来！	传达优惠信息

4.互动引导话术

互动引导话术是为了让直播间有更多的用户参与进来，与主播互动。互动率是直播平台评价直播间活跃度的关键指标，直播互动率越高，直播间在平台的曝光进入率越高，直播间越容易被实时推荐给更多感兴趣的人群。互动越多，直播氛围也会越好。常用的直播互动引导话术可参考表4-4。

表4-4 互动引导话术示例

序号	直播互动引导话术	作用
1	直播间里有没有用过这款产品的朋友？	主动提问，引导反馈
2	想看主播试穿白色衬衫的打出1，想看主播试穿黑色衬衫的打出2。	抛出选择，引导参与
3	小伙伴们是不是感到活动力度还不够大？好，只要评论区打出“想要”的朋友达到50人，我们就再上一波福利！	带动节奏，引导刷屏

5.用户留存话术

直播了3~4个小时以后，主播和用户都容易产生倦怠感，因此需要通过用户留存话术去提升直播间的气氛，减少用户的流失。主播可以通过设置福利和实时互动，让用户停留在直播间。常用的直播用户留存话术可参考表4-5。

表4-5 用户留存话术示例

序号	直播用户留存话术	作用
1	客官们，请稍安勿躁，马上我们就来一波抽奖，抽中的10位粉丝，我把手里的这盒面膜直接送给你！	发放福利，引导停留
2	直播间的点赞数马上就要到5万了！5万一到，我们就要推出今天优惠力度最大的产品了，大家加快点赞的手速哦！	实时互动，引导停留
3	小伙伴们怎么都不吱声啦，看来是我给的红包还不够，接下来我们就来一波抽奖，打出666，我来截屏！	烘托氛围，引导停留
4	认为自己不会化妆，想了解这款美妆产品使用技巧的朋友们，请耐心等待5分钟，马上就会有化妆师亲自示范化妆技巧！一定不负大家几小时的期待！	预告后续活动，引导停留
5	评论区问优惠券的那位小姐姐，25元优惠券还有3张，5分钟后就会发放优惠券福袋喽！	点名互动，引导停留
6	今晚我们还有一个神秘大奖没有揭晓，最终神秘大奖花落谁家，大家耐心期待吧！	制造悬念，引导停留

6.促进成交话术

直播营销的最终目的是促使用户下单购买产品，实现成交转化。促进产品成交的话术，其作用是打消用户的顾虑，给予优惠刺激，提醒或促成用户下单。直播中常用的促进成交话术可参考表4-6。

表4-6　　促进成交话术示例

序号	直播促进成交话术	作用
1	花三包方便面的钱就能买到一支口红，再没有这么划算的事情了，大家还在犹豫什么呢，快入手啦！	强调价格优势
2	这件外套每种尺码数量有限，如果你看中了一定要及时下单哦，这个价格也只有在直播间才会有，马上就要卖完了哦！	营造限时、限量、限购买渠道的紧迫感
3	购买我家的产品，如果担心尺码不合适或买贵了，都可以15天内退货或者退差价，免收退货运费，可以放心大胆地下单！	消除用户顾虑

7. 直播下播话术

直播结束前，主播可以感谢用户的观看和互动，礼貌地与用户告别，并预告下一场直播的时间、商品和福利，吸引用户持续锁定直播间。常用的直播下播话术可参考表4-7。

表4-7　　直播下播话术示例

序号	直播下播话术	作用
1	主播还有2分钟就下播了，非常感谢大家的陪伴，今天和大家度过了非常愉快的时光，明天这个时间我还会在这里恭候大家哟，明天见！	感谢用户观看
2	今天的直播接近尾声了，明天晚上将在同样时间开播，下次直播有你们想要的××，优惠力度非常大，请各位奔走相告吧！	下场直播预告

通达行业4-1　　**拆解小六食品直播间话术**

欢迎宝贝们来到小六食品直播间，我是主播小六，我们家做了10年的食品工厂，从我老爷子老六到我小六，一直致力于做出低热量又美味又方便的零食给大家。今天我们新账号开播，啥也不多说，红包走一波；今天不赚米，福利送给你！大家看一下我身后所有的这些低热量零食，今天都只送不卖，直播间的朋友们，支持一下小六，左上角点点关注，新来的朋友们不要走开，三分钟后提醒我安排红包！

老爷子交代小六了，一定要把咱家的零食在抖音发扬光大，所以不计成本，都要给朋友们安排上福利！

哇，现在直播间已经100人了，说实话，我没想到第一场开播就有这么多人支持。我想了解一下，直播间有没有朋友是上班族或者宝妈的？有的打出个“1”。哇，这么多人都是啊！不知道大家平时会不会早上起床晚了，然后上班上学来不及吃早餐的，有没有？下午三四点就饿到低血糖，想吃下午茶的有没有？唉，真的我跟你们说，我就是经常睡过头，来不及吃早餐，真的很影响健康。然后到了下午饿了，想喝奶茶或吃零食，但是又怕长胖，有没有？来，有的给我打出“1”。

这个时候啊，你就需要有方便快捷的小面包来解决。咱们家这款低热量高纤维的代餐小面包完完全全解决了你的痛点！它的热量仅仅是普通面包的1/3，而且里面的黑全麦加量50%，足足扛饿6小时！朋友们，咱们再也不用担心吃了发胖，不用有心理负担！而且这样的小包装设计，出门随手放几个在包包里面非常方便，轻松撕开，一口一个。你们平时买的全麦面包是不是都很干很柴？是的打出“是”，哈哈，这回你们放一万个心，咱们这款高纤代餐小面包，它有非常浓郁的奶香和麦香，松松软软不油腻！全家老小都适合吃哦！来，凑近一点给大家看看我们的营养成分表，脂肪为0，膳食纤维50%，真正做到好吃不用想太多！

日常我们某猫旗舰店是卖39.9元一箱的，今天刚来抖音开播，我们只为了宠粉，5折我都不要你们的，想要体验我们家这款低热量高纤维小面包的，打出一波"新品"，咱们直接炸一波！来，××想要，×××想要，小助理统计一下，我看到有30多个朋友要新品了。

朋友们听好了，平时上班上学来不及吃早餐的，下午三四点在办公室饿得发慌的，这款低热量小面包简直是你们的抗饿神器，一口一个吃不胖。某猫价格39.9元一箱，今天在我们直播间29.9元不要，19.9元不要，喜欢小六家的朋友们，我都给大家超值的王炸价格！小助理多少人报名啦？66个？好，今天就给大家炸一波，直接9.9元给大家抢！好了，现在直播间已经300人了，话不多说，倒数5个数我就直接放价！低热量的扛饿小面包，一整箱秒杀到手价格9.9元包邮送到家！加入粉丝团的，仅限今天拍下的朋友给你们9.9元拍一箱送4包，到手是整整的24包！小六给不给力？福利不常有，限时一分钟大家赶紧去拍，一分钟之后这款福利就下架了，还剩最后10个库存，大家抓紧时间！

资料来源　佚名．万能的抖音直播带货话术模板［EB/OL］．［2022-10-14］．https：//www.sohu.com/a/592737128_121074322.有删改．

思考：分析案例中，小六食品直播间是如何运用直播话术创造场景需求、击中用户痛点、引入商家产品、消除用户顾虑、促进最终成交的。

职业技能操练

工作项目

"狮子蛮王"直播话术设计。

项目背景

"狮子蛮王"直播营销团队在直播运营过程中，需要结合直播人设定位和产品特点，设计直播营销话术。

工作目标

- 确定"狮子蛮王"直播话术设计要点；
- 搭建"狮子蛮王"直播话术框架；
- 设计"狮子蛮王"直播营销常用话术。

工作计划

请将“狮子蛮王”直播话术设计计划填入表4-8。

表4-8 直播话术设计计划

工作要点	计划描述
直播话术设计要点	
直播话术框架搭建	
直播常用话术设计	

工作实施

步骤一：分析“狮子蛮王”直播话术设计要点

［基础任务］查阅“狮子蛮王”品牌手册，分析“狮子蛮王”直播话术设计要点，填入表4-9。

狮子蛮王品牌手册

表4-9 “狮子蛮王”直播话术设计要点

话术要点	要点描述
话术风格	
话术感染力	
话术情绪	
话术语速及语调	
话术灵活性	
话术节奏感	

步骤二：搭建“狮子蛮王”直播话术框架

［基础任务］以“狮子蛮王”麻薯产品为例，搭建“狮子蛮王”麻薯产品的直播话术框架，填入表4-10。

表4-10 “狮子蛮王”麻薯产品直播话术框架

话术框架	话术示例
提出问题	
放大问题	
解决问题	
消除顾虑	
促进成交	

［进阶任务］结合话术框架，为“狮子蛮王”麻薯产品撰写300字左右的直播营销话术。

____

____

____

____

____

____

____

____

____

____

____

____

____

____

____

步骤三：设计“狮子蛮王”直播常用话术

［基础任务］为“狮子蛮王”麻薯产品设计直播常用话术，填入表4-11。

表4-11 “狮子蛮王”直播常用话术

直播常用话术类型	直播话术示例
直播开场话术	1. 2. 3.
产品讲解话术	1. 2. 3.
关注引导话术	1. 2. 3.
互动引导话术	1. 2. 3.
用户留存话术	1. 2. 3.
促进成交话术	1. 2. 3.
直播下播话术	1. 2. 3.

［进阶任务］拍摄制作时长3分钟的“狮子蛮王”麻薯产品直播带货场景视频。

工作成果自查（见表4-12）

表4-12　直播话术设计工作成果自查表

检查内容	检查标准	检查结果
直播话术设计要点	话术要点描述是否准确； 话术要点描述是否全面、具体	
直播话术框架搭建	话术框架是否符合营销逻辑； 话术框架是否全面、具体	
直播常用话术设计	直播开场话术是否准确； 产品讲解话术是否准确； 关注引导话术是否准确； 互动引导话术是否准确； 用户留存话术是否准确； 促进成交话术是否准确； 直播下播话术是否准确	
自查结论		

工作项目评价（见表4-13）

表4-13　直播话术设计工作项目评价表

评价项目	评价标准	分值（分）	专家评分（50%）	教师评分（50%）	得分（分）
技能评价	能够确定直播话术设计要点	20			
	能够搭建直播话术框架	25			
	能够设计直播常用话术	25			
素养评价	熟悉直播营销相关法律法规	10			
	注重直播营销的正确导向和良好网络环境营造	10			
	工作项目中团队协作良好	10			

职业素养指南

2022年10月底，各大电商平台“双11”大促活动陆续开始后，以价格促销为卖点的直播间里充斥着“全网最低价”“宇宙最低”“破价直播”“跌破地板价”等字眼的价格承诺。主播们不断强调着“这款商品我给你们要到了有史以来最低价，记得一定要来买！”“最后一场破价直播，过时不补”“错过今天，至少再等一年才有这个好价”等。诸如此类的话语频繁出现在主播口中，不停地催促消费者下单。直播间的热闹氛围让不少人“上头”。

直播营销中能否使用“最高级”“最好”等极限词？请列举五句既能体现直播营销人员服务热情，又不涉嫌违规的“双11”促销话术。

社会拓展任务

为助力乡村振兴工作，请以当地某特色农产品品牌或农产品企业为例，为其产品设计直播营销话术。

活动2 直播引流推广

活动目标

1. 能够根据商家实际，制订直播前期引流推广计划；
2. 能够根据商家实际，制订直播中期引流推广计划；
3. 能够根据商家实际，制订直播后期引流推广计划。

职业工作情境

商家在直播营销中需要通过多种渠道进行宣传引流，为直播间获取流量。因此，直播营销人员需要掌握各种引流推广方法，吸引更多用户的关注，以保证广告投放效率和投放效果的提高。

职业知识储备

直播流量对商家直播营销来说非常重要，直播引流推广就是商家为了获取用户，运用多种方法和手段吸引更多人群进入直播间，购买商品或服务。根据引流推广的时间点不同，可以将直播引流推广分为直播前、直播中和直播后三个阶段。

知识点1 直播前期引流推广

微课4-4

直播前期引流推广

直播前期引流就是直播活动的预热，直播团队通过不同渠道对直播进行预告，让用户提前了解直播内容，激发用户对直播的兴趣，吸引用户在直播时进入直播间。通常商家可以通过发布直播预热文案和发布直播预热短视频的方式，进行直播前期的引流推广。

1. 直播预热文案引流

许多商家都会在直播前对直播进行详细的预告，并且通过巧妙的文案吸引更多的粉丝守候在直播间。

对于抖音、快手等短视频平台来说，商家可以在直播前利用平台账号，在账号名称和账号简介中备注直播时间和直播内容等直播信息，如图4-2所示；可以利用商家创建的粉丝群，在粉丝群里公告直播信息，如图4-3所示；还可以利用直播平台的“推送”、“提醒”或“发布”功能，在直播开始前，将直播消息直接推送给关注直播间的粉丝，将粉丝的流量引入直播间。

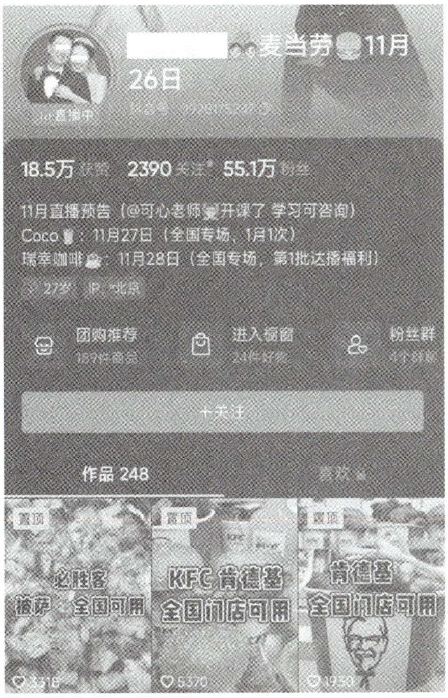

图4-2　账号名称与简介中备注直播时间和直播品牌

图4-3　粉丝群公告直播时间

对于电商平台直播来说，可以在电商平台发布直播预告，如淘宝平台有直达淘宝直播的入口，商家可以将自己的直播预告发布在淘宝平台上，如图4-4所示。

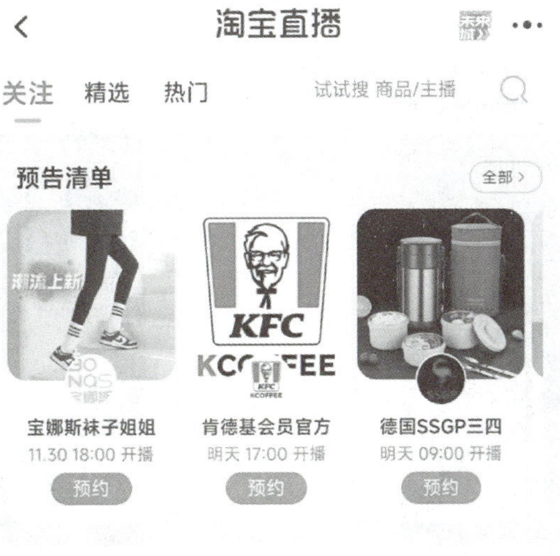

图4-4　淘宝直播预告清单

商家及主播也可以将直播预热文案信息发布在企业官网、商家官方或主播个人微博以及微信公众号等平台，如图4-5所示，也可以在线下实体店中将直播预告文案做成海报或展板，开展线下引流。

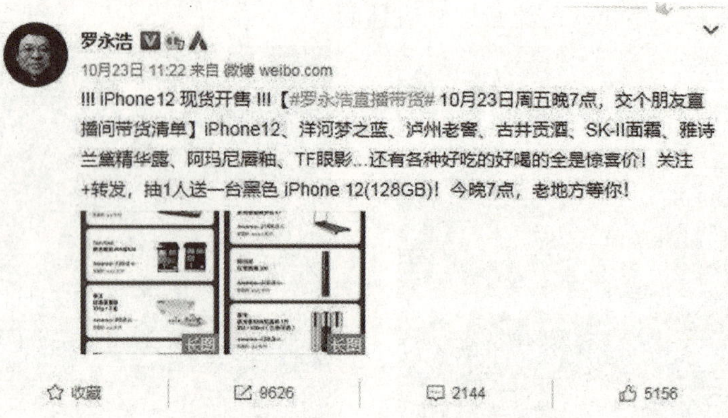

图 4-5　罗永浩微博的直播预告文案

2. 短视频预热引流

直播引流短视频不同于日常短视频，一般是在直播前发布，起到为直播造势和直播预告的作用。直播引流短视频的内容一般不能脱离直播产品和直播内容，发布时都会带有和商品或品牌相关的话题，并且一般在流量高峰时段发布。直播引流预热视频包括直播内容预热视频、直播优惠预热视频、剧情植入预热视频等类型。

（1）直播内容预热视频

直播预热视频比较简单，一般是真人出镜，直接告诉用户主播的直播时间、直播品牌或产品等重点信息，也可以在视频开头或者结尾卖关子，勾起用户的好奇心，从而吸引其进入直播间，如图 4-6 所示。

（2）直播优惠预热视频

在直播优惠预热视频中，以抽奖、折扣、赠送活动为主要预告信息，将优惠福利作为吸引用户进入直播间的手段，如图 4-7 所示。

图 4-6　罗永浩抖音首播预热视频

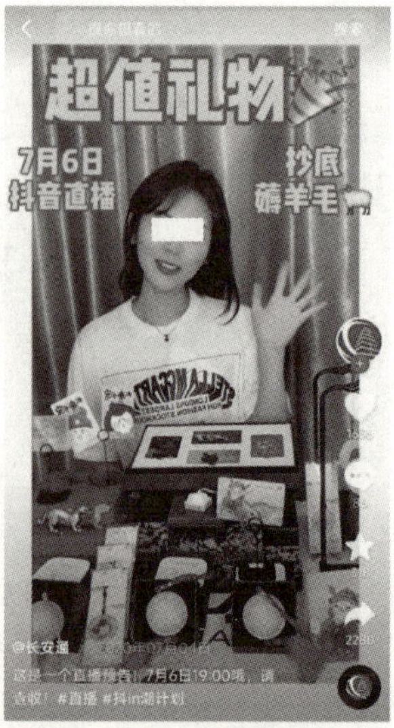

图 4-7　直播优惠预热视频

（3）剧情植入预热视频

剧情植入预热视频适合有一定粉丝基础的账号。商家可以在账号日常发布的视频中植入直播预告，让用户记住直播开播时间，如图4-8所示。相比其他预热视频来说，剧情植入直播预热视频的可观赏性和传播效果会更好。

图4-8　东方甄选剧情植入预热视频

知识点2
直播中期引流推广

1.借助直播平台活动引流推广

微课4-5
直播中期引流推广

各个直播平台通常会不定期推出各类活动，如果活动类型与主播的账号定位相匹配，直播间就可以参与其中。例如，淘宝直播活动、抖音直播活动、快手直播活动，都能够帮助商家实现直播引流推广效果。

2.借助短视频引流推广

动画4-1
短视频引流技巧

在直播过程中，可以在直播平台实时发布短视频，短视频内容既可以是直播中的高光时刻切片，也可以是直播场景的侧拍花絮。切片视频就是在直播中主播正在介绍产品的某个高光时刻，它能够还原直播场景。切片视频能够吸引对视频内容感兴趣的用户，点击进入直播间。

3.借助付费引流推广

不管是短视频平台还是电商平台，都可以通过付费来获取更多流量，在直播开始时、开播后都可以付费购买流量。例如在抖音平台，可以通过“DOU+”或者“巨量千川”工具（如图4-9）所示进行引流；在淘宝平台，主要通过“超级推荐”进行引流；在快手平台，可以通过“直播推广”界面实现引流推广；微信视频号，也同样推出了“付费推广”功能。对于直播营销商家来说，付费购买的流量，精准度更高，所带来的销售转化也更高。

图 4-9 “巨量千川”工具付费推广界面

4. 借助直播间互动引流推广

直播过程中，商家和主播对用户要做好引导，主播可以提醒粉丝关注直播间，同时用发放福袋、优惠券等形式来吸引用户停留，也可以在直播中放一些秒杀产品、爆款产品以及其他福利活动等。借助福利活动的吸引力，让用户自愿地将直播间分享出去，或者主播也可以引导粉丝邀请好友进入直播间。主播还可以有意识地提出一些热门话题，引导粉丝进行讨论留言，直播间的互动评论越多，活跃度就越高，直播间就可以获得越多的曝光机会。

知识点 3
直播后期引流推广

直播结束后，商家可以将直播视频剪辑成为新的短视频，发布到直播平台，让剪辑后的直播视频成为新内容，进行二次利用，以此吸引更多流量。在淘宝等电商平台，直播后的视频还可以作为视频落地页继续投放，持续发挥影响力，如图 4-10所示。

图4-10　淘宝视频落地页中的直播视频

通达行业4-2　　**连咖啡直播间引流推广的“小秘密”**

作为食品咖啡行业的新锐，连咖啡于2021年入驻抖音电商。虽然开播时间并不长，但连咖啡通过精细化的运营，逐步提升了GMV（商品交易总额）和ROI（投资回报率），短时间内实现了品牌、效果双丰收。

在连咖啡的直播间，团队成员会碰撞出很多“脑内小剧场”，如直播前，一边拍手中的咖啡，一边想有意思的剧情；主播下播后，第一反应也是，“我想到有意思的场景了，谁来陪我拍一下？”另一边的运营立即响应。

这些拍摄的短视频将在之后的2~3天内被制作成素材，更新在连咖啡的抖音账号上。全员跨界拍摄短视频，是连咖啡的新尝试。

日活6亿人、拥有广泛用户基础、以用户兴趣为导向的抖音平台成了连咖啡拉近与消费者距离的首选。2020年，连咖啡决定将抖音当作品牌的主阵地，并组建了8个不同的账号，采用赛马机制进行运营，并根据巨量引擎的后台数据设计了高客单价和低客单价两种完全不同的直播间模型，且两种风格的直播间互相打通、互相引流，但也因为差异化都留住了流量。

连咖啡直播团队发现，一般新用户被不同触点触达5次以上，便可以被品牌转化，且触达次数越多，消费者黏性越高。因此公司内部组建了拍摄团队，专门拍摄一些趣味视频让用户了解连咖啡，如图4-11所示。

图4-11　连咖啡创意短视频

2022年，连咖啡蓄力抖音“双11”，不仅早在8月就开始了全品线的“种草”，为了更好引流，还增加了广告投放预算，丰富了短视频内容，平均每天有消耗的创意素材达到20条，因此也实现了非常好的引流推广效果。

资料来源　佚名. 凌晨5点上播、为“兴趣”新设岗位，今年“双11”直播间的“小秘密”[EB/OL]. [2022-11-11]. https: //baijiahao.baidu.com/s?id=1749215445987537480&wfr=spider&for=pc.有删改.

思考：总结分析案例中连咖啡的直播引流推广成效明显的原因。

职业技能操练

工作项目

“狮子蛮王”直播间引流推广。

项目背景

“狮子蛮王”直播团队计划于国庆节当天，在抖音平台正式开播。直播团队需要在冷启动阶段，为直播间进行整体引流，也要为每场直播做引流推广计划，实现直播间粉丝和GMV的快速增长。直播团队负责人国伟需要带领团队，尽快进行直播间引流推广策略和制订推广计划。

工作目标

- 制订“狮子蛮王”直播间直播前期引流推广计划；
- 制订“狮子蛮王”直播间直播中期引流推广计划；
- 制订“狮子蛮王”直播间直播后期引流推广计划。

工作计划

请将“狮子蛮王”直播间直播引流推广计划填入表4-14。

表4-14　“狮子蛮王”直播间直播引流推广计划

工作要点	计划描述
直播前期引流推广	
直播中期引流推广	
直播后期引流推广	

工作实施

步骤一：制订“狮子蛮王”直播间直播前期引流推广计划

［基础任务］制订“狮子蛮王”直播间直播前期引流推广计划，填入表4-15。

表4-15　“狮子蛮王”直播间直播前期引流推广计划

计划内容	要点描述
直播开通时间	
直播预热时间	
直播预热媒介	□直播预热文案　□直播预热视频
直播预热引流渠道	□抖音平台站内　□微博平台 □微信平台　□其他平台________________

［进阶任务］制作“狮子蛮王”直播间直播预热文案。

［挑战任务］拍摄制作“狮子蛮王”直播间直播预热短视频。

视频类型：□直播内容预热视频　　□直播优惠预热视频

□剧情植入预热视频

视频主题：

视频内容：

步骤二：制订“狮子蛮王”直播间直播中期引流推广计划

［基础任务］制订“狮子蛮王”直播间直播中期引流推广计划，填入表4-16。

表4-16　“狮子蛮王”直播间直播中期引流推广计划

计划内容	要点描述
借助平台活动引流推广	
借助短视频引流推广	
借助付费引流推广	
借助直播间互动引流推广	

步骤三：制订“狮子蛮王”直播间直播后期引流推广计划

［基础任务］制订“狮子蛮王”直播间直播后期引流推广计划，填入表4-17。

表4-17　“狮子蛮王”直播间直播后期引流推广计划

计划内容	要点描述
直播视频二次创作	

［进阶任务］剪辑制作时长为15秒的“狮子蛮王”直播视频。

工作成果自查（见表4-18）

表4-18 直播引流推广工作成果自查表

检查内容	检查标准	检查结果
直播前期引流推广	引流推广时间是否合理； 引流推广媒介是否合理； 引流推广渠道是否合理； 引流文案及视频质量是否符合推广要求	
直播中期引流推广	引流推广手段是否合理； 引流推广计划是否全面、具体	
直播后期引流推广	引流推广手段是否合理； 引流推广计划是否全面、具体； 二次推广视频质量是否符合推广要求	
自查结论		

工作项目评价（见表4-19）

表4-19 直播引流推广工作项目评价表

评价项目	评价标准	分值（分）	专家评分（50%）	教师评分（50%）	得分（分）
技能评价	能够制订直播前期引流推广计划	25			
	能够制订直播中期引流推广计划	25			
	能够制订直播后期引流推广计划	20			
素养评价	熟悉直播营销相关法律法规	10			
	注重直播营销的正确导向和良好网络环境营造	10			
	工作项目中团队协作良好	10			

职业素养指南

琦儿是某直播平台的一名主播。一次，琦儿在发布的螺蛳粉测评视频中，公开批评了某品牌的螺蛳粉，“新的倒数第一已经出现了，这款可以退出螺蛳粉测评”“最难吃的，它完全就不像螺蛳粉”。有网友质疑琦儿是故意制造话题，为直播间引流。

琦儿测评中使用的语言，是否涉嫌违反《中华人民共和国反不正当竞争法》，对竞争产品有拉踩等行为？请分析为了能够坚持正确的导向，琦儿用于引流推广的短视频应拍摄何种题材？

社会拓展任务

为助力乡村振兴工作，请以当地某特色农产品品牌或农产品企业为例，为其设计直播营销推广引流计划。

活动3 直播粉丝运维

活动目标

1. 能够分析直播粉丝类型，并针对不同粉丝制定运维策略；
2. 能够采取有效方式，维护直播粉丝。

职业工作情境

直播商家的粉丝数量增加会提高直播营销的效果，但要想一直保持良好的运营效果，就需要维持粉丝黏性，防止粉丝流失，给粉丝继续关注商家及其直播间的理由。直播营销人员因此需要做好粉丝运维工作。

职业知识储备

知识点1 直播粉丝类型

微课4-6
直播粉丝类型分析

要想做好粉丝运维，就要了解粉丝，并且能够洞察粉丝的心理。粉丝群体的类型多种多样，每一类粉丝进入直播间的心理都有所不同，商家只有深刻了解了他们的心理，才能制定出合理的运营策略。进入直播间的粉丝大概可以分为高频消费粉丝、低频消费粉丝、观望粉丝和路过粉丝四种类型。

1.高频消费粉丝

高频消费粉丝对商家已经产生了信赖和认可，大量的购买行为、后续反馈和长期在线互动积累出来的社交关系，已经为这些粉丝培养了稳定的购物环境和购物预期。

对于这类粉丝，商家要做到以下三点：

（1）保证品种的丰富度

粉丝虽然时刻关注商家，但如果商家推荐的商品品种比较单一，粉丝多次看到重复的商品，渐渐就会失去兴趣，削弱对商家的关注度。

（2）保证价格和质量优势

高频粉丝来直播间的目的之一就是购物，因此提供的商品一定要物美价廉，如果价格不实惠，或质量不过关，他们也就没有了关注的动力。

（3）沟通到位

主播在直播间看到粉丝时要保持强唤醒状态，情绪要饱满，积极与粉丝沟通，并时刻提醒粉丝与自己的关系，强化粉丝的认知，同时积极回复粉丝的问题，做好售后工作。

2.低频消费粉丝

粉丝消费频率较低的原因有很多，例如，没有看到自己喜欢的商品、近期消费额度已经超过预期，或不太了解商品等。但对于商家来说，粉丝之所以消费频率低，很大程度上是对商家还没有完全信任。再加上商家未对这些粉丝进行有效的引导，或尚未重视这些粉丝，如直播间弹幕滚动太快、太多，主播没能及时地看到并回复这些粉丝的询问，导致他们感觉自己不被重视，就更加深了粉丝与商家的隔阂，其消费频率当然不会很高。

对于这类粉丝，主播要做到以下三点：

（1）提升直播间商品品种的丰富度

商家要丰富直播间的商品品种，提高新粉丝看到满意商品的概率，这意味着更大程度上满足了粉丝对商品的需求，从而提升粉丝对商家的好感。

（2）详细介绍商品

主播要用专业的知识和态度介绍商品的特征和优势，语言要简洁明了，快速地让粉丝明白自己是否需要该商品，从而决定是否购买。

（3）提供粉丝专属福利

商家可以对粉丝提供专属福利，如赠送商品、价格减免等，使这些低频消费粉丝感受到商家的诚意。

3.观望粉丝

观望粉丝大多会按既定时间来到直播平台观看和购物，他们可能还未关注商家，而是偶然进入到商家直播间。这时，观望粉丝对商家尚未建立认知和信任，对商家推荐的产品质量、种类丰富度和售后服务等情况都处于观望状态。

对于这类粉丝，商家要做到以下两点：

（1）低价引导

主播介绍的产品价格要具有竞争力，最好比其他商家的产品价格要低一些，这样可以刺激这些粉丝的价格敏感心理，吸引他们的关注。同时，商家要及时利用话术，引导这些粉丝关注自己，并向其承诺关注的既得利益。

（2）提供新客专属福利

商家可以对新粉丝提供专属福利，如赠送商品、价格减免等，使其感受到商家的诚意。

4.路过粉丝

这类粉丝来去不定，来也匆匆，去也匆匆，没有作实质性的停留，但却代表了商家直播间的曝光效果。如果路过粉丝数增加，也意味着直播体量的提升，能够间接影响商家直播间在平台的曝光度。

对于这类粉丝，商家要做到以下三点：

（1）展现良好形象

主播要给粉丝留下良好的印象，以专业的知识和态度、特别的气质和谈吐，延长粉丝在直播间的停留时间。

（2）加强关注引导

这类粉丝进入直播间的购买目的性比较弱，所以商家要加强关注引导，强调粉丝福利，或利用优惠券、红包、抽奖等活动形式吸引停留。

（3）积极互动

商家向每个进入直播间的用户表示欢迎，积极与每位粉丝互动，使粉丝获得重视感，激发停留意愿。

知识点2
粉丝维护方式

微课4-7

直播粉丝维护方式

1.引导粉丝加入粉丝团

用户可以加入商家粉丝团，在直播间享受粉丝权益，还可以通过做粉丝团任务提升自己和主播之间的亲密度。

用户加入粉丝团的主要目的是得到商家的关注，让自己在直播间有更多的存在感和归属感。加入粉丝团的粉丝拥有粉丝团成员的专属粉丝权益，这让其更容易获得主播的关注，增加了互动的机会。另外，加入粉丝团的粉丝还可以获得粉丝团专属福利，参与粉丝福利购，以最低的价格买到最合适的商品，而且提出的问题也会被主播优先解答。主播要时刻记得提醒用户关注自己，并加入粉丝团。以抖音直播为例，用户只要关注主播，头像右侧就会出现“加入粉丝团”的提示，很快会变成一个图形标志。粉丝支付1抖币后即可加入粉丝团，看到粉丝特权。

2.打造人格化IP

商家要想成功地打造人格化IP，就要把粉丝“引流”到私域流量池。在运营私域流量时，商家要在粉丝心中树立正面的形象，打造差异化人格，并不断强化人格属性，如展示主播的真实生活等。

人格化IP更容易让粉丝产生亲近感和崇拜感，有利于加强粉丝的信任和依赖，这时粉丝会为主播进行口碑宣传，这是成本最低、最有效的宣传方式。

3.创作优质内容

粉丝进入商家的私域社群后，其实并不希望一直看到商家营销，所以商家要转换思路，用优质内容代替刷屏销售。创作优质内容是指为粉丝持续性地提供有价值的内容。例如，某商家主营美妆，其目标受众为在校学生，那么商家可以在社群内每天定时发布一些与平价美妆相关的知识，时间一长，粉丝就会形成观看习惯，同时增加了对商家的信任。

除了创作优质内容外，商家还要学会对粉丝进行分层运营，也就是对粉丝进行分类，根据粉丝的购买习惯和特征为粉丝贴标签，对不同标签的粉丝分发适合其阅读和观看的内容。

4.高效互动

不管是在直播中还是在直播结束后，商家与粉丝之间的互动都很重要。商家在直播中与粉丝互动，是为了增加粉丝的停留时长，提高购买转化率；而直播结束后的互动是决定粉丝是否会成为忠实粉丝的关键因素。因此，商家要经常与其进行互动。互动的方法有以下三种：

（1）发起话题

发起容易引起讨论、使人产生共鸣的话题，如情感话题或热点事件话题等，以使粉丝热烈讨论，从而增加对主播的认知。

（2）抽奖

不时在社群内进行抽奖，这种方法虽然简单、直接，但往往十分有效，因为抽奖可以让粉丝一直有一种期待感和参与感。

（3）举办粉丝活动

定期举办一些粉丝活动，包括线上活动和线下活动，提高粉丝的参与感。而且定期举办活动会形成自己的特色，为品牌推广赋能。

通达行业4-3　交个朋友直播间打造高复购粉丝团 实现年营收50亿元

2021年，罗永浩及其创立的交个朋友直播间以50亿元实际成交额荣获抖音直播带货第一的称号。

如何将直播间巨大的流量承接至私域，后续又该如何运营大体量粉丝，完成“路人粉到铁杆粉”的培育转化，并引导私域粉丝回流公域持续进行复购，一直是交个朋友直播间非常重视的问题。

1.活码加粉：以品类分群运营

交个朋友直播间公域导流私域的核心诱惑是“积分换好物”。用户在抖音直播间下单可获取一定量积分，凭订单进入私域可兑换3倍积分，同时在私域中通过多种互动、复购行为积攒积分，兑换好物。具体链路如图4-12所示：

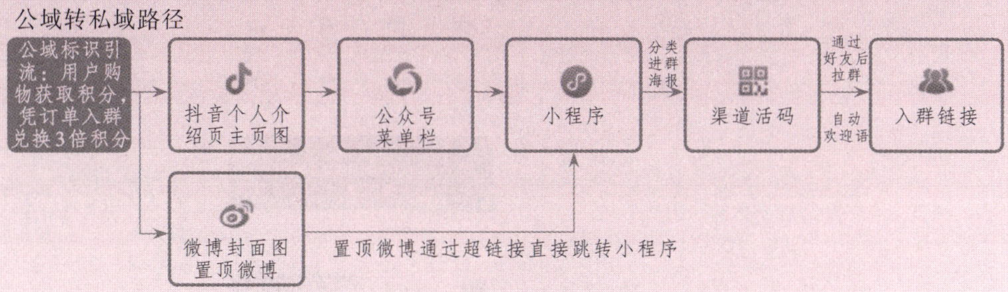

图4-12　交个朋友直播间公域转私域链路图

（1）直播间下单获积分，私域兑换3倍

交个朋友直播间以“下单获积分，私域兑换3倍”为引流噱头，并于抖音、微博平台进行引流。

抖音引流：用户在抖音下单后获取积分，抖音主页以“注册即享订单换积分”“凭订单兑换3倍”等文案引导用户搜索公众号“交个朋友会员中心”进行私域导流。

微博引流：罗永浩置顶微博也以同样话术导流，微博中加入超级链接，可一键跳转小程序，如图4-13所示。

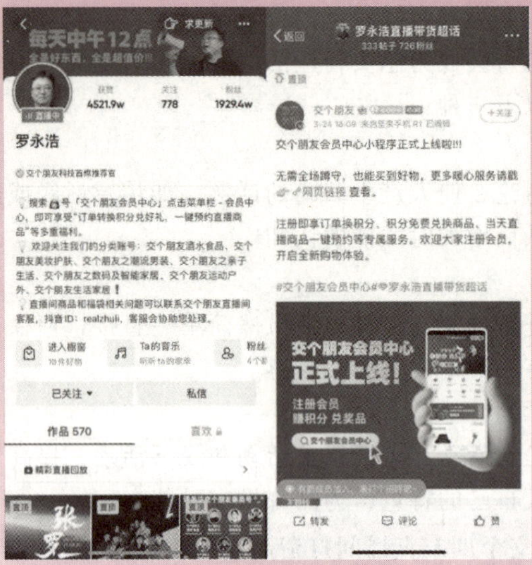

图4-13 罗永浩微博

(2) 公众号承接，跳转小程序

交个朋友会员中心公众号相当于公域到小程序的跳转器，欢迎语引导点击菜单栏【会员中心】开启服务。菜单栏仅有【会员中心】一个入口，点击即跳转小程序，如图4-14所示。

图4-14 交个朋友会员中心公众号及小程序

(3) 小程序八大类目群聊，渠道活码加粉

小程序首页展示“加入群聊”一级入口，点击进入多个类目群聊进群页面，如图4-15所示。

图4-15　交个朋友官方群小程序页面展示

交个朋友私域社群除官方群及读者群外，按直播八大核心品类划分，形成酒水食品/运动户外及服饰/生活家居/母婴生活/美妆护肤/服饰/休闲零食/数码电器八大品类群，有利于进一步精细化运营，对应品类群投放品类相关的内容，精准满足用户需求，提高产出，如图4-16所示。

图4-16　交个朋友品类群

小程序进群入口的各个类目海报上采用不同的“渠道活码”，引导用户添加小助手企业微信；用户可选择感兴趣的类目，保存海报后返回扫一扫添加企业微信。用户扫描活码后，将会被分配给指定的运营账号进行承接。

（4）渠道标记+欢迎语拉群

系统会记录用户的来源渠道，并自动生成用户标签，如“微博”“官方群”“酒水群”等，既方便统计各渠道的引流效果，又能够记录用户需求喜好，方便未来有针对性地推送内容。账号通过好友，利用“自动欢迎语”功能向用户介绍社群性质、群内活动与关键词清单，并通过“关键词拉群”功能将用户拉入垂类群。

（5）进入社群

用户进群后，通过“入群欢迎语”功能向用户进行问好和群规介绍，以社群为主要阵地进行客户维护和转化。通过主播+个人助理的IP承接公域打造的人设，第一时间与用户产生情感联结，并通过群内的活动服务提升群内粉丝的黏性和对品牌的信赖度，如图4-17所示。

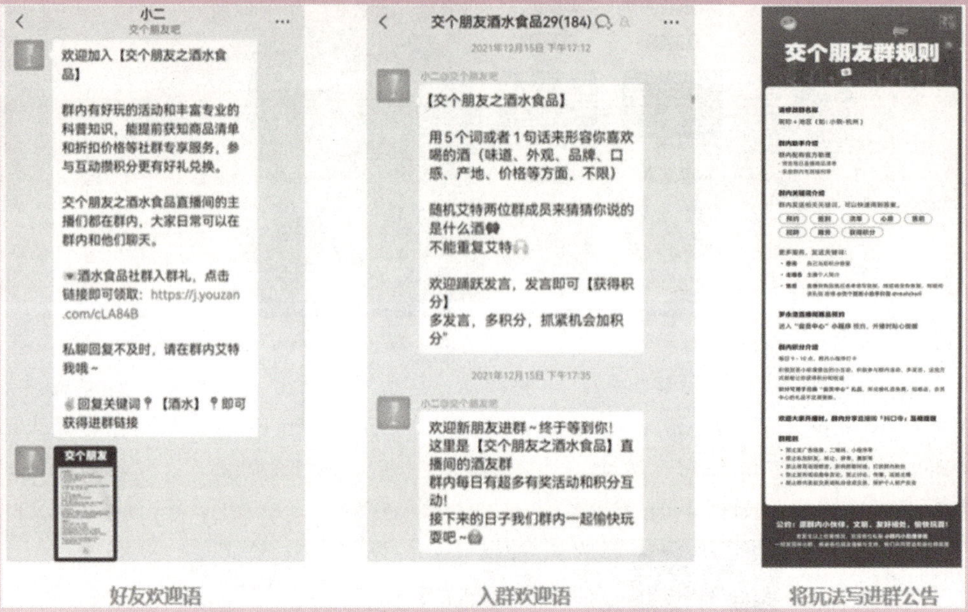

图4-17　交个朋友社群运营

2.培养铁粉：高效承接和粉丝互动

（1）“新人攻略”助攻用户注册促活

小程序顶部用醒目的引导文案告知用户私域各种行动对应的福利，引导用户第一时间注册会员、参与活动兑换3倍积分、直播间下单、预约直播、锁定好物等。

新人引导文案如图4-18所示：

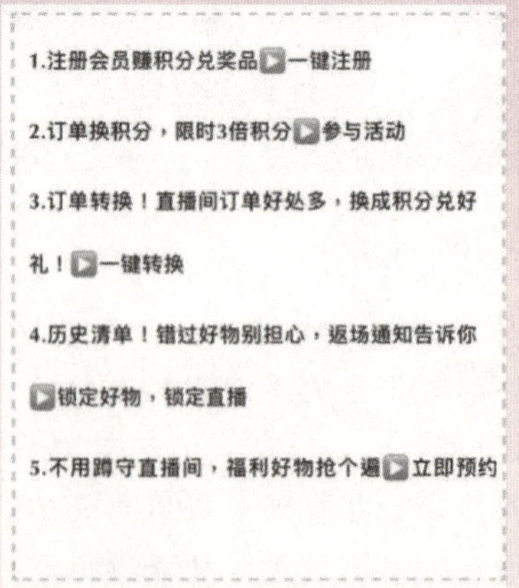
1.注册会员赚积分兑奖品▶一键注册

2.订单换积分，限时3倍积分▶参与活动

3.订单转换！直播间订单好处多，换成积分兑好礼！▶一键转换

4.历史清单！错过好物别担心，返场通知告诉你▶锁定好物，锁定直播

5.不用蹲守直播间，福利好物抢个遍▶立即预约

图4-18　新人引导文案

“新人攻略”帮助用户进入小程序了解私域利益点，并快速展开行动获得积

分，一站式完成会员注册及用户促活。

(2) 会员积分制，打造私域“上瘾模型”

会员积分模式可有效将用户与品牌绑定，引导用户进入“上瘾模式”，通过互动/复购等多种方式获取积分，从而获得品牌会员体系内更丰富的奖励，如图4-19所示。

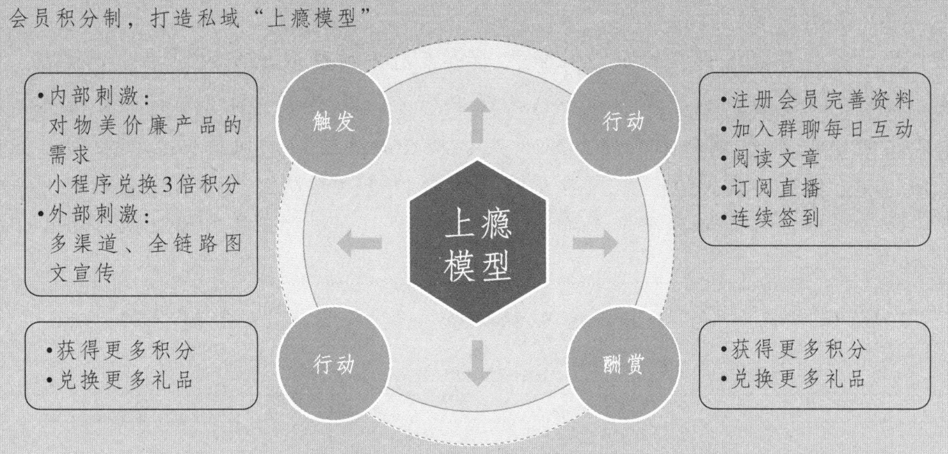

图4-19 交个朋友会员积分制

这样的机制能够产生牢牢的向心力，将用户锁在私域中，同时不断回流到公域观看直播，购物下单。

(3)“心愿单”互动，满足用户需求

群内活动主要围绕直播活动进行，直播间针对直播设计了“心愿单”活动。“心愿单”是一个表单链接，可以由用户自主勾选商品分类、品牌名称、商品名称，输入商品型号规格，并写上推荐理由，如图4-20所示。

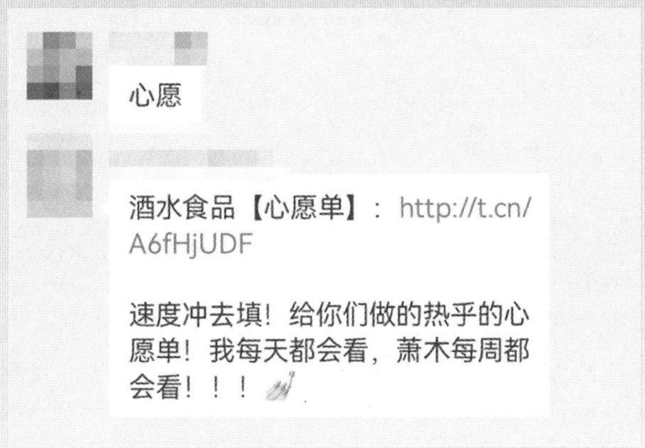

图4-20 用户心愿单

心愿单以“我每天都会看”“知名主播每周都会看”等文案鼓励粉丝互动，因此调动了大量用户参与，一次性满足了品牌收集用户需求、活跃社群、促进复购3个方面的需求。

主播IP通过社群持续提供福利，粉丝通过参与活动持续形成依赖，形成相互促进的良性关系。

小助理每日会多次主动提醒用户填写心愿单，利用圈量软件“群聊关键词回复”功能，粉丝在群内发送关键词，即可获得心愿单链接并进行填写。

对于交个朋友运维体系来说，心愿单可以帮助品牌明确了解用户喜欢什么，想要买什么，比起直接进行商品推荐效果要好许多。

（4）趣味问答促活跃

互动复购可赚取更多积分，社群内不断推出多种赢取积分的活动，如留言、晒单、购物、答题等，引导用户参与活动赚取积分，其中专门针对社群的是趣味问答活动，如图4-21所示。问题与社群品类、相关品牌挂钩，粉丝回答问题即可获得积分。一方面，答题活动可以引导用户在社群内进行互动，提高用户黏性；另一方面，答题活动所提及的品牌产品在当日直播上架，也相当于为直播预热，吸引用户购买。

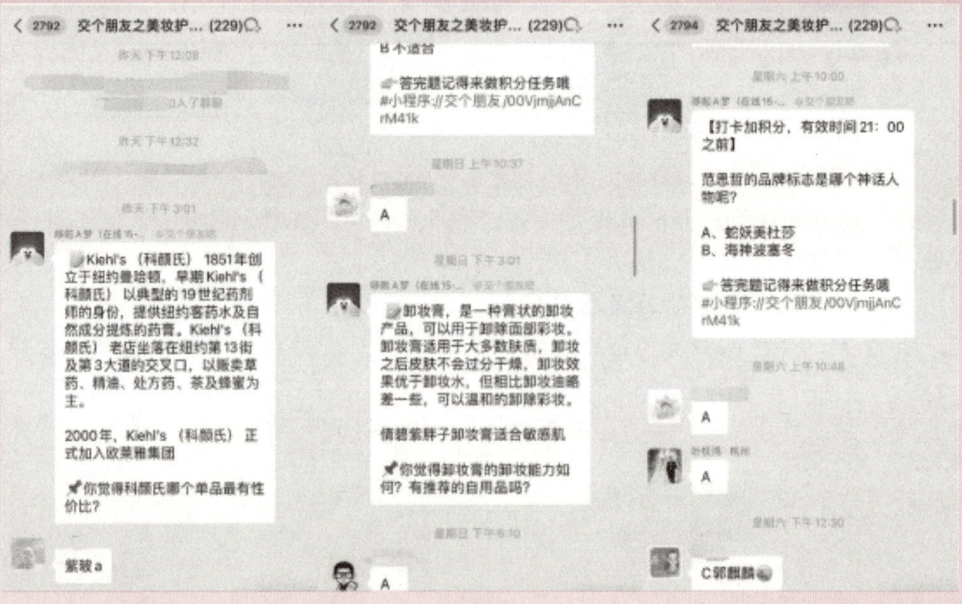

图4-21　交个朋友社群趣味问答

3.私域回流公域，完成交易闭环

（1）私域优惠福利

私域社群内，用户可在直播开始前第一时间获取直播清单，并锁定直播的特惠商品、相关的抽奖福利等，比普通公域观众获取更多的福利，更快掌握好价好物行情，充分体现私域会员的“特权”。

（2）开播提醒

直播预热：直播开始前，小助手会在群内发布直播预告、好物清单，同时推送直播间免单福利等，吸引粉丝观看直播。

直播提醒：直播开始时，小助手在社群内发布提醒，并附上直播间地址，方便用户快速进入直播间，如图4-22所示。

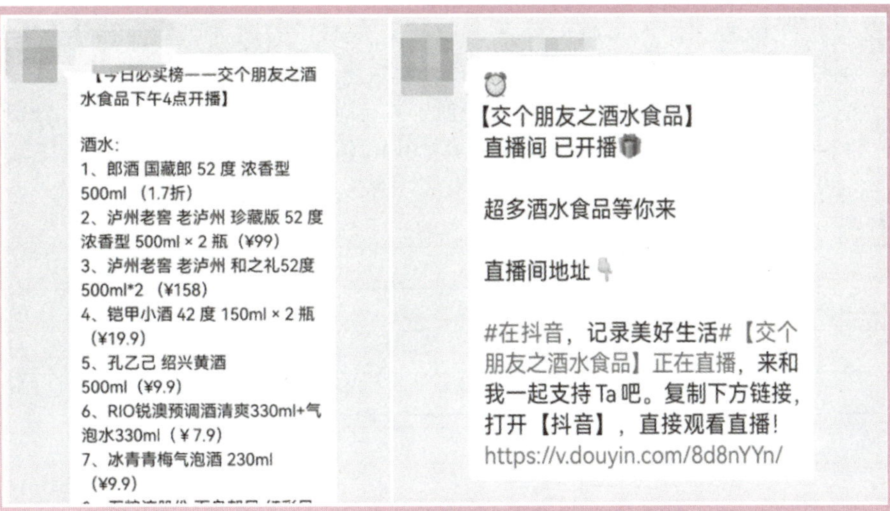

图4-22　直播间开播提醒

（3）挖掘需求，预约直播和商品

直播前，需要做到的宣传要点是“吸引”“提醒”。交个朋友直播间用商品预约清单、历史清单、心愿单三种方式刺激用户需求。

（4）私域撬动公域

交个朋友直播间用以下两种积分方式，吸引私域用户源源不断地回流到公域进行复购，包括直播间复购获取私域积分、短视频留言获取私域积分。

（5）晒单好评

对于消费品电商来说，晒单好评是公信力的来源，能够建立路人观众对品牌的信任感，促成首购。

每天直播后，小助手会在群里发送“收货+评价”提醒，粉丝可以通过直播间购买后“收货+评价”截图发群等方式获取5积分，完成交易闭环；晒单的形式，也会吸引更多私域用户从众购买，如图4-23所示。

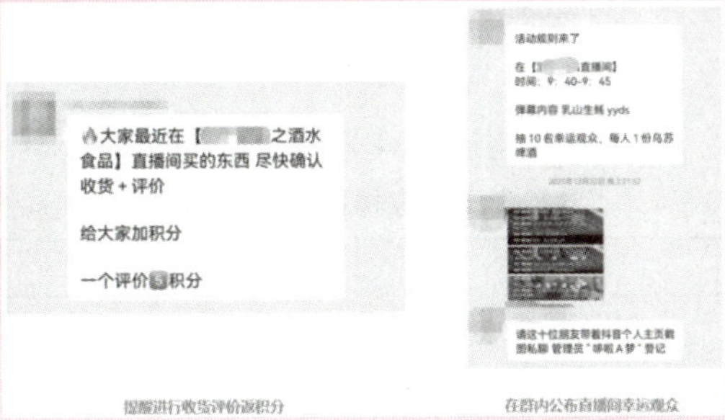

图4-23　交个朋友直播间晒单好评互动

社群积分打通小程序，由小程序统一进行汇算，用户可直接在小程序中查看积分情况，并利用积分兑换好物，形成私域留存复购闭环。积分体系能够提升用户与品牌的联结度，增加用户的“离开成本”，更好地起到激励用户、用户留存和转化目的。

交个朋友抖音直播间成功的背后，除了成熟的IP打造和公域矩阵搭建外，也离不开其在背后搭建的私域流量运营模式，形成完整的裂变增长变现闭环。

资料来源 佚名．年营收50亿元！交个朋友直播间如何打造高复购粉丝团？[EB/OL]．[2022-11-11]．https://www.163.com/dy/article/H4E0VMCH053144S4.html.有删改．

思考：分析案例中交个朋友直播间粉丝运维的主要方式。

职业技能操练

工作项目

“狮子蛮王”直播间粉丝运维。

项目背景

“狮子蛮王”在前期经营过程中，已经尝试与探店达人合作推广品牌与产品，成功积累了一批品牌粉丝。品牌直播开播后也确实吸引了大批粉丝的观看。品牌直播负责人国伟目前不但考虑如何维护前期粉丝，而且正积极打造私域粉丝运维方案。

工作目标

- 制定“狮子蛮王”直播间粉丝维护策略；
- 制定“狮子蛮王”直播间粉丝维护方式。

工作计划

请将“狮子蛮王”直播间粉丝运维计划填入表4-20。

表4-20 “狮子蛮王”直播间粉丝运维计划

工作要点	计划描述
直播间粉丝分析	
直播间粉丝维护策略	
直播间粉丝维护方式	

工作实施

步骤一：分析“狮子蛮王”直播间粉丝类型

［基础任务］分析“狮子蛮王”直播间粉丝类型，并描述其特征，填入表4-21。

表4-21　“狮子蛮王”直播间粉丝类型分析

粉丝类型	特征描述
高频消费粉丝	
低频消费粉丝	
观望粉丝	
路过粉丝	

［进阶任务］针对“狮子蛮王”直播间粉丝类型，制定粉丝维护策略，填入表4-22。

表4-22　“狮子蛮王”直播间粉丝维护策略

粉丝类型	维护策略
高频消费粉丝	
低频消费粉丝	
观望粉丝	
路过粉丝	

步骤二：制定“狮子蛮王”直播间粉丝维护方式

［基础任务］针对上述粉丝分析结果，设计“狮子蛮王”直播间粉丝维护方式，填入表4-23。

表4-23　“狮子蛮王”直播间粉丝维护方式

粉丝类型	维护方式描述
高频消费粉丝	
低频消费粉丝	
观望粉丝	
路过粉丝	

［进阶任务］分别策划“狮子蛮王”直播间粉丝线上、线下互动活动。

1. “狮子蛮王”粉丝线上互动活动

活动主题：________________

活动目的：________________

活动时间：________________

活动内容：________________

活动方式：________________

2. “狮子蛮王”粉丝线下互动活动

活动主题：________________

活动目的：________________

活动时间：________________

活动内容：________________

活动方式：________________

步骤三：制订“狮子蛮王”私域粉丝运维方案

［挑战任务］制订“狮子蛮王”私域粉丝运维工具或平台设计方案，填入表4-24。

表4-24　“狮子蛮王”私域粉丝运维方案

粉丝画像	运维平台	私域运维服务
举例：女性白领	微信群	直播售前售后服务、直播预告、主播分享、社群福利

工作成果自查（见表4-25）

表4-25　直播间粉丝运维工作成果自查表

检查内容	检查标准	检查结果
直播间粉丝维护策略制定	粉丝类型是否准确； 粉丝维护策略是否具有针对性； 粉丝维护策略是否全面、具体	
直播间粉丝维护方式选择	粉丝维护方式是否准确； 粉丝互动活动是否合理； 私域粉丝运营策略是否准确	
自查结论		

工作项目评价（见表4-26）

表4-26 直播粉丝运维工作项目评价表

评价项目	评价标准	分值（分）	专家评分（50%）	教师评分（50%）	得分（分）
技能评价	能够制定直播间粉丝维护策略	35			
	能够选择直播间粉丝维护方式	35			
素养评价	熟悉直播营销相关法律法规	10			
	注重直播营销的正确导向和良好网络环境营造	10			
	工作项目中团队协作良好	10			

职业素养指南

一对中小主播兢兢业业构建的用户信任和直播事业

河南的文颖夫妇原为电视台主持人，后来为全力拓展新事业，自2020年开始尝试电商直播。但在直播前期的冷启动阶段，他们困难重重，前7个月的直播中没有产生任何收入。由此，他们开始思考直接联系当地工厂货源，为粉丝推荐源头好货。除了货源货品的稀缺性之外，文颖还在直播内容上为粉丝进行更加具有深度的讲解，通过行业揭秘的方式吸引用户的好奇心，产生了极强的粉丝黏性。文颖夫妇在直播内容上具有更强的热点敏感性，相继直播了2021年的河南暴雨及鸿星尔克线下店抢购等社会热点事件。对热点的把握，让其成为粉丝关注世界的一个窗口，带来了新粉丝的快速增长。

文颖夫妇在哪些方面表现出了勇于创新的精神？请分析文颖夫妇粉丝群体增长的原因。

社会拓展任务

为助力乡村振兴工作，请以当地某特色农产品品牌或农产品企业为例，为其设计直播营销粉丝运维计划。

互联网营销师知识训练

一、单项选择题

扫码答题看解析

1.下列各话术中，能够起到让用户留在直播间作用的是（　　）。

A.这款产品我给我爸妈也买了，他们也觉得很好用

B.马上就要进入抽奖环节了，没有关注的赶紧点关注，否则就没法参与抽奖了

C.想看主播试穿白色衬衫的打出“1”，想看主播试穿黑色衬衫的打出“2”

D.今晚我们还有一个神秘大奖没有揭晓，最终神秘大奖花落谁家，大家耐心期待吧

2.（　　）的直播预热视频，相较其他预热视频来说，可观赏性和传播效果会更加明显。

A.直播内容预热视频　　B.直播优惠预热视频

C.剧情植入预热视频　　D.产品预告预热视频

3.直播商家要学会对粉丝进行（　　），也就是对粉丝进行分类，根据粉丝的购买习惯和特征给粉丝做标签。

A.分时运营　　B.分层运营　　C.分平台运营　　D.分渠道运营

4.通常商家发布直播预热文案和发布直播预热短视频的方式，属于（　　）。

A.直播前期引流推广　　B.直播中期引流推广

C.直播后期引流推广　　D.直播付费引流推广

5.在淘宝等电商平台，直播后的视频还可以作为（　　）继续投放。

A.产品详情页　　B.产品评价页　　C.视频落地页　　D.成交信息页

二、多项选择题

1.直播营销话术设计的要点通常包括（　　）。

A.话术风格　　B.话术感染力　　C.话术情绪

D.话术语速及语调　　E.话术灵活性

2.直播营销应按照用户的消费心理和行为逻辑搭建话术框架，通常主播可按照（　　）的逻辑顺序来介绍商品和组织直播话术，将更具有说服力。

A.提出问题　　B.放大问题　　C.解决问题

D.消除顾虑　　E.促进成交

3.进入直播间的粉丝大概可以分为（　　）四种类型。

A.高频消费粉丝　　B.低频消费粉丝　　C.中频消费粉丝

D.观望粉丝　　E.路过粉丝

4.对于抖音平台来说，商家可以利用平台的（　　）功能，在直播开始前将直播消息直接推送给关注直播间的粉丝，将粉丝的流量引入直播间。

A.关注　　B.推送　　C.提醒

D.发布　　E.打赏

5.在抖音平台，可以通过（　　）工具来实现付费引流推广。

A.“超级推荐”　　B.“直通车”　　C.“DOU+”

D.“巨量千川”　　E.“猜你喜欢”

三、判断题

1.直播引流视频的内容一般不能脱离直播产品和直播内容，发布时都会带有和商品或品牌相关的话题，并且一般在流量高峰时段发布。（　　）

2.切片视频就是直播中主播介绍产品时的某个高光时刻，它能够还原直播场景。（　　）

3.观望粉丝对商家已经产生了信赖和认可，大量的购买行为、后续反馈和长期在线互动积累出来的社交关系，已经培养了这些粉丝稳定的购物环境和购物预期。（　　）

4.直播过程中随时都有用户进入直播间，所以主播要熟练、灵活地运用用户留存话术，反复提醒消费者关注直播间，这样有助于提升直播间的人气。（　　）

5.直播间的互动评论越多，活跃度就越高，直播间就可以获得越多的曝光机会。（　　）

5

工作模块5

直播复盘分析

学习目标

知识目标

1. 掌握评价直播内容数据的指标内涵
2. 正确理解影响直播内容数据指标的相关因素
3. 掌握评价直播电商数据的指标内涵
4. 正确理解影响直播电商数据指标的相关因素
5. 掌握评价直播流量数据的指标内涵
6. 正确理解影响直播流量数据指标的相关因素
7. 掌握直播复盘数据的获取渠道

技能目标

1. 会根据内容数据指标进行直播内容数据分析
2. 能够提出优化直播内容数据的有效方法
3. 会根据电商数据指标进行直播电商数据分析
4. 能够提出优化直播电商数据的有效方法
5. 会根据流量数据指标进行直播流量数据分析
6. 能够提出优化直播流量数据的有效方法

素养目标

1. 遵守遵纪守法的职业守则，合理有度地获取和使用数据
2. 遵守诚实守信的职业守则，不因优化数据而虚假宣传
3. 遵守恪尽职守的职业守则，不因博得流量而丧失形象

情境描述

党的二十大报告提出："加快发展数字经济，促进数字经济和实体经济深度融合"。直播电商作为数字经济的重要组成部分，提升直播电商的效率和质量能有效推动数字经济高质量发展，而数据复盘是提升直播电商质效的关键手段。一场直播结束后，并不意味着直播工作的结束，对直播过程的复盘是提升直播效果的关键，只有对直播间现场数据进行不断反思，并在下一次直播时进行调整，才有可能看到直播间数据一步步改善，否则，就是盲目直播。无论你是主播还是运营团队中的一员都需要认真投入到数据复盘环节，包括对直播内容数据的复盘、直播电商数据的复盘和直播流量数据的复盘，三者缺一不可。

工作活动

活动1　直播内容数据复盘与分析
活动2　直播电商数据复盘与分析
活动3　直播流量数据复盘与分析

活动1 直播内容数据复盘与分析

活动目标

1. 能够获取直播内容数据，并理解各指标的内涵；
2. 掌握数据分析方法，能够对直播内容数据指标进行正确分析；
3. 掌握直播内容数据，能够提出优化直播内容的方法与策略。

职业工作情境

在一场直播中，直播内容的质量是复盘的起点，因为直播内容质量的高低直接关系到商品或服务的销售情况，以及直播间流量变化。因而，对直播活动的复盘要从对直播内容的复盘开始。如何获取能够评价直播内容质量的数据，是本次活动的主要任务。

直播间的场景布置，主播以及每一位团队成员的表现，都会影响到观众在直播间的感受，进而会影响到在直播间里的消费行为。对直播内容数据的分析，首先，要识别出哪些数据属于直播内容方面的，并且能够获取到此类数据。其次，需要准确理解数据背后的现实意义，并熟练使用数据分析方法，分析数据变化及其背后的原因。最后，要在前两步的基础上，提出直播内容改进方案。

职业知识储备

知识点1 直播内容数据指标

微课5-1 直播内容数据指标解析

对直播内容的复盘，包括对直播内容吸引力指标和直播互动指标的复盘。如图5-1所示，展示了抖音平台某店铺的直播数据。

图5-1 抖音直播数据指标

1. 直播人气指标

直播人气指标包含直播间累计观看人次、累计观看人数、平均在线人数、最高在线人数等数据，是直播间整体流量的体现。同时，人气指标多会受到互动指标和商品指标的影响。

（1）累计观看人次

累计观看人次（pageview，PV），简称场观，是指单场直播的总观看人数，是衡量直播间人气的关键指标，能够反映出这场直播带货在哪个流量池层级。以抖音为例，第一档流量池层级：200~500场观，第二档流量池层级：3 000~5 000场观，第三档流量池层级：1万~2万场观，第四档流量池层级：10万~15万场观，第五档流量池层级：30万~70万场观，第六档流量池层级：100万~300万场观，第七档流量池层级：500万~1 200万场观，第八档流量池层级：3 000万+场观。

（2）累计观看人数

累计观看人数（unique visitor，UV），是指累计进入该直播间的人数。当累计观看人次/累计观看人数数值越大时，一定程度上说明直播间的黏性就越大，即便用户离开也还是会再次回到直播间。

（3）平均在线人数

平均在线人数是指整场直播平均的在线人数。平均在线人数决定了直播间的人气，是判断直播间能否带动商品的前提。

（4）最高在线人数

最高在线人数是指单场直播中所能达到的最高在线人数。可将最高在线人数与平均在线人数做比较，差距较大说明直播间流量承载能力不稳定，或者流量不精准导致流量流失等。从整场直播的流量趋势图可以动态查看直播过程中哪个时段用户数量增加，哪个时段用户数量减少。

（5）曝光-进入率

直播间曝光是指该直播间在推荐页面的曝光，曝光之后可能会吸引观众进入，就形成了曝光-进入率。曝光-进入率是由直播间的进入人数除以直播间的曝光人数而得到。曝光-进入率能够直接评估直播画面的吸引力。

（6）平均观看时长

平均观看时长是指本场直播平均每个用户的观看时长，该指标最能说明直播内容的吸引力。

2. 直播互动指标

直播互动指标反映的是用户对直播间内容的兴趣并在直播间进行评论、点赞等行为，如用户平均停留时间长、评论量多、点赞量高、新增粉丝人数多，则说明直播间的互动比较好。

（1）评论次数

评论次数是指看播用户在直播间发起评论的次数。通过评论内容可以看出用户的购买倾向和主要需求，还可以知道用户偏好哪类话题，下次直播的时候就可以多准备一些相关的话题，来调动直播间气氛。也可以知道用户对哪些商品兴趣比较高，在之后的直播中可以进行持续推广。

（2）互动率

互动率是由直播间互动人数除以累计观看人数而得到，反映用户参与度。直播间是否热闹，一般以直播间互动率为参考值。

（3）转粉率

转粉率是由单场直播新增粉丝数除以累计观看人数而得到，既可以反映直播间整体内容是否有价值，也可以反映直播间的拉新能力。直播间的转粉率与主播个人能力、商品、场景都有关系。

3. 直播间在线人数与互动人数的综合分析

直播间在线人数代表了直播间的人气指标，互动人数反映了直播间的互动指标，在线人数是直播间总的用户数量，其中真正参与互动的人才是直播间的目标用户。直播间在线人数与互动人数之间的组合存在以下四种情况，如图 5-2 所示：

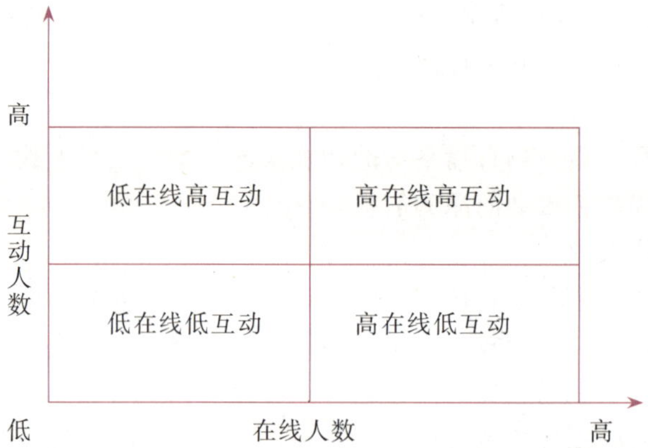

图 5-2　直播间在线人数与互动人数矩阵

第一种情况：在线与互动双高的直播间，表明直播间用户数量多，而且目标用户也多。此时主播应该加快开款的节奏，助播发出福袋，仅限粉丝团参与，并做出引导，这样做既能提高单量也能提高转粉量，有机会突破流量层级。

第二种情况：在线高但互动低的直播间，表明直播间用户数量比较多，但目标用户数量比较少。如果目标用户比较多，就会产生相应较多的互动。这也可能和主播引导互动的话术有关，或者是直播间选品的问题。

第三种情况：在线低但互动高的直播间，表明直播间虽然用户数量比较少，但目标用户占比较高。此时直播间的主要任务是提高场观人数，这时候主播需要激发用户兴趣、刺激需求，运营人员可以同步进行流量投放操作，助播采用配合发放福袋仅粉丝团领取等方法提高用户停留时长，以增加在线人数。

第四种情况：在线低且互动低的直播间，表明直播间用户数量和目标用户数量都比较少。这说明直播间在“人货场”方面都存在问题。

知识点2
直播内容数据指标的影响因素

微课5-2
直播内容数据指标的影响因素

1.直播间标签是否精准

直播间标签是直播间的身份特征，直播间标签越清晰，平台越能知道直播间需要什么类别的用户，进而推送至相应类别的用户，而这类匹配度较高的用户进入直播间后产生交易的可能性就比较大。平台会根据直播间消费人群的特征为直播间打标签，因此，如果直播间标签精准就会强化平台推流，并具有较高的转化率；如果直播间标签不够精准，直播平台推送给直播间的流量就会比较宽泛，这些用户中可能大部分都不是目标用户，他们对直播间不感兴趣，直接就会划走了。这样，平台就会弱化直播间免费流量的推送，导致直播间人气指标数据不佳。

2.直播间场景是否具有吸引力

优质的直播间场景与高品质的线下门店是一样的，有助于吸引消费者的进入，同时还会促使消费者产生信任感，能够助力店铺塑造商品价值，提升销售额。当直播间场景不突出、主播没有吸引力时，用户也很难愿意停留下来进行观看，因而可能会出现直播间曝光量比较高，但进入直播间人数比较少的情况。

3.主播话术设计是否到位

用户来到直播间，能否停留下来观看并延长停留时间，还和主播的话术有关系。但是需要注意的是，主播的话术和主播的口才、主播的语速是两码事，主播话术的设计要建立在对用户心理活动分析的基础上，这样才会贴近用户，让用户产生存在感并感受到直播间的热情，因此用户才会反过来和主播进行沟通互动。反之，如果主播的话术不到位，就会造成用户流失。在直播前一定要做好直播脚本的设计，同时直播结束后，也应该对主播的表现进行及时复盘，帮助主播找到不足，并对话术做出调整。

4.直播间选品与排品是否存在问题

直播间选品的时候一定要选那些质量更优、消费者更满意的产品。具体来看，第一，选品必须与账号定位保持一致，要认真考虑直播间核心消费者的需求；第二，要关注粉丝的需求，根据粉丝画像、粉丝互动情况，关注并及时捕捉粉丝的需求，选择能满足粉丝需求的产品；第三，还可以根据直播平台提供的爆品榜、直播商品榜、达人热推商品榜、短视频带货榜、成交商品榜等信息来完成选品，或者通过蝉妈妈、抖查查、飞瓜等数据平台查看往期产品的数据，直播间销量是在哪个产品讲解的时候突然上升，直播间销量最好的是哪个产品，适合的人群是哪一年龄段的等诸如此类的数据。

直播间排品，是指直播间商品顺序的排列。直播间不同的商品可能承担着不同角色，下面以福利款、引流款、利润款商品为例进行讲解。

福利款是直播间搏停留、值得等待的好货，这个产品放在直播间是亏钱的，但可以用其来获得自然流量的推荐。通过一系列的数据波动指标比如停留时长、商品点击率、转化率等，让更多的用户来到直播间，打开自然流量池。

引流款是用来提高直播间的访客价值的，这个产品可能有一点点利润或者不赚钱，其作用也是用来留住直播间的用户的。

利润款是直播间的主打款，主要通过利润款来赚钱，直播间通过福利款亏掉的钱，可以用利润款赚回来。基本上直播间80%的利润来自20%的产品。

直播间商品的排序一般要按照开播宠粉（福利款）—利润款—引流款的顺序，同时也要根据直播间的实时流量来动态调整。

5.直播间促销活动是否具有吸引力

直播间要充分利用促销活动提升人气指标和互动指标。可以检查直播间是否设置了福袋，是否合理地使用了福袋留人，比如可以告诉用户不要走开，福袋马上就要开奖了，这样能拉长客户存留时间。还要看主播话术中是否有评论送福利的表述，这样能促进用户互动，比如“刚进直播间的朋友们，今天有福利要送给大家，想要的打出‘想要’，喜欢的打出‘喜欢’”等促销话术，能够提升直播间的互动指数。此外还可以看看直播间是否有娱乐活动，通过娱乐活动吸引用户留下等。

知识点3
直播内容数据指标的优化方法

1.精准直播间标签

快速给直播间打上精准人群标签，这样进来的人大部分都属于精准的目标人群，划走直播间的概率就会小，对直播间的产品也会大概率产生兴趣。配合直播间场景、福利活动和留人话术，直播间观众的停留时间就会越来越长。

以抖音平台为例，给直播间打标签的方法主要有：①垂直内容打标签。同一账号发布同类目作品，如美食账号，持续产出美食类作品即可；②爆款内容打标签。在持续产出垂直内容的基础上，打造爆款内容，可以更快给账号打上标签；③DOU+打标签。投放DOU+，选择同类目相似达人即可；④创作者中心设置标签，用电脑登录抖音创作者中心，选择对应标签即可。

2.优化直播间场景

直播间场景的布置首先一定要与产品的卖点相结合，以促进产品销售。其次要优化直播间设计。从曝光到点击，有很多是通过设计较有吸引力的促销直播虚拟画面，或具有吸引力的真实的直播场景，来刺激观众进入直播间。例如卖羽绒服的背景可以是雪山、卖厨具的背景可以是厨房。此外，还可以通过精心布置包括产品台的高度、产品出现的页面位置、打光的方向、主播出现的位置、货架的陈列、有趣的道具使用以及背景墙的展示等来优化直播间的场景。而且除了视觉方面的布置之外，有些还会设置背景音乐、助播喊麦等，从视觉和听觉两个维度来提升直播间的专业性和趣味性，从而达到使用户停留的目的。如图5-3所示，直播间背景墙的贴纸就可以促进点击量的提升，好礼相送、大款秒杀等活动贴纸让观众产生了低价的感觉，就容易进入直播间。图5-4是以真实的生产环境为背景，也会使用户产生厂家直销、质量可靠、生产过程严格把关等感觉，从而促使其进入直播间。

图 5-3　直播间背景墙设计

图 5-4　直播间实景设计

3.优化主播话术

针对直播间不同的用户人群，主播的话术要有所不同。例如，在吸引观众进入直播间阶段，主播要采用“我是谁+我今天来干吗+我的福利是什么+活动的参与指令”这个公式，目的就是提高点赞，增加评论，从而拉长观众在直播间的停留时长。例如：“欢迎新进来的姐妹们，我们家做了10年高端女装，今天我首播，为了吸粉，我直接把广告费拿来做福利活动。来，第一个看一下我身上这条连体裤，春款，我拿货价128元，大家点赞到3万的时候，直接给大家炸福利。来，大家动一动手指啊。这个能从初春穿到夏，外面150块钱以下的根本没有办法和我们家这个质量来对比，今天两位数直接搞一波。有没有支持我们家今天活动的，支持的话把‘支持’两个字打在公屏上。好不好？”这样的直播带货开场话术，能够有效提升用户互动数据指标。

另外，主播的讲解内容要将产品卖点场景化。对于直播间要卖的产品，主播一定要非常了解，并且能够从各个维度给粉丝讲解清楚，可以从产品的背景、成分、作用原理、使用方法、适用人群、销量截图、网友好评、官方资质等方面进行讲解。比如推荐一款喝水的随手杯，可以说这个杯子买给孩子，孩子上学的时候可以携带，买给自己或者家人，出去旅行可以带，装到包包里也不占地方，非常方便。一定要把产品放到一个具体的场景中，这样粉丝才会有更多的代入感，而且对提升销量也很有帮助。

4.优化排品

在直播过程中，主播可以根据互动信息及时调整产品的讲解顺序。在直播结束后复盘时，要根据直播间粉丝画像，不断优化直播间福利款、引流款、爆款和利润款等产品的排序。总之是要结合观众或粉丝的需求来讲解产品，迎合其需求，才有机会延长停留时间和提高商品成交转化率。

5.重视直播间互动活动

（1）增加优惠低价品

互动产品的选择要围绕福利产品和价值感足够高的产品，这样自然可以引导用户互动。

（2）增加发福袋、抽奖互动等活动

利用福袋里的口令提升互动。如果直播间互动不够活跃，那么主播就可以来波福袋，福袋的口令可以设置成“抢到了，下单了”等话语来提高评论区的互动，这还能够营造一种购买商品的氛围。

（3）主播话术引导，利用优惠信息提升互动

可以通过设置选项增加互动。示例：“原价199，今天只要99，想不想要？想要就打出‘想要’，今天送一个两个三个四个”，这种互动率就不会高，太平了。如果是“这个面膜原价199，今天只要99，想不想要？想要公屏打‘想要’，今天公屏打‘想要’的，第二盒送你，公屏现在打‘加赠’的，第三盒送你，公屏打‘喜欢’的，第四盒送你，新来的打‘星星’，我们直播间正在送福利，今天所有人打‘给力’，还想要的第六盒送你”，这样直播间互动率就会比较高。

知识点4
获取数据的路径

一般来说，运营数据分析工具分为两大类，即第一方数据和第三方数据。

1.第一方数据来源

以抖音平台为例，第一方数据平台，就是平台提供的电商罗盘，该功能分为商

家视角和达人视角。商家视角的罗盘是抖店后台中的功能板块，其功能主要用来针对店铺，也就是商家的业务进行分析诊断，包括达人诊断、用户诊断、服务诊断、内容诊断、商品诊断、直播诊断六大方向。而达人视角的罗盘则是在后台中的功能模块，主要用来为带货账号的直播进行诊断分析。两种视角最大的不同在于分析目标上，商家视角下能看到为自己商品带过货的所有的直播间数据，更多是站在业务的角度上对日销复盘，并基于数据调整渠道策略、商品策略、内容策略和投放策略；达人视角则是集中在达人自身的成长上，能够看到近90日所有直播场次的详细数据，并可以基于不同场次的数据对比，来不断地优化直播节奏、选品组品、主播话术等。

在电商罗盘中，可以看到近90日的所有直播数据，点击进入一场直播数据详情后，在数据分析板块会得到“实时趋势”“流量转化”“商品列表”“用户画像”“广告转化”五大页面。其中，前4个页面都是我们平时要经常用到的功能。

“实时趋势”，用来对该场直播进行流量趋势复盘，分析直播间流量承接、转化的能力，寻找优化方向。在实时趋势模块中，系统给出了四大指标，分别是人气指标、互动指标、商品指标和订单指标。这四大指标就是直播间重点考核并进行流量分配的依据。

“流量转化”，用来对该场直播的流量入口进行复盘，分析直播间流量来源，判断直播间流量健康度。

“商品列表”，用来对该场直播的商品售卖情况进行复盘，优化直播间内的选品组品及主播话术。

“用户画像”，用来对该场直播的看播、购买用户进行复盘，基于用户画像判断直播间标签的准确度。

2.第三方数据来源

第三方数据平台包括蝉妈妈、飞瓜数据、卡思数据等平台。这些平台披露的数据维度、数据颗粒度远不如电商罗盘。但是，它们可以收集到更多达人、用户、商家的数据，提供更全面的视角。

因此，通常情况下，直播团队会选用第三方平台寻找同一个赛道下的标杆直播间和竞争对手的直播间等，以分析自己直播间的数据问题。

知识点5 数据分析方法

1.动态分析法

动态分析法是指通过连续考察指标数据的变化趋势进行实时分析。例如，对于人气指标而言，可同时关注进入直播间、离开直播间和实时在线人数，我们可以得到如图5-5所示的曲线。如果离开人数高于进入及同时在线人数，说明当前直播间用户正在被“劝退”，接下来一段时间，整体流量很可能会面临一个下滑的趋势。这种情况下，应该找到该场直播的录屏，寻找对应时间段上导致用户离开直播间的原因。

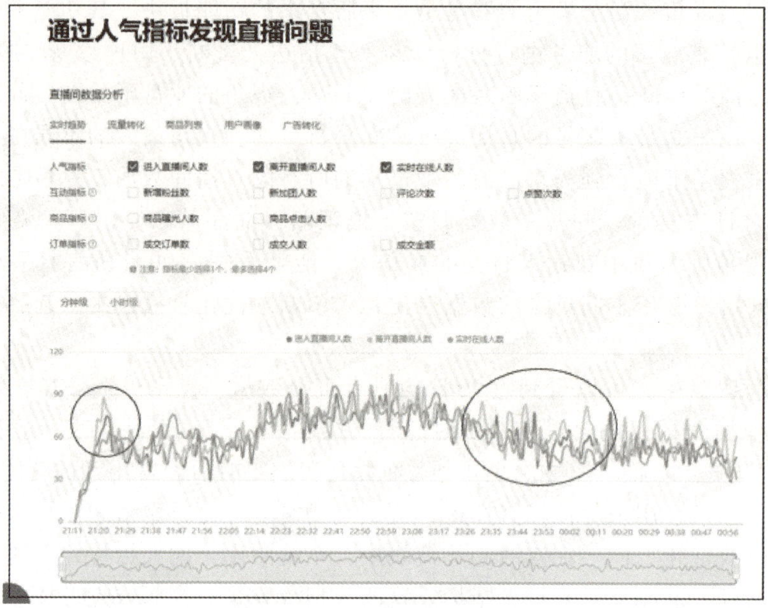

图 5-5 直播间人气指标

2.比较分析法

（1）同一场直播数据比较分析

比较同一场直播间的各项数据，可以分析直播间互动指标和商品指标，从而发现直播间存在的问题。具体操作中，可以分别点选互动指标和商品指标的核心数据，如互动指标中的关注、评论，商品指标中的曝光、点击，然后和人气指标进行对比。由此可以得到互动指标、商品指标对于流量趋势的影响。

如图5-6所示，该直播间是比较典型的垂类商品品牌直播间，主播并不善于做互动引导，如果想让该直播间突破当前的流量池，应该加强互动上的引导，激起更多看播用户对直播间内容的兴趣，延长用户的有效停留时间及提高互动率。

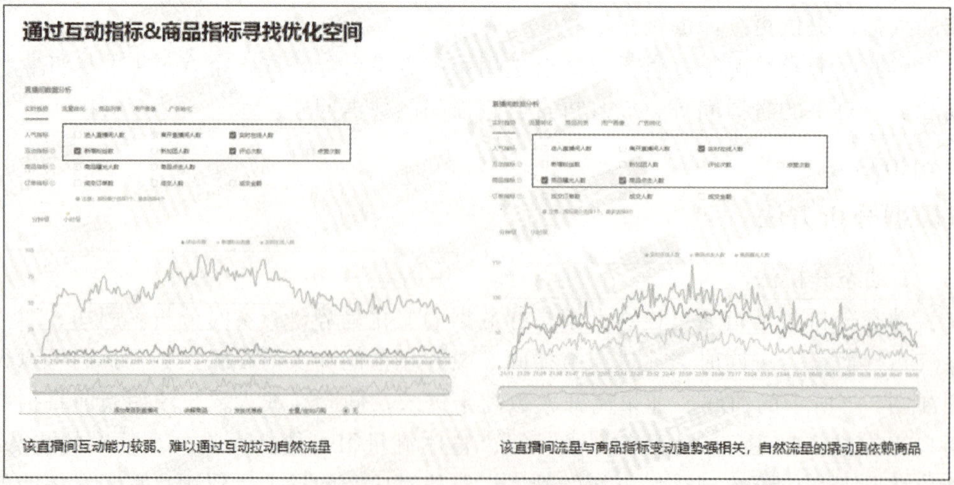

图 5-6 直播间互动指标和商品指标

（2）纵向直播数据比较分析

需要将本场直播的总场观、访客价值、人均在线时长、互动率等核心数据与往期对比，以明确本场直播的优缺点。

（3）横向直播数据比较分析

找到同行的标杆直播间，将本场直播的总场观、访客价值、人均在线时长、互动率等核心数据与行业标杆对标，并分析标杆直播间的场景设计、团队配合、直播间氛围等因素，从而找到自身直播间的差距和提升的路径。

通达行业5-1　花西子：抖音店播的跨越式增长秘诀

通过对花西子品牌的抖音店播在2021年12月15日—2022年1月14日的数据复盘，我们可以分析在这期间花西子以1.2亿GMV的亮眼成绩占据国货一线品牌榜首的原因。

花西子
短视频营销

1.账号矩阵打造出差异化的品牌定位与内容调性

分析花西子的抖音店播，首先务必提及花西子的账号矩阵，因为这不仅是其最突出的特色之一，也是花西子店铺自播取得成功的基底所在。其实花西子从2020年5月就开始打造品牌账号矩阵了，算是抖音店播的资深“玩家”。

数据调研期间，花西子一共拥有13个品牌账号（如图5-7所示），由1个官方旗舰店账号与12个子账号构成。前者负责种草与蓄水，后者负责转化与销售，每个账号都有自己的品牌定位与内容调性，分工十分明确。

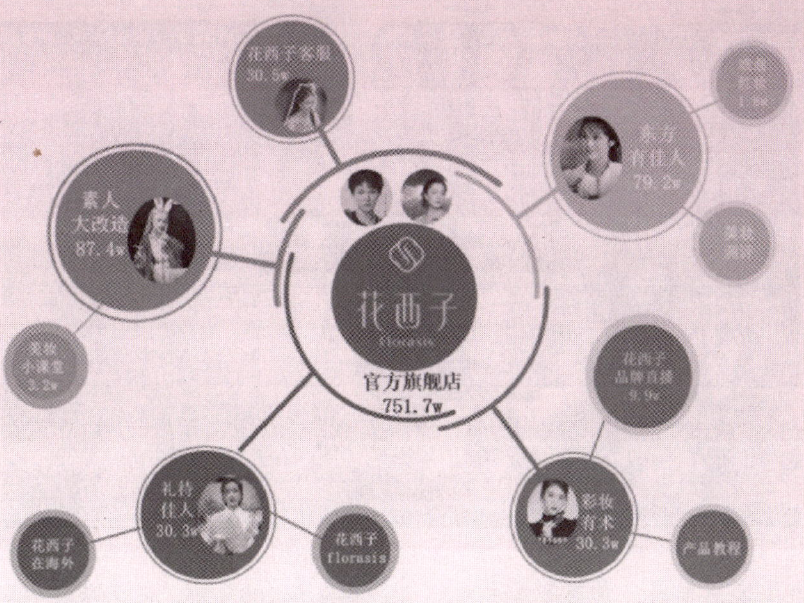

图5-7　花西子的13个品牌账号

打开抖音，你会发现花西子的12个子账号通过内容差异化，找到了自己的内容定位，率先积累了一大批粉丝量。以下列3个账号为例：

账号1：花西子之东方有佳人

79.2万粉丝，主打古典风格，内容剧情简单，包括传统礼仪与古代人物等兴趣话题，虽有产品植入，但不做重点介绍。

账号2：花西子之彩妆有术

30.3万粉丝，主打直播彩妆教程，如半三角遮瑕教程等。同样，该账号的短视频内容会给几个产品镜头，但不会喧宾夺主。

账号3：花西子客服

30.5w粉丝，账号的特色十足，客服身着古典服装，以“卿卿”替代“亲”，亲切地回答用户关心的各种问题，同时穿插着花西子的产品宣传，内容质量很高，能够有效拔高品牌调性，增强用户心智与产品认知。

2.子账号矩阵输送精准流量与粉丝

在花西子的账号矩阵中，12个子账号根据不同的定位各司其职，最终目的都是服务花西子的官方旗舰账号。它们就像12条各具特色的溪流，把精准的流量输送给同一片水域，最终实现花西子店播大规模的流量收割与转化。

这12个子账号之所以能够获取精准流量，主要原因是其各自的定位与内容能够帮助花西子聚焦Z世代、精致妈妈、精致白领、小镇青年等主流消费群体，如图5-8所示。这些群体的消费意愿强，转化率高，一旦进行有效种草就能大大提高最终的销售额，因此子账号最大的“使命”就是为花西子官方旗舰店输送精准流量与粉丝。

图5-8 花西子各子账号的不同定位截图

在数据调研期间，花西子官方旗舰店一共涨粉209.4万，而同期其他国产美妆品牌粉丝增长却平均只有几十万，取得这样的好成绩自然离不开12个子账号对粉丝的精心培育。

但话说回来，流量并不等于销量，好内容才能抗打。通过我们的数据调研发现，花西子在流量上仅次于国货品牌珀莱雅，但是珀莱雅付费流量占比高，精准度低，粉丝与销量转化也比较低。而花西子的12个子账号拥有优质的内容，从而促进直播间的用户转化为会员，活跃度增加，平均停留时长、销量也就水涨船高。

3.持续打造爆款+严控价格与供应链

在直播间里，一句“花西子散粉来喽”，就让很多女性消费者架不住“买它买它”的魔性催眠，这使得颜值与实力并存的花西子散粉一举成为爆款单品。打造爆款不稀奇，但能持续打造爆款并不简单，这也是花西子能够在抖音店播中更胜一筹的砝码。

时隔2年后调研显示，花西子Top10的品类在销售额中占比75%。而这TOP10的品类全部来自花西子的爆款产品：蜜粉、气垫、防晒、妆奁。

花西子非常了解用户喜欢什么产品，因此选择通过种草和蓄水持续打造爆款。它发布的相关种草短视频、品宣视频、代言人视频，以及达人直播都是围绕这几类单品，至少在抖音平台内，它们的曝光度非常高。

同时，花西子的直播间会花费较长时间来介绍单品，每个单品每次至少讲解15分钟，可以对用户完全讲透该单品的功效，培育用户对产品的心智。

花西子店播成功还有一个非常重要的原因：不乱价且严控供应链，以朴素的品牌建设获得消费者坚实的信任。

资料来源　佚名．案例拆解：花西子抖音店播案例拆解［EB/OL］.［2022-04-04］. http://www.360doc.com/content/22/0404/07/67647166_1024748762.shtml.有删改．

思考：花西子转粉率和成交额较高的原因分别有哪些？

职业技能操练

工作项目

“狮子蛮王”直播内容吸引力数据指标复盘分析。

项目背景

“狮子蛮王”品牌在前期的团队搭建、选品等活动的基础上，进行了20多场直播，请大家结合评价直播内容吸引力的指标来评价“狮子蛮王”直播间的内容吸引力指数，并提出优化方案。

工作目标

- 分析“狮子蛮王”品牌直播间内容吸引力指标；
- 提出“狮子蛮王”品牌直播间提升吸引力的方案。

工作计划

请将“狮子蛮王”品牌直播间内容吸引力指标和优化对策填入表5-1。

表5-1　　直播内容吸引力指标复盘

工作要点	计划描述
明确直播间内容数据指标	
获取直播间内容数据	
分析直播间人气指标的影响因素	
分析直播间互动指标的影响因素	
优化直播间人气指标的方案	
优化直播间互动指标的方案	

工作实施

步骤一：明确“狮子蛮王”直播间内容吸引力指标。

［基础任务］结合知识点内容，找出能够反映“狮子蛮王”直播间人气和互动的指标，完成表5-2。

表5-2　　列举直播内容吸引力指标

指标类型	指标内涵
直播人气指标	
直播互动指标	

步骤二：获取“狮子蛮王”直播间内容数据指标

［基础任务］试图从“狮子蛮王”直播店铺的电商罗盘、巨量千川等页面，获取直播间流量数据指标（如图5-9、图5-10所示），完成表5-3。

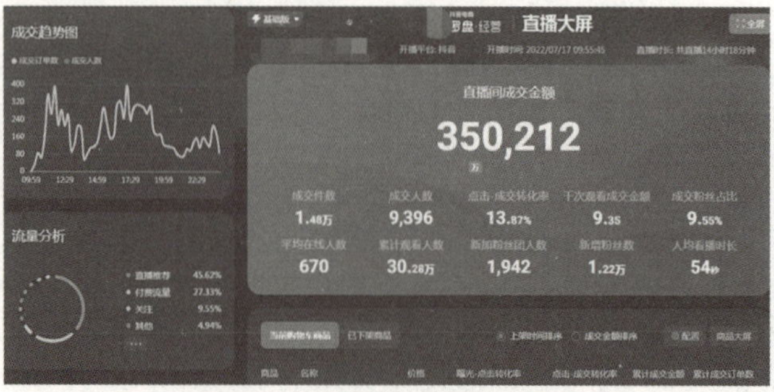

图5-9　直播店铺数据指标（1）

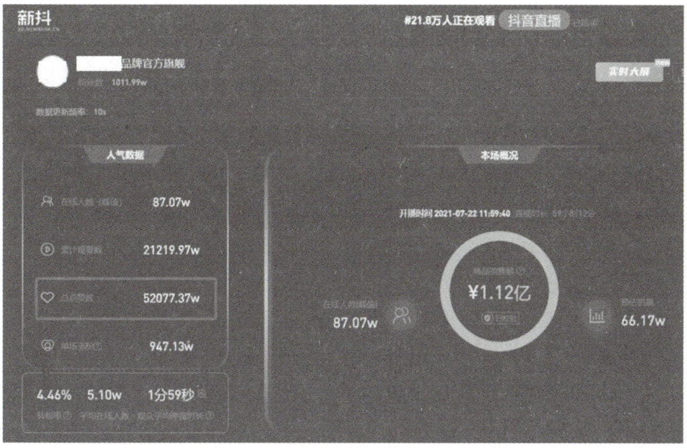

图 5-10　直播店铺数据指标（2）

表 5-3　列举直播内容吸引力指标

直播内容复盘指标		数据来源	数值
直播人气指标	累计观看人数		
	平均在线人数		
	最高在线人数		
	平均观看时长		
直播互动指标	点赞量		
	新增粉丝		
	转粉率		

步骤三：分析设计“狮子蛮王”直播间内容数据特点及影响因素

［基础任务］根据“狮子蛮王”直播间内容数据指标，复盘分析“狮子蛮王”直播流量数据特点和影响因素。

1. 直播流量数据特点

（1）分析“狮子蛮王”直播间人气数据特点：________________

____

____

____

（2）评价“狮子蛮王”直播间互动数据特点：________________

____

____

____

2. 直播内容数据影响因素分析

（1）从不同岗位分析影响“狮子蛮王”直播间人气数据的因素，并完成表 5-4。

表 5-4 直播内容人气数据影响因素

岗位	存在的问题及主要原因
主播	
运营	
场控	

（2）分析影响“狮子蛮王”短视频引流直播间的因素。

从不同岗位分析影响“狮子蛮王”直播间互动数据的因素，并完成表5-5。

表 5-5 直播内容互动数据影响因素

岗位	存在的问题及主要原因
主播	
运营	
场控	

步骤四：优化“狮子蛮王”直播间人气数据指标

［进阶任务］根据“狮子蛮王”直播间付费流量数据指标特点，提出优化方案，完成表5-6。

表 5-6 直播内容人气数据优化方案

自然推荐流量存在的主要问题	影响因素	提升对策

步骤五：优化“狮子蛮王”直播间互动数据指标

［进阶任务］根据“狮子蛮王”直播间短视频引流的数据指标特点，提出优化方案，完成表5-7。

表 5-7 直播内容互动数据优化方案

短视频引流存在的主要问题	影响因素	提升对策

工作成果自查（见表5-8）

表5-8　　直播内容数据复盘与分析工作成果自查表

检查内容	检查标准	检查结果
直播内容数据复盘指标的全面性	是否包括直播人气数据和互动数据；是否全面、具体	
是否获取到直播内容相关数据	是否全部获取到了与直播间人气和互动相关的数据	
直播内容数据影响因素分析的合理性	是否从团队不同岗位的角度分析直播人气数据和互动数据的影响因素	
优化直播人气数据的合理性	是否能够结合人气数据的影响因素，提出优化直播人气数据的具体方案	
优化直播间互动数据的合理性	是否能够结合互动数据的影响因素，提出优化直播互动数据的具体方案	
自查结论		

工作项目评价（见表5-9）

表5-9　　直播内容数据复盘与分析工作项目评价表

评价项目	评价标准	分值（分）	专家评分（50%）	教师评分（50%）	得分（分）
技能评价	能够获取直播内容数据，并了解各指标的内涵	10			
	能够对直播内容人气数据指标进行正确分析	15			
	能够对直播内容互动数据指标进行正确分析	15			
	能够提出优化直播内容人气数据的方法与策略	15			
	能够提出优化直播内容互动数据的方法与策略	15			
素养评价	熟悉直播营销相关法律法规	10			
	注重直播营销的正确导向和良好网络环境营造	10			
	工作项目中团队协作良好	10			

职业素养指南

某茶厂通过抖音平台直播销售“藤茶”等茶叶，主播宣称“藤茶的氨基酸、黄酮、矿物质含量高于人参、虫草数十倍至数百倍”，却无法提供科学有效的证明材料。

该主播的行为是否违反了国家法律法规及有关规定？请分析主播该如何做到遵守网络直播行为规范。

社会拓展任务

为助力乡村振兴工作，请为当地某特色农产品品牌或农产品供应企业的直播活动进行复盘，以提升直播间的吸引力指标和互动率指标。

活动2 直播电商数据复盘与分析

活动目标

1. 能够获取直播电商数据，并了解各指标的内涵；
2. 掌握数据分析方法，能够对直播电商数据指标进行正确分析；
3. 根据直播电商数据，能够提出优化直播电商数据指标的方法与策略。

职业工作情境

一场直播带货结束后，能否形成实际的交易是直播电商始终关注的核心问题。如何促使观众点击直播间的购物车并付款购买，是整个直播间主播、运营和中控的共同目标。主播的讲解话术、产品讲解顺序，运营组的气氛和对动态数据的应对能力等会影响到产品的成交转化。因此，只有通过分析直播电商数据指标，复盘直播中的各个环节并不断优化，才能实现直播间的销售目标。本次活动的主要任务是准确找到直播电商数据指标，并学会分析各指标的影响因素，再提出有效的改进对策。

微课5-3
直播电商的复盘指标

职业知识储备

知识点1 直播电商数据指标

直播电商数据指标，一是能够反映用户对商品的兴趣，最直接的体现就是商品转化漏斗，即从商品曝光到商品点击再到订单转化。二是能够反映直播间的变现效率，包括直播间的点击-创建转化率、创建-成交转化率、进入-成交转化率、千次展现成交额等。直播间的转化情况，可以利用转化漏斗模型来评价。

1.直播间商品兴趣指标

直播间商品兴趣指标是指能够反映用户对直播间商品兴趣的指标。

（1）商品曝光量

商品曝光量是指直播间商品被用户看到的次数。商品曝光量取决于直播间曝光量，当直播间曝光量比较高时，才能提高商品曝光量。

（2）商品点击量

商品点击量是指商品曝光之后有多少用户点击了商品，即打开直播间的购物车后，有哪些商品被用户点击进入了详情页。该指标能够反映出主播讲解商品的能力及商品性价比，与商品的图片质量、标题、卖点和价格都有关系。

（3）商品点击率

商品点击率是指商品点击量与曝光量之比，是单个商品的被点击次数与单个商品的曝光次数之比，也称商品点击曝光率。例如，一个商品被点击了5次，曝光次数为100次，那么这个单品的点击率是5%。

2.直播间商品转化指标

直播间商品转化指标考察的是商品从曝光、被点击到订单创建、成交一步步转化的过程，也就是直播间商品从被看见到成功下单的转化过程。

微课5-4

直播间商品转化指标

（1）点击-创建转化率

点击-创建转化率是直播间创建订单人数与直播间商品点击人数之比，能够反映主播引导促单的能力。需要注意的是创建了订单也可能没有产生最终交易。

（2）创建-成交转化率

创建-成交转化率是直播间成交人数与直播间创建订单人数之比，一定程度上反映了主播临门一脚的逼单能力，直播间能否打消用户的顾虑促使用户成功付款，是提高创建-成交转化率的关键。

（3）进入-成交转化率

进入-成交转化率是直播间成交人数与进入直播间人数之比，反映整个直播间"人货场"互相匹配的转化能力。直播间产品的点击率比较低，说明直播间产品选择不对，需要测品和换品，或者直播间标签不够精准等。直播间成交率偏低，主要是主播对产品的价值塑造不到位，需要优化成交话术。图5-11显示了该直播间进入-成交转化率为51.07%，也就是每100个进入直播间的用户中，有超过51个用户成功下单，说明该直播间标签较为精准，进入的用户人群有超过一半为目标人群。

（4）累计成交金额

累计成交金额（GMV）是指直播期间累计成交金额，是衡量主播带货能力的最重要考核指标。

（5）千次观看成交额

千次观看成交额（GPM）=累计成交金额×1 000/直播间观看人次

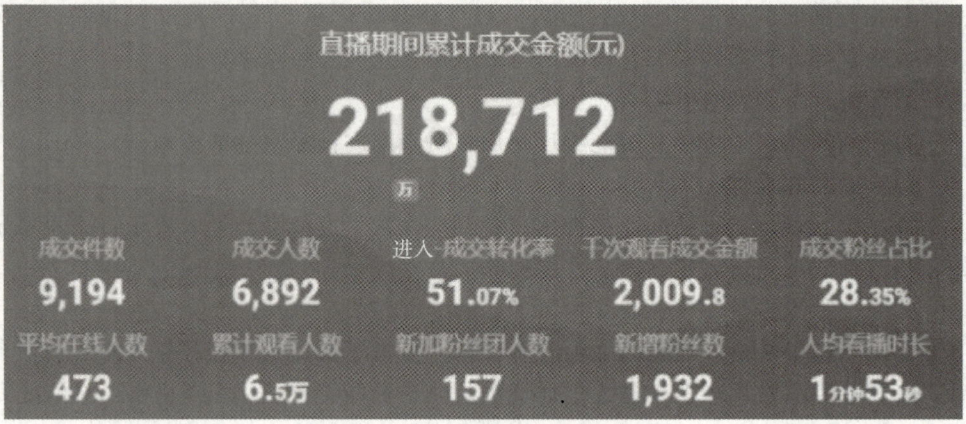

图5-11　直播数据复盘指标

千次观看成交额反映的是每千次观看带来的成交金额，代表了直播间流量的效率。该指标能够反映主播流量转化能力的强弱。

（6）退货金额占比

退货金额占比是直播间退款金额与成交金额之比。如果退货金额占比较高，说明直播间可能会存在刷单、下单后恶意退货等虚增销售额的行为。这会影响平台对直播间免费流量的推荐。

（7）访客价值

访客价值（UV价值）是指平均每个进入直播间的用户产生的价值，也称客单价。表示平均每个观看用户给直播间贡献的成交金额，该数值越高，说明用户贡献的价值越大，一定程度上代表了人群质量以及精准程度。

UV价值=销售额/访客数

根据图5-11所提供的数据，可以计算出该直播间客单价为3.36元。

218 712÷65 000=3.36（元）

（8）访问价值

访问价值（PV价值）是指用户所带来的每一次浏览和点击所产生的价值。

PV价值=UV价值×点击率

3.直播间转化漏斗模型

微课5-5

直播间转化漏斗模型

直播间转化漏斗模型包含了直播间人气指标和商品转化指标，形成了从流量到商品转化的全过程评价。转化漏斗模型如图5-12所示，从直播间曝光人数到直播间进入人数、商品曝光人数、商品点击人数、直播间成交人数五个层次指标依次递减，每进入到下一个层级都会少一部分用户。同时，每个层级的指标又形成了直播间观看点击率、商品曝光率、商品点击率、商品成交率四个指标。因而也有人将该模型称为直播间的“五维四率”指标。各指标的具体内涵见表5-10。

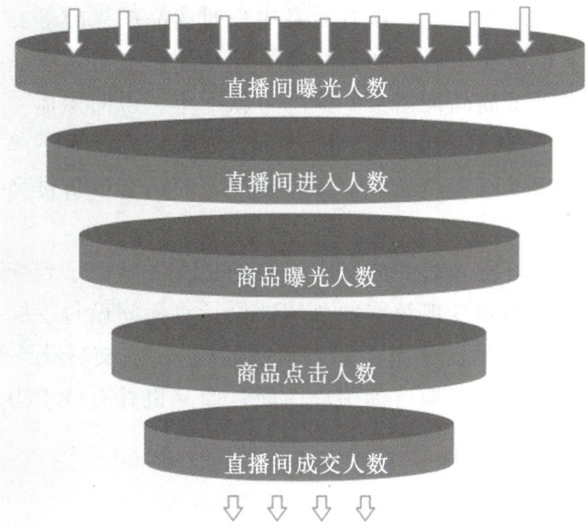

图5-12 直播间转化漏斗模型

表5-10 “五维四率”指标内涵

	指标	指标内涵
五维指标	直播间曝光人数	看到、刷到直播间总人数
	直播间进入人数	看到、刷到直播间并进入直播间的总人数
	商品曝光人数	进入直播间的总人数有多少看到此商品
	商品点击人数	看到此商品的总人数有多少点击链接查看商品
	直播间成交人数	点击链接查看商品的总人数有多少完成支付
四率指标	直播间观看点击率	直播间进入人数/直播间曝光人数
	商品曝光率	直播间商品曝光人数/直播间进入人数
	商品点击率	商品点击人数/商品曝光人数
	商品成交率	直播间成交人数/商品点击人数

从直播间曝光到进入直播间阶段。直播间曝光人数就是直播间在平台被看到的人数，看到后点击进入直播间就形成了直播间进入人数。如果直播间曝光人数比较多，但进入人数比较少，也就是当进入人数相对于曝光人数比较少时，可能存在直播间标签还不够精准的问题，导致曝光人群不是目标人群，或者是直播间场景搭建、主播讲解没有吸引力等。

从进入直播间到商品曝光阶段。进入直播间的用户是否会点开商品购物车，这取决于商品品类是否为用户所需，主播是否有引导提示点开购物车，是否有促销活动刺激等。如果用户点开了购物车就形成了商品曝光。

从商品曝光到商品点击阶段。当用户看到了购物车里的商品但是并没有产生点击详情页面的操作时，可以考虑是否是商品本身并不符合直播间用户对商品的兴趣，是否主播的讲解话术有问题，没有激发用户对商品的兴趣等。

从商品点击到下单成交阶段。此阶段考察的是用户点击了商品详情页是否会下单成交，如果用户点开了商品详情页并成功付款下单，说明主播对商品的讲解、商品的展示以及商品的价格等得到了用户的认可。如果用户没有下单，可能的原因是商品详情页和主播描述不符、商品详情页有差评、商品客单价过高，或者商品并非用户真实所需等。

最后进入成交转化阶段。商品成交率代表的是直播间流量到变现的转化率，这个指标可用于对不同直播间变现效率的总体评价。直播间做每一层级的优化，最终还是为了优化直播间整体的转化率，如果直播间进入-成交转化率较高，说明直播间标签精准，进入的用户大多为目标用户，而且商品也具有吸引力，再加上主播的讲解，促成了交易的达成。

知识点2
直播电商数据指标影响因素分析

在直播电商数据分析中，营销漏斗从上到下可以用曝光进入率、商品曝光率、商品点击率、订单创建率、订单转化率来衡量。

以表5-11为例，结合知识点完成计算和原因分析，掌握曝光进入转化率、进入曝光转化率、曝光点击转化率、点击生单转化率、生单成交转化率五个关键指标的影响因素。

表5-11 转化漏斗复盘表

时间	直播间曝光人数（人）	进入直播间人数（人）	曝光进入转化率	商品曝光人数	进入曝光转化率	商品点击人数	曝光、点击转化率	创建订单人数	点击生单转化率	成交人数	生单成交转化率
20221001	400 500	15 600		14 100		3 615		327		299	
20221002	252 700	13 500		12 100		2 760		249		234	
20221003	391 600	15 500		13 900		3 824		380		356	
20221004	243 200	14 400		13 000		3 020		303		281	
20221005	388 500	15 100		13 900		4 721		463		420	
20221006	293 600	13 600		12 300		3 665		297		272	
20221007	3 118 200	24 300		20 300		4 530		228		211	
原因分析											

曝光进入率是用户进入直播间的第一关，进入率低直接影响直播间的人气数据

指标，也影响后续成交。曝光进入率低可能存在的原因有：①如果是短视频引流，就要考虑短视频内容前3秒是否吸引人，内容是否原生，太“硬”的广告素材，用户一划到可能马上就走了；②如果是直播间推荐引流，曝光进入率不高的原因可能是直播画面没有吸引力，或者考虑产品卖点讲解是否充分，直播间标签是否精准；③直播脚本是否有创意、节奏是否轻快，太拖沓的脚本会导致用户没看懂就走了，自然不会进入。

用户进入直播间但没有点击购物车会导致直播间购物车曝光率低，说明用户对直播画面是有兴趣的，需要考虑：①商品方面，商品陈列展示是否充分和商品本身卖点是否具备吸引力；②主播方面，主播对商品卖点讲解话术及引导购物车的频率是否到位；③直播方面，购物车的弹出频率和动态效果的引导是否到位；④直播间定位是否精准：计划的定向人群是否匹配产品人群。

用户进入直播间点了购物车但是未点击商品，说明在商品、主播、落地页方面可能存在问题，需要考虑：①商品方面，商品本身的吸引力和商品在直播间的展示效果是否到位，这直接影响到用户的点击兴趣；②主播方面，商品讲解卖点吸引力程度、主播引导链接点击频率，以及主播销售话术是否到位，商品点击大部分要靠主播引导；③落地页方面，落地页的卖点说明、价格福利以及商品主图、标题是否具备吸引力；④促销活动方面，直播间限时秒杀等促销活动是否有吸引力。

用户已经点击了商品但没有下单，说明直播间订单创建率低，需要考虑：①主播方面，催促成交话术中对下单是否做了有效引导，是否凸显优惠政策，或对于售后保障有没有做充分的讲解；②落地页方面，商品详情页的设计是否具有吸引力，有时候用户想买，但一看详情页内容很乱就会失去购买的欲望；③评价分数方面，口碑分或店铺体验分过低或者商品评价不好，让用户产生不信任感；④性价比方面，商品是否具备性价比，对商品感兴趣但是价格不合适可能就会影响下单。

用户已经创建了订单但未支付，说明订单转化率低，可能存在的问题有：①价格方面，商品价格是否具备性价比，用户对价格产生犹豫，就会取消订单；②服务方面，客服没有专业、及时地解答用户的问题或打消用户疑虑。

知识点3
评价主播的五力模型

主播的五力包括引流能力、留人能力、互动能力、吸粉能力、转化能力。

引流能力，即主播吸引用户进入直播间的能力，表现在具体数据上即直播间进入率。留人能力，即主播吸引用户停留在直播间的能力，停留越久留人能力越强，表现在具体数据上即直播间停留时长。互动能力，即主播吸引用户点赞、评论的能力，表现在具体数据上即评论率、点赞率。吸粉能力，即主播吸引用户关注并加入粉丝团的能力，表现在具体数据上即增粉率、增团率。转化能力，即主播吸引用户在直播间成交的能力，表现在具体数据上即点击成交率、千次观看成交额（GPM）等。可以采用表5-12对主播进行评价。

表 5-12 主播能力分析表

直播间成交件数	直播间成交人数	单小时成交金额	千次成交金额	最高在线人数	平均在线人数	平均件单价	引流能力（进人率）	留人能力（停留时长）	互动能力（评论率、点赞率）	吸粉能力（增粉率、增团率）	转化能力（点击成交率等）

从根本上来讲，提高主播的引流能力、留人能力、互动能力、吸粉能力、转化能力，需要做到以下五点：

1.提升带货专业度

主播对产品要有很深的理解，清楚产品核心卖点，熟悉市场同行竞品，了解不同产品之间的卖点和定价差异；直播前要准备充分，提前熟悉产品功效、人群适用性、性能测评等，强化产品核心卖点；对产品的讲解要有度，用词严谨准确，不过度包装和虚假承诺，避免用户理解歧义。

2.提升表达能力

主播要语言表达流畅，能清晰介绍产品核心卖点，调动用户情绪；善于与用户互动，营造良好的直播间互动和抢购氛围，提高用户停留时长和销售转化；善于调动直播间的营销节奏，根据直播间人数灵活调整产品营销话术，把控产品销售节奏。

3.提升学习能力

主播要保持持续学习的良好习惯，不断提升自身专业能力，每日总结直播间经验得失，通过实践不断优化自我迭代；学习其他优秀主播的话术技巧和成功玩法，并通过反复测试、实践转化为个人能力。

4.粉丝维护能力

主播要关注粉丝体验，从粉丝角度关注其产品需求；给予粉丝福利，通过降低产品价格、福利抽奖等营销玩法实力宠粉；维护粉丝利益，粉丝利益受损时，及时协调商家解决问题。

5.打造人设能力

主播要包装策划人设，通过不断强化主播的某方面特质，传递自身独特的人格魅力；主播形象要符合行业和品牌要求，整体形象风格要与目标用户群体画像相近；要实现主播和店铺形象的深度绑定，强化用户对店铺的认知和消费黏性，培养忠实粉丝。

知识点4
直播电商数据指标优化方法

1.提升直播间商品曝光和点击机会

提升直播间商品曝光量和点击量是直播电商数据指标关注的重点。如果商品曝光人数少中控就要多弹窗，因为很多用户可能还没有抖音购物习惯，很多用户不会点击小黄车，所以要多弹窗才会获得点击和成交。还需要增加主播的话术引导，如“进来的朋友点下小黄车看一看”，及时引导用户点击小黄车。每一环、每一位团队成员都要做好各自的工作，多弹窗增加商品曝光，通过话术引导多点击，最后才能实现成交。

2.商品优化分析

在商品分析模块中，基于商品转化漏斗点击关键指标，包括曝光相关指标，点击相关指标及转化相关指标。然后观察具体的数据，找到畅销品、潜力品和滞销品。

高点击、高成交的商品，可以将其定义为畅销品，针对这类商品应该做的是放大库存，增加讲解时长，甚至做一些投放；低点击、高成交的通常是优质潜力品，应该加强商品话术，增加讲解时长并着手进行下一步的测试；高点击、低成交的商品，通常是商品讲解有力，但产品本身出现了问题，可以通过优惠券、调整商品详情页等手段提高转化；最后是低点击、低成交商品，这类商品属于滞销品，应该减少讲解时长，甚至将其从购物车里去除。在直播行业当前背景下，商品点击人数和成交人数的比例最低为30∶1，如果低于这个数值，就是产品的问题，产品太贵了，需要通过调整价格、多组品的综合方式，再结合主播促单话术进行优化提高。

在直播过程中，要实时分析商品数据，完成表5-13来优化直播间商品排序。通过单场直播分析，能看到开场阶段的产品数据，不同产品的转化效率，由此进行多样化的数据组合。再结合停留时长、互动数据，就能判断开场产品是否需要替换，结合商品点击率、点击转化率，就能判断最佳促单时段应该上什么产品。进行7天的数据维度沉淀，直播间能够形成比较稳定的商品数据，哪些产品需要重点打造，哪些产品应该撤下，已经得到数据验证。进行连续15天的数据沉淀，这个时间周期用户从下单到售后的阶段基本接近尾声，直播间可以再从商品售后的角度对这15天周期的货品进行分析，从退货、售后成本等角度，判断是否需要重新开品。需要注意的是，任何爆品都有生命周期，直播团队需要从商品点击、成交转化、成交金额、成交占比的角度，去分析产品相关数值的波动。一般爆品出现衰退，都会在成交数据中表现出占比下滑，这时，直播间需要做的就是培育新的爆品。

3.优化主播促单话术

到促单这个环节，用户已经有了很强的购买意愿，就差临门一脚。主播需要不断刺激观众，抓住用户的消费心理，可以从四个方面入手：

表 5-13　　实时直播商品分析表

商品	成交订单	成交金额	商品曝光	点击人数	曝光点击转化率	成交订单数	成交金额	点击成交转化率	下单未支付率	退款金额	退款订单数	退款率

第一，主播增加话术引导用户点击小黄车，提高产品曝光度。

第二，重复强调产品的效果和价格优势。这是一些头部主播经常会用到的话术，因为他们拿到的价格确实便宜，让用户觉得物超所值。

第三，不断提醒用户产品限时限量。给用户制造紧张感，过了这个村就没这个店，错过就会吃亏。例如：

“先付先得，最后2分钟！最后2分钟！手慢无！”

“马上就结束直播了哦，最后加××套，今天播完后不会再有这个优惠了，因为实在是亏本出售了，所以大家要抓住机会哦。别等要用的时候再原价去买！”

“大家手速都很快啊，才一会儿就没货了，我看看还能不能申请多加一些，没下单的家人们留意，我们等会儿再给大家上×××件。”

第四，承诺产品可以七天无理由退换货或有退货运费险，降低客户购买的心理成本。

通达行业5-2　**2个月GMV破亿，东方甄选美妆带货实力大爆发**

东方甄选美丽生活直播间

2022年6月底，靠双语带货火出圈的东方甄选上线了“东方甄选之个护美妆”账号，正式进军美妆行业，当时许多人保持观望态度：卖农产品的东方甄选能做好美妆生意吗？

2个月后，东方甄选交出的成绩单回答了这个问题。

7月8日，东方甄选之个护美妆更名为东方甄选美丽生活，并开启了首场直播带货。东方甄选美丽生活单场直播销售额屡创新高，不到3个月，累计预估销售额就达到1.53亿元、观看人次超1.49亿。

东方甄选美丽生活的发展并不是一蹴而就的，开播一个月时，东方甄选美丽生活10场直播只有776万元的GMV，仍处于腰部达人的地位，甚至比不上商家自播的成绩。

直到9月13日凌晨，连续直播15个小时的东方甄选美丽生活，首次达成了单场直播GMV突破千万元的成绩，主播顿顿和董董在直播间相拥而泣，称这具有跨时代的意义：“我们一个100多万粉丝的直播号，一天卖出了1 000万元。”

对于东方甄选来说，开展多矩阵账号不仅有助于丰富直播间的品类结构，增加收入来源，用单独的矩阵账号入局美妆等客单价和利润率更高的快消品类，也可以帮助新东方在营收与文化属性之间作平衡。

美妆直播赛道的最大黑马

俞敏洪曾经说过，东方甄选永远都不会收任何人的坑位费，最初是因为平台小，商家不一定愿意给，现在则是因为不想“吃人嘴软，拿人手短”。

不收取坑位费，而是采取纯佣金模式，是东方甄选和其他头部直播间最大的不同。

一般来说，品牌如果要登上主播直播间，都要向主播或者MCN机构支付坑位费和佣金。比如据《IT时报》报道，根据品类不同，头部主播通常会收取10万~50万元的坑位费和20%左右的佣金。

对于品牌来说，只支付佣金成本，对直播营收更有保障，毕竟支付高昂坑位费但带货效果不佳、血本无归的例子比比皆是。

此外，同样是头部直播间，走内容直播路线的东方甄选，不会要求品牌给出“全网最低价”的让利。

在过去，成为超头部主播，坐拥巨大流量池，掌握更大的话语权后，超头部主播们便“携流量以令诸侯”，要求品牌给到直播间最低的价格。

所以品牌登上头部直播间，算上坑位费、佣金和折扣后，基本上赚不到什么钱，都是赔钱赚吆喝的买卖。

这样一来，延续了东方甄选一贯风格的东方甄选美丽生活，便吸引了许多美妆品牌主动寻求合作。出现在东方甄选美丽生活直播间的，不仅有兰蔻、YSL、雅诗兰黛、理肤泉等国际知名品牌，还有敷尔佳、可复美、逐本等国货品牌。

除此之外，东方甄选美丽生活入局美妆赛道时，恰逢直播行业面临超头部主播全部缺席的局面。在一定程度上，东方甄选美丽生活的主播们也承接了美妆个护头部主播缺失后的消费者需求。

资料来源 赵云合. 两个月GMV破亿，东方甄选美妆带货实力大爆发［EB/OL］.［2022-09-28］. https://baijiahao.baidu.com/s?id=1745176883546669263&wfr=spider&for=pc.有删改.

思考：分析东方甄选美丽生活直播间开播不到3个月，累计预估销售额就达到1.53亿元的经验做法。

职业技能操练

工作项目

“狮子蛮王”直播电商数据指标复盘分析。

项目背景

“狮子蛮王”品牌在前期的团队搭建、选品等活动的基础上，进行了20多场直播，请大家结合直播电商数据指标来评价“狮子蛮王”直播间的电商数据，并提出优化方案。

工作目标

- 分析“狮子蛮王”品牌直播电商数据指标；
- 提出“狮子蛮王”品牌直播电商数据指标的优化方案。

工作计划

请将“狮子蛮王”品牌直播电商数据指标和优化对策填入表5-14。

表5-14 直播电商数据指标复盘

工作要点	计划描述
明确直播电商数据指标	
获取直播电商相关数据	
分析直播电商营销漏斗数据	
分析直播电商指标的影响因素	
优化直播电商数据的方案	

工作实施

步骤一：明确“狮子蛮王”直播电商数据指标

［基础任务］结合知识点内容，找出能够反映“狮子蛮王”直播电商的数据指标，完成表5-15。

表5-15 列举直播电商数据指标

指标类型	指标内涵
直播电商兴趣指标	
直播电商转化指标	

步骤二：获取“狮子蛮王”直播电商数据指标

［基础任务］试图从“狮子蛮王”直播店铺的电商罗盘、巨量千川等页面（如图 5-13、图 5-14 所示），获取直播电商数据指标，完成表 5-16。

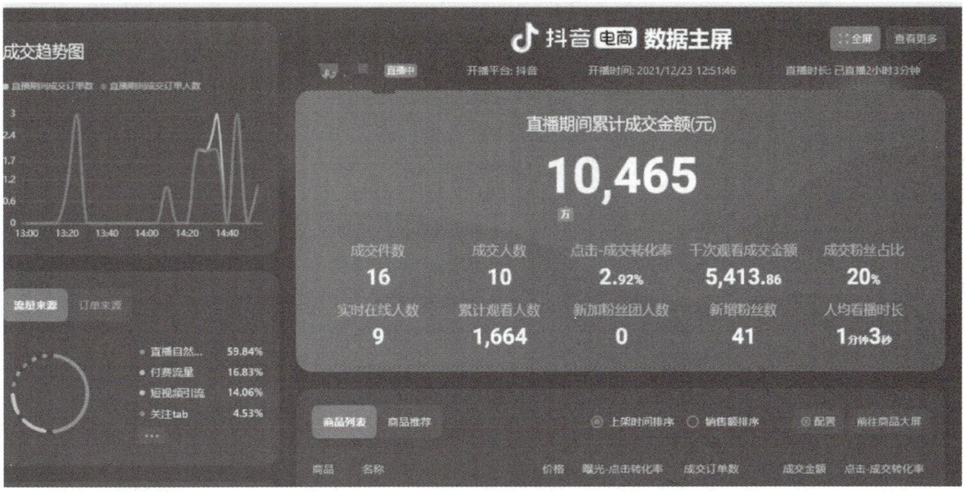

图 5-13　直播电商数据（1）

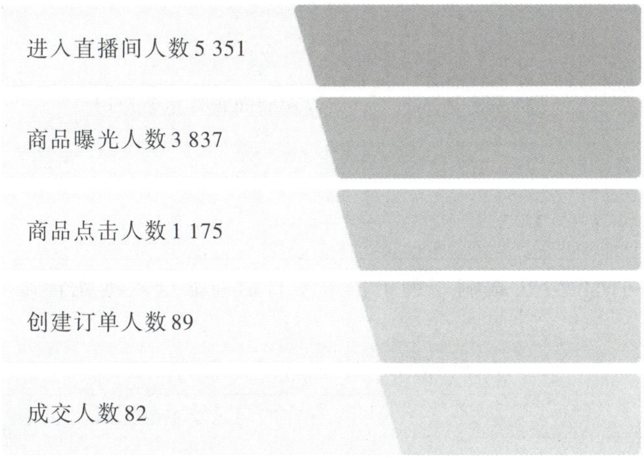

图 5-14　直播电商数据（2）

表 5-16　列举直播电商数据指标

直播电商复盘指标	数据来源	数值
曝光-点击转化率		
点击-创建转化率		
累计成交金额（GMV）		
千次观看成交额（GPM）		
创建-成交转化率		
进入-成交转化率		

步骤三：分析设计“狮子蛮王”直播电商营销漏斗数据

［基础任务］根据“狮子蛮王”直播电商指标数据，复盘“狮子蛮王”直播营销漏斗数据特点，完成图5-15。

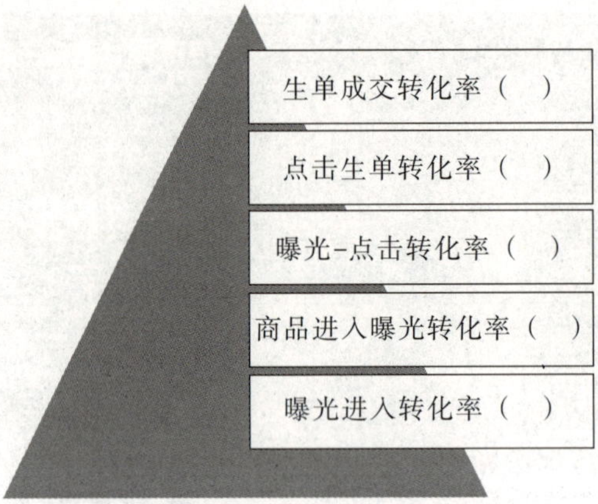

图5-15　直播电商营销漏斗数据

步骤四：分析“狮子蛮王”直播电商指标数据的影响因素

（1）从不同岗位分析影响“狮子蛮王”直播间曝光进入转化率的因素，并完成表5-17。

表5-17　直播间曝光进入转化率的影响因素

岗位	存在的问题及主要原因
主播	
运营	
场控	

（2）从不同岗位分析影响“狮子蛮王”直播商品进入曝光转化率的因素，并完成表5-18。

表5-18　直播商品进入曝光转化率的影响因素

岗位	存在的问题及主要原因
主播	
运营	
场控	

（3）从不同岗位分析影响“狮子蛮王”直播商品曝光-点击转化率的因素，并完成表5-19。

表5-19　直播商品曝光点击转化率的影响因素

岗位	存在的问题及主要原因
主播	
运营	
场控	

（4）从不同岗位分析影响“狮子蛮王”直播点击生单转化率的因素，并完成表5-20。

表 5-20　直播点击生单转化率的影响因素

岗位	存在的问题及主要原因
主播	
运营	
场控	

（5）从不同岗位分析影响“狮子蛮王”直播生单成交转化率的因素，并完成表 5-21。

表 5-21　直播商品生单成交转化率的影响因素

岗位	存在的问题及主要原因
主播	
运营	
场控	

步骤五：优化“狮子蛮王”直播电商数据指标

［进阶任务］根据“狮子蛮王”直播间营销漏斗数据指标特点，提出优化方案，完成表 5-22。

表 5-22　直播电商数据优化方案

优化指标	优化方案
曝光进入转化率	
商品进入曝光转化率	
曝光点击转化率	
点击生单转化率	
生单成交转化率	

工作成果自查（见表 5-23）

表 5-23　直播电商数据复盘与分析工作成果自查表

检查内容	检查标准	检查结果
直播电商数据复盘指标的全面性	是否包括直播电商兴趣数据和转化数据；是否全面、具体	
是否获取到直播电商相关数据	是否全部获取到与直播电商相关的指标数据	
直播电商营销漏斗分析	是否从团队不同岗位的角度分析直播电商数据及其影响因素	
优化直播电商兴趣数据的合理性	是否能够结合直播电商兴趣数据的影响因素，提出优化直播电商兴趣数据的具体方案	
优化直播电商转化数据的合理性	是否能够结合直播电商转化数据的影响因素，提出优化直播人气数据的具体方案	
自查结论		

工作项目评价（见表 5-24）

表 5-24　直播电商数据复盘与分析工作项目评价表

评价项目	评价标准	分值（分）	专家评分（50%）	教师评分（50%）	得分（分）
技能评价	能够获取直播电商数据，并了解各指标的内涵	10			
	能够对直播电商数据指标进行整体上的正确分析	15			
	能够对直播电商营销漏斗数据指标进行正确分析	15			
	能够提出优化直播电商兴趣数据的方法与策略	15			
	能够提出优化直播电商转化数据的方法与策略	15			
素养评价	熟悉直播营销相关法律法规	10			
	注重直播营销的正确导向和良好网络环境营造	10			
	工作项目中团队协作良好	10			

职业素养指南

20××年4月，华溪公司为提高速冻食品销量，找到提供直播带货服务的某传媒公司。双方签订带有对赌性质的营销服务合同，约定传媒公司提供有影响力的网红直播带货，服务费为5万元，传媒公司45天内完成总销售额12万元，如未能完成，则需按照服务费与总销售额的对应比例进行退款。华溪公司按约支付了5万元服务费，传媒公司则安排主播进行直播，但最终只销售了3盒水饺，价格为36元，之后再无其他销售成交记录。直播结束后，华溪公司要求传媒公司按约退费。传媒公司偷偷办理了工商变更登记，辩称公司以及现任法定代表人对服务合同内容并不知情，拒绝退还费用。

当下在直播带货领域的“对赌”协议合作模式，是否受法律保护？请分析诚实守信的直播服务商会如何履行销量承诺。

社会拓展任务

为助力乡村振兴工作，请以当地某特色农产品品牌或农产品供应企业的直播间电商数据为例，帮助其制定提升商品曝光-点击率和点击-转化率的有效方案。

活动3 直播流量数据复盘与分析

活动目标

1. 能够获取直播流量数据，并了解各指标的内涵；
2. 掌握数据分析方法，能够对直播流量数据指标进行正确分析；
3. 根据直播流量数据，能够提出优化直播流量的方法与策略。

职业工作情境

直播间流量是其带货能力的基础，直播间能凭借自然流量做起来固然是最好的，但目前对于大部分商家账号来说，通过各种平台投放广告进行推广与营销，也是常态化的增量手段。直播团队需要对每一次的投放数据做好分析，只有学会从各种数据中分析人群信息，才能优化下一次的投放。因此，如何提高投放效率也是直播间复盘的重点。

职业知识储备

知识点1 直播流量

直播流量是指直播间的观看人数，也就是直播间的人气值，观看人数越多说明该直播间流量越大。直播流量的获取途径主要有直播间自然推荐流量、短视频引流、关注流量、付费流量和其他流量等。抖音平台直播间流量来源如图5-16所示。

微课5-6
直播流量来源认知

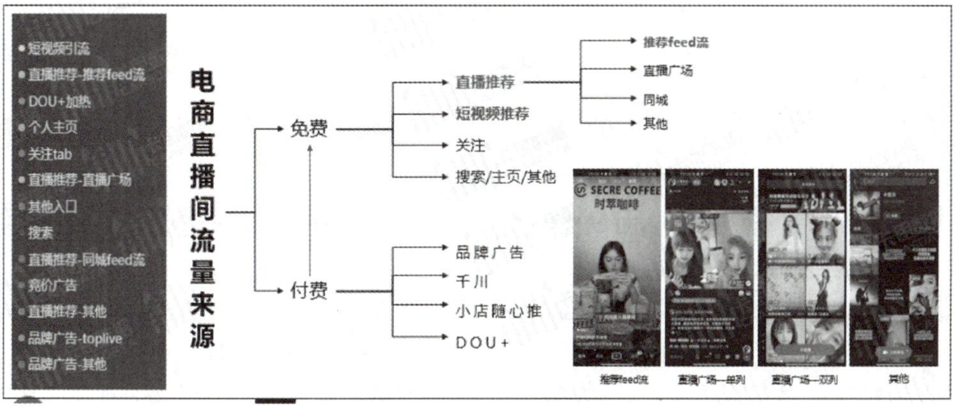

图5-16　直播间流量来源

1. 直播间自然推荐流量

这是指平台推送给直播间的免费流量，主要特点是免费，粉丝精准度比较高，这使粉丝黏性可能会更高。但是自然流量具有不稳定性，需要直播团队进行长期长效的运营。例如，在抖音直播间如果想要获得更多的直播推荐流量，那么就要看直播间的人均停留时长、参与互动人数、下单购买人数等数据，直播团队只有将自然推荐流量的相关指标运营好才能持续获得自然流量。

自然流量首先会分发给粉丝，其次是可能认识的人，之后是同城推荐。对成长初期的账号而言，同城推荐是第一波推送。因而建议在直播时开启“同城”显示，直播间会出现在“城市”页面，可较大程度助力流量增长。

2.短视频引流

这是指通过短视频吸引用户进入直播间，增加直播间进入率。短视频引流的决定性因素是短视频的曝光量和直播间入口的点击率。如果短视频曝光量比较高，相应地进入直播间的机会也就较大。

3.关注流量

这是指已经关注直播间的用户直接从已关注里面进入直播间的流量，关注流量是最稳定的流量来源。用户关注了直播间后，当账号开播时就会收到相应的开播提醒。因而，直播时引导用户关注、加入粉丝团，可以有效巩固直播流量基础，提升直播热度，平台也能提供更多流量支持。

4.付费流量

这是指通过支付一定费用获取流量的方式。在抖音平台，付费流量获取途径主要有小店随心推、DOU+、千川竞价广告、品牌广告 TopLive 等。完全依靠付费流量进行营销推广是毫无性价比的策略，付费流量的价值在于成为直播间的种子流量或基础流量，直播间可以通过运营好这些种子流量，提升直播数据，将直播间打造成系统定义的优质直播间，由此获得更多流量推荐。人群定向精准程度以及内容素材的质量都会对付费流量投放效益产生影响。

5.其他流量

除了上述这些流量来源之外，还有个人主页、搜索、订单中心等来源的流量，这部分流量一般占比较小。

知识点2
直播流量数据指标

1.直播间流量构成

直播间流量由付费流量和免费流量构成，通过查看直播间实时流量来源，可以了解自然流量和付费流量占比，如图5-17所示。

2.自然流量占比

对于免费流量模式的账号，自然流量占比分析可以精准到日对比，自然流量一旦被诊断为持续下跌，就需要考虑直播间主播的讲解是否具有吸引力、选品是否合理等问题。

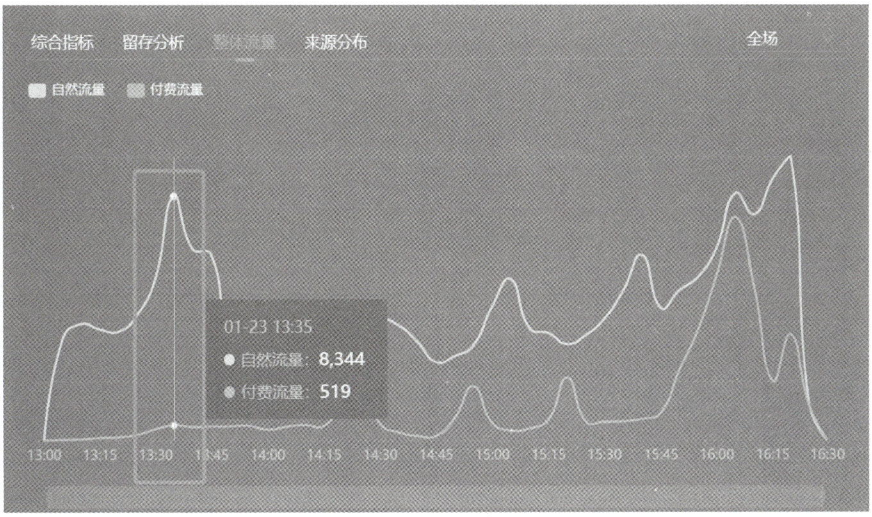

图5-17　直播间自然流量与付费流量比重

3. 视频引流占比

视频引流占比可以一定程度上反映该账号的视频创作是否有效，是否能够产生实际吸引流量的行为，如果无明显效果，应该反思视频创作的质量并进行优化。

4. 粉丝关注占比

粉丝关注占比体现的是直播间粉丝的忠诚度或者说粉丝黏性的大小，直播间忠诚度高的粉丝越多，说明直播间用户黏性就越大，直播间的标签就越突出和稳定。

5. 付费流量占比

直播间投放付费流量应当以提升免费流量为目标，付费流量是否能激发免费流量是流量投放的关键，因此要考虑直播间所投放的流量是否能够带动免费流量的进入。

6. 直播投放ROI

一般在广告投放过程中，商家最关注的是投放回报。投放ROI是指投放流量带来的成交额与投放金额之比。比如今天花了1 000元广告费，直播间成交金额2 000元，那投放ROI就是2。投放ROI在一定程度上决定了直播整体ROI，因此应提升投放ROI的稳定性，或者在一定投放ROI下，最大化提升成交金额。

知识点3
直播间流量分发影响因素

用户流量是直播平台最为核心的资产，平台不会无缘无故地给某个直播间分配更多免费流量。如果某个直播间能得到平台的流量推荐，那么该直播间的数据指标一定是符合平台利益最大化原则的，如图5-18所示。因而有必要准确把握直播间流量分发的影响因素。

微课5-7

直播间流量的分发机制

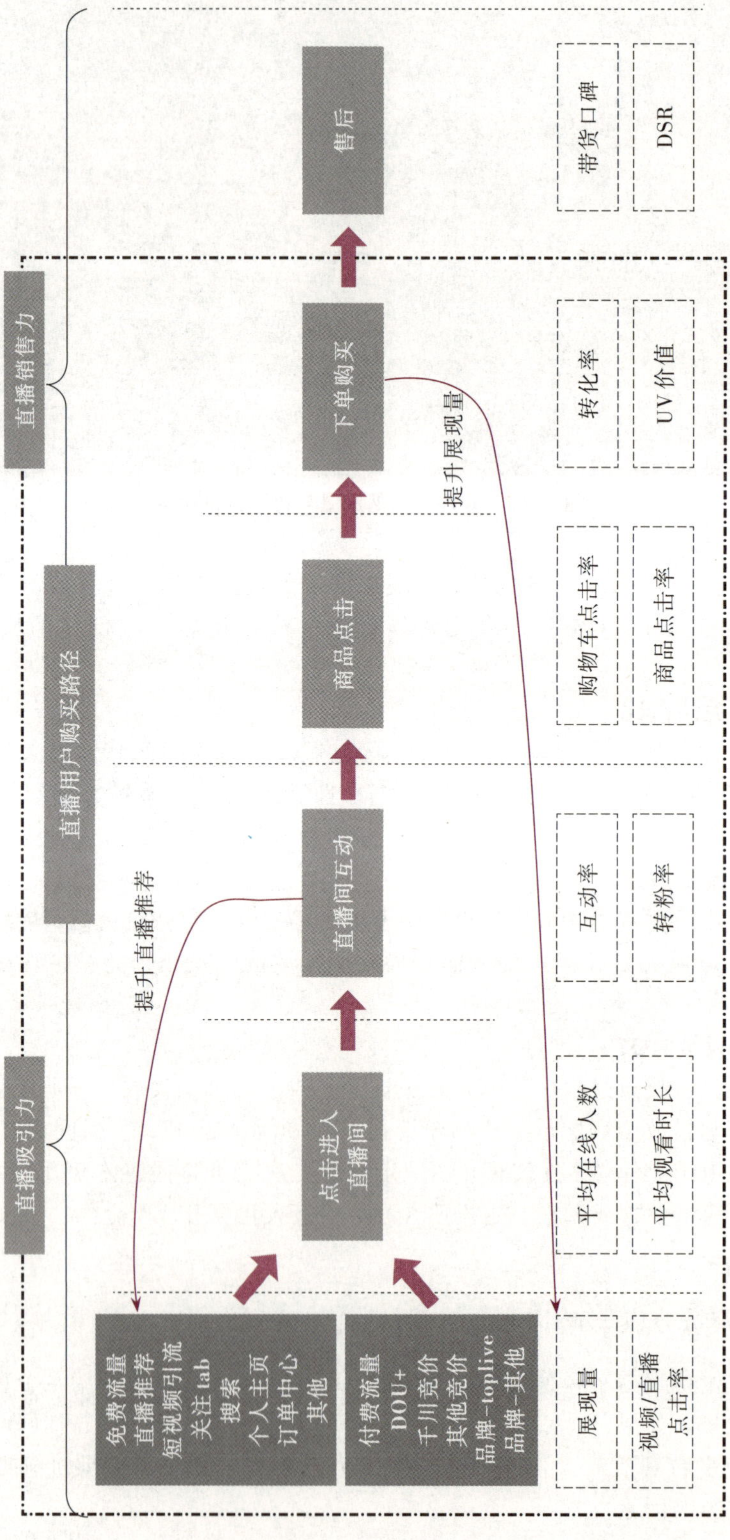

图 5-18　直播间流量动机制

1.直播间成交金额

直播平台是根据直播间总销售额按比例抽取费用的，直播间成交金额越大对平台就越有利，因而，越可能得到平台的青睐。而直播间的成交金额与直播间目标人群数量、客单价等指标息息相关。直播间标签越精准，进入直播间的目标人群就会越多，如果直播间客单价也较高，最终成交金额也会较高。

2.直播间互动率

直播平台除了在成交金额中抽取一定比例的费用外，还需要从长远发展的角度出发把用户牢牢绑定在平台内，所以对于用户喜欢的内容，平台会大力扶持推广，以内容来吸引、留住用户。如何判断哪些内容是用户感兴趣的呢？一般而言，用户对某一直播间感兴趣就会乐于进行互动，直接体现在直播间的评论、点赞、转发分享等互动数据上。因而，当直播间互动指数较高时，也能够获取到更多的自然流量。

3.直播间转粉率

直播平台的核心资产之一就是内容创作者，留下用户的同时也要留下创作者。对于直播间而言，平台除了关注成交金额以外，还会关注粉丝的增长。转粉率高的直播间，一方面表明用户对直播间的喜爱，用户黏性强；另一方面粉丝的增长也能给予主播团队积极反馈，促使他们在平台生态内长久发展。因而对于转粉率较高的直播间，平台也会推送更多的自然流量。

4.直播间付费流量

直播间付费流量不是向平台申请的"通行证"，付费购买的流量并不能直接带动免费流量的提升。直播间付费流量的核心作用是为直播间带来种子流量，通过对种子流量的运营，强化提升用户在直播间内的互动、关注、下单转化的数据，将直播间变成平台系统定义中的优质直播间，以此得到系统更多免费流量的分发，这就是用付费流量撬动免费流量的本质。付费流量对主播承接流量的能力要求较高，主播要针对不同的场观人数有侧重地去拉停留、拉互动、促下单、促成交。

此外，直播间如果存在高频违规、较高的退货率等情况，也会影响其免费流量的获取。

知识点4
提升平台推荐流量的方法

1.优化直播标题和封面

好的标题和封面能够让用户产生兴趣和信任感，吸引用户点击并且长时间停留。用户停留时间的增加，为主播进行其他引导行为开拓了空间。

直播间标题设置需要注意：首先是标题不能过长，直播广场仅能显示7~10个字符，太长的话超过部分会直接省略。其次是命名规范，可以选择与行业相关的话题，如#潮流女装、#家居好物、#母婴必备等，还可以选择平台近期的热点话题。以下列举了四种直播间命名的方法：

福利先行法："好礼0元送不停""零食大礼包3.9元起送"。

强调产品法："榴莲千层好吃到哭""无尘车间辣条放心吃"。

从众心理法："被5 000人问爆的裙子""10万人围观中"。

名人效应法："得力文具～×××空降直播间"。

直播间封面的设置则需要注意，直播间封面图需要能传达产品卖点、优惠福利、品牌信息等，吸引用户进行点击，增加直播间公域流量。一是可以使用福利海报，强调优惠信息，营造大促感；二是可以使用直播截图，这适合工厂类、专柜类、达人类直播间，增强直播间的原生感。

2.引导粉丝评论、点赞、转发、关注

粉丝的转评赞关注数据重要性不再多说，直播间可以通过抽奖、限量秒杀、发放福利商品等形式调动气氛，引导粉丝提高互动。例如粉丝点赞达到多少就进行抽奖、上架福利款商品等。

如图5-19所示，在13：37时间点左右，直播间迎来进场人数第一次高峰，但是留存时长并没有明显增长，之后在线人数随着进场人数的减少迅速回落，说明当时没有针对这一波流量增长做好观众留存。

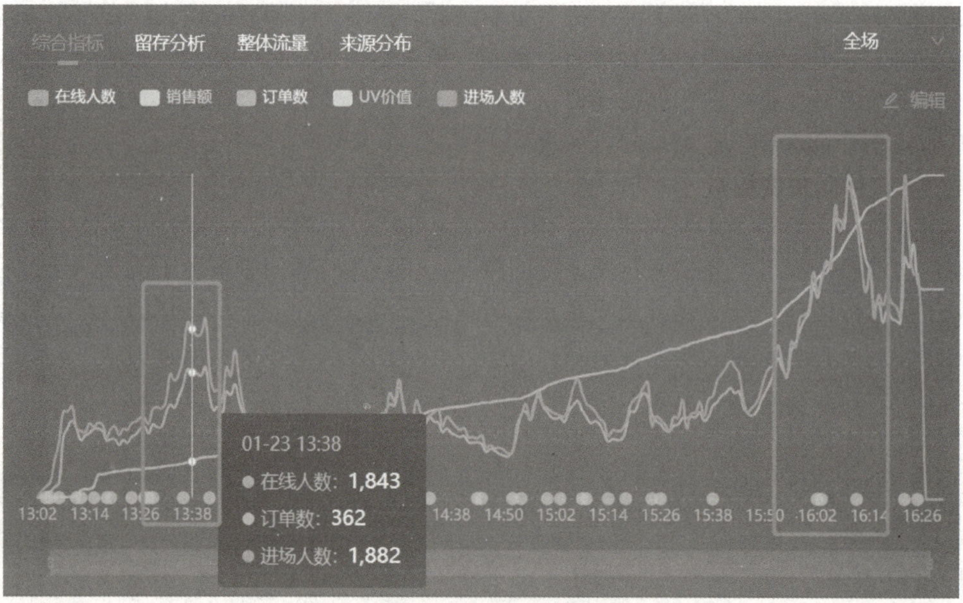

图5-19　直播间实时流量数据

3.不断更新换代商品

选品是直播效果或者说爆品影响力的重中之重，爆款产品=50%选品+30%运营+20%服务。产品本身的质量和它的性价比决定了产品是否是用户需要的，直播间需要根据当前市场的需求不断更新产品。

4.输出富有创意的视频

直播间要实现短视频引流就需要有提高流量的视频作品。需要有创意的剧情、创意的场景、创意的开场，换言之视频内容要做到看着不像广告又能实现带货。一个好的素材选品方向很重要，但更重要的是创意素材氛围的烘托、隐性的推广口播、符合视频调性的音乐场景搭配，这才是起量的关键因素。

侧重以短视频为主的直播间，数据主要分为两个维度，一是账号质量维度，二是带货质量维度。账号质量维度包含一个短视频日常的播放量、完播率、点赞率、评论率、转发率、关注粉丝率等，这些数据的加权，基本决定了账号的流量级别。带货质量维度则包含直播曝光进入、直播成交率，以及对应的直播成交金额，这些最能真实反映短视频作品对直播间的贡献率。结合表5-25对短视频进行全面分析，能够探索出直播间提高短视频引流的路径。

表5-25　短视频投放分析

短视频排名	短视频标题	视频时长	播放量	点赞率	评论率	完播率	直播间曝光次数	直播间进入次数	直播间点击率	引流直播间成交金额

知识点5
直播付费流量投放原则

1.直播间必须要有精准的定位

动画5-1
如何判断直播间的标签是否准确

直播间要有明确的目标用户。无论是哪种类型模式的营销活动，精准定位目标客户都是至关重要的事情。当前很多直播间在成长过程中较为重要的节点就是成功塑造形象，自我精准定位。比如做品牌母婴产品，就要明确直播间主打产品，塑造本品牌自有的形象，让观众印象深刻；如果代理各种品牌的母婴产品，就要塑造自己货品全面且正规的形象。

做好自我定位后，直播间流量的人群画像与直播间所销售的产品目标人群才能进入匹配状态，在投放广告时，才能依据直播间自有的目标进行人群分析，进而达到精准直播间流量的曝光，使有意向粉丝前往直播间，在销售过程中下单转化数据才能达到较为稳定的水平。直播间只有做好自身的定位，才能做到“流量贵在精准不在多”。

2.测试投放计划，对比效果数据

对于每个直播间来说都有其差异特征，有的投放策略在某些直播间有效，但如果换一个直播间可能就达不到原先的效果。所以，每个直播间都要根据具体情况去做具体测试，从各种数据中分析研究，比如投放出价的时候其实就可以看到播放量，根据播放量测试实际投放转化率，从而找到最佳的投放计划。

知识点6
平台付费引流模式

不同的直播平台其引流模式不同，以抖音平台为例，主要的引流模式包括以下三种类型，如图5-20所示。

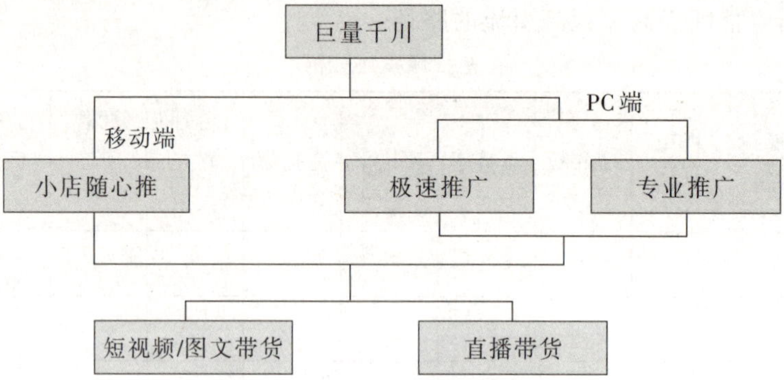

图5-20　抖音平台付费引流模型

1. 小店随心推模式

这种模式相对来说适合小店商家、电商达人、电商机构服务商等诉求相对简单的群体，其对于涨粉、互动等浅度目标诉求较大。运用这种模式可以优化目标电商，达到电商用户的投放期望。其特点是扩流量、可持续、促转化等。对于初步接触巨量千川工具的商家可以先使用入门级模式，可先投放几百元钱进行效果测试。

2. PC极速推广模式

PC极速推广模式的功能主要多了设置预算和出价等可以把控成本的关键要素，而且可以依靠巨量千川工具对人群定向进行自动优化，减少了自我分析数据的麻烦。依据此项内容，操作者可以在一定程度上减少操作成本，比较适用于缺少投放经验的商家，PC极速推广模式比入门级更进一步，其流量定位比小店随心推模式更加精准。

3. PC专业推广模式

PC专业推广模式需要更加精准的操作，它对投放者的投放能力和经验要求较高。相比极速推广模式，专业推广模式有“严格控制成本上限”的功能，在操作中会帮助投放者控制实际出价，使其不超过目标出价，对成本的控制也让使用者更加有把握，而且放量的时间也会相应延长。

在投放速度方面，PC专业推广模式分为“尽快投放”“均匀投放”两种模式，让商家能根据实际情况最大限度地提升店铺流量。PC专业推广模式还有日期和投放时段的选择，人群定位上也多了“智能放量”等功能，在创意设置里增加了“自动生成卡片”和“自动生成落地页”等项目，以提升使用者的操作效率。PC专业推广模式能更精准地进行人群定向，适合拥有投放经验、有固定开播计划、有更精准定向需求的直播团队。

知识点7
优化投放ROI的策略

1.实施多维度组合测试

在搭建广告计划时，每个计划建议有一个变量（计划类型、人群定向、出价方式、创意类型），根据消耗和ROI进行优胜劣汰。比如测试视频创意素材，可以在同一脚本的基础上，通过更改音乐、出镜人物、演示场景等生成多个差异化的素材，测试素材的优质度。经过测试能够吸引流量的素材还可以进行打标签、分类，以便复用。直播平台的核心数据由广告投放、曝光进入率、进入成交率、千次曝光成交销售额、在线人数、停留时长等构成。ROI只是阶段性结果，应该查看消耗计划的分时投放等过程性数据，可结合表5-26对投放数据进行动态分析，并以此判断是否需要调整计划。

表5-26　投放数据分析表

投放金额	总GMV	订单数	总消耗	支付ROI	下单ROI	CPM	点击率	转化率	转化成本	GPM	热推商品	退款金额	再跑计划量

2.开启“短视频+直播”双开模式

虽然短视频图文带货相比直播带货能更快地获利，但直播带货才能维持长效的利润增长。短直双开的最大优势是降低成本、互相提效。

比如，短视频可以快速测试爆品和视频素材，测试出来后可以直接用于搭建直播计划，使用优质的短视频进行直播间引流，短视频爆品比较容易在直播间进行二次引爆。从长效经营来看，短直双开的好处是，可以同时触达直播购买习惯人群与短视频购买习惯人群，达到拓圈层、触达新消费人群的目标，同时可以提升直播间流量积累。

通达行业5-3　飞科让女性来买剃须刀，成功由传统变新锐

电动剃须刀的客户是谁？也许大多数人都会不假思索地回答：“男性”。在过去很长一段时间内，这也是中国小家电、剃须刀头部品牌飞科的答案。飞科的传统主力购买人群是31~40岁的中年男性，用户人群下沉且固定，客单价增长缓慢，在多个电商平台发展受限。

让女生买单的飞科剃须刀

品牌核心消费人群圈选的局限性是飞科生意受阻的主要原因，为解决这一问题，巨量千川帮助飞科调整经营策略，用三个“重新”：重新定位品牌人群、重新构建“人货场”、重新设计投放策略，实现了人群拓圈和品牌经营竞争力提升，并最终达成生意的加倍增长。

2021年7月至2022年6月，飞科抖音站内GMV超过预期3.58倍、客单价上涨近1倍。2022年七夕节，飞科抖音站内GMV实现7天破亿，13个矩阵账号累计看播超1 100万，累计增粉39.2万。

1.重新定位品牌人群，“把剃须刀卖给女性”

基于巨量千川对飞科以往投放数据的分析，“男性才是剃须刀消费群体”的固化认知导致了飞科的品牌人群逐渐老化，而这也直接带来了销售下滑的问题。一方面，作为飞科传统主力购买人群的31~40岁中年男性，消费习惯偏传统且固化，对于当前以线上为主的多元化消费渠道感知不灵敏，难以为品牌带来销量增长；另一方面，中年男性的刻板形象不利于开拓年轻消费人群，在与其他新锐品牌的竞争中，飞科难以获得新的生意增量。

通过数据分析发现，尽管飞科在过往的投放中定向投放女性的广告预算仅占1/3，但时长1分钟以上素材创意视频的完播率、商品点击率、关注率表现均优于定向投放男性的计划。

从综合消费能力来看，女性群体的消费欲望通常会更强烈，对购物相关新鲜事物的敏感度、接受度更高，适用于女性的消费场景也更丰富。相比于男性，女性用户实际上有着更充足的消费能力与转化潜力。显然，“把剃须刀卖给女性”是飞科拓展品牌人群、丰富人群结构的极佳切入点。

飞科将女性用户纳入了品牌主力购买人群，引导其通过设计送礼场景、研发专属节日礼盒等形式开展常态化的品牌新营销。同时，利用定向功能将飞科的直播间和短视频内容匹配给不同的目标人群，优先渗透精致妈妈、高消费年轻女性，多角度种草，使飞科成功向女性和年轻用户拓展。自形成面向女性的常态化营销并不断细分女性人群进行精细化运营后，飞科在抖音站内女性购买人群占比从39%上升到了72%。

2.重新构建“人货场”，抓住人群情感偏好，用大促势能优化“货+场”

除了常态化营销，基于女性用户的特征，飞科制定了全新的“人货场”策略，助力其在大促节点撬动销售新增量。数据调研发现，在特有节日精准投放女性，生意膨胀系数更大，而这皆源于女性用户的情感消费特征。

据此，自2021年6月起，飞科在父亲节、七夕、“818”、圣诞节、520等大促节点，以情感为纽带集中投放，带来了极佳的转化效果。2021年七夕节飞科单场最高GMV增长超10倍，2022年七夕节更是突破流量挤压困境，GMV实现7天破亿。

在货品布局上，飞科筛选出高客单爆品进行主推，拉高了整体利润空间，售罄后再转向低客单价款稳定引流。大促节点则利用节日礼盒+礼袋贺卡给消费者新鲜感和仪式感，加量不加价的组合（如图5-21所示）加速了销售转化。

在场景方面，一方面，在直播间内，以温馨的装饰营造节日的“爱意”氛围，强化节日甜蜜送礼场景，并且投入高价值奖品，拉高互动和停留，提升用户下单率；另一方面，大促直播后根据直播间人群画像，对目标人群进行长效影响。

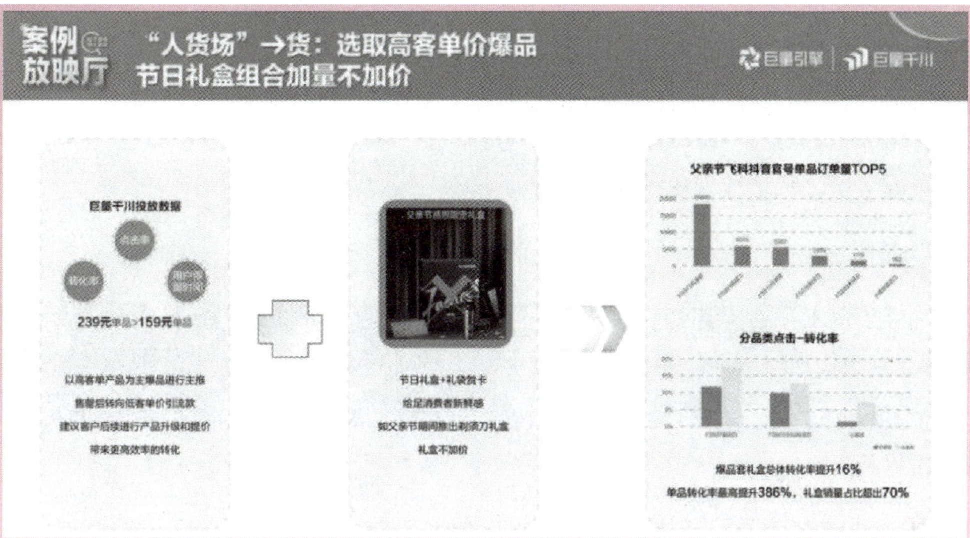

图5-21 飞科节日礼盒组合

飞科用三个“重新”的探索实践，制定出“爆品SPU×礼盒+星效联动常态化+稳定自播矩阵+智能投放提高效益”的节点营销投放策略，也为更多正陷于人群破圈难题的品牌指明了一条新的道路。

人群分析精准定位，品牌利用投放数据进行差异化分析，可以挖掘出更具转化潜力的用户群体，制定更科学高效的直播营销策略，进而精准实现人群破圈。

稳定ROI & GMV，品牌通过设定和调节ROI目标可以优化效果稳定性或者提升跑量，尽可能多地提高收益。此外，通过赛马机制找出转化率最高的素材，品牌也能实现投放ROI的提升。

多场景多次触达，品牌可以利用付费流量定向工具对已经沉淀的品牌人群（如达人营销已触达人群）再做竞价追投，导流直播间，转化效果更优。同时运用巨量千川的搜索产品、直播Feedslive、短视频投放、品牌广告等模块，让品牌占据用户搜索、短视频、直播等各触点场景，使消费者决策链路变得更短，促进潜力购买人群转化。

资料来源 巨量引擎营销观察公众号.

思考：分析飞科剃须刀通过利用后台数据复盘做了哪些直播优化。

职业技能操练

工作项目

“狮子蛮王”品牌直播流量投放复盘分析。

项目背景

“狮子蛮王”在前期经营过程中，尝试与探店达人合作推广品牌产品，并成功实现了数家连锁门店的“爆店”效果。此外，还积极拓展了直播带货渠道。请同学们根据“狮子蛮王”直播的流量数据，提出优化方案。

工作目标

- 分析“狮子蛮王”品牌直播流量数据；
- 提出“狮子蛮王”品牌直播流量数据优化方案。

工作计划

请将“狮子蛮王”品牌直播流量数据分析结果和改进对策填入表5-27。

表5-27 直播流量投放数据分析与优化

工作要点	计划描述
明确直播流量数据指标	
获取直播流量数据	
分析直播流量数据的影响因素	
优化直播自然推荐流量的方案	
优化短视频引流的方案	
优化直播付费流量的数据方案	

工作实施

步骤一：明确“狮子蛮王”直播流量数据的相关指标

［基础任务］以抖音直播平台为例，确定直播流量数据相关指标。

直播流量数据的相关指标：____________________

____

____

____

步骤二：获取“狮子蛮王”直播流量数据指标

［基础任务］试图从“狮子蛮王”直播店铺的电商罗盘、巨量千川等页面（如图5-22、图5-23所示），获取直播流量数据指标，完成表5-28。

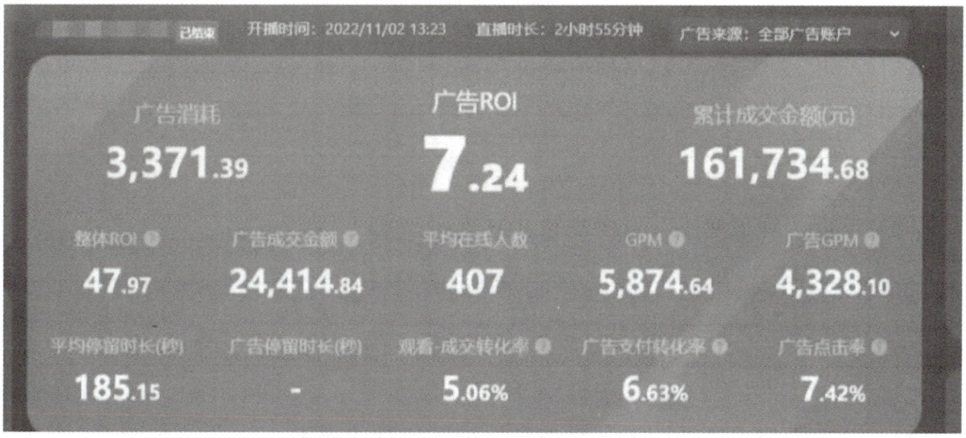

图5-22　直播店铺流量数据（1）

图5-23　直播店铺流量数据（2）

表5-28　直播流量数据结构分析

直播流量数据指标	数据来源	数值
自然推荐流量占比		
短视频引流流量占比		
付费流量占比		
支付ROI		

步骤三：分析设计“狮子蛮王”直播流量数据特点及影响因素

［基础任务］根据“狮子蛮王”直播流量数据，分析“狮子蛮王”直播流量数据特点及影响因素。

1. 直播流量数据特点分析

（1）分析“狮子蛮王”直播流量数据结构特点：________________________________

（2）评价“狮子蛮王”直播支付ROI值：________________________________

2. 直播流量数据影响因素分析

（1）分析影响“狮子蛮王”直播自然推荐流量的因素：

____

（2）分析影响“狮子蛮王”短视频引流直播间的因素：

____

（3）分析影响“狮子蛮王”直播付费流量转化的因素：

____

步骤四：优化“狮子蛮王”直播自然推荐流量数据指标

［进阶任务］根据“狮子蛮王”直播自然推荐流量数据指标特点，提出优化方案，完成表5-29。

表5-29 直播自然推荐流量数据分析

自然推荐流量存在的主要问题	影响因素	提升对策

步骤五：优化“狮子蛮王”品牌直播短视频引流数据指标

［进阶任务］根据“狮子蛮王”直播短视频引流的数据指标特点，提出优化方案，完成表5-30。

表 5-30 直播短视频引流数据分析

短视频引流存在的主要问题	影响因素	提升对策

步骤六：优化“狮子蛮王”直播付费流量数据指标

［进阶任务］根据“狮子蛮王”直播付费流量数据指标特点，提出优化方案，完成表5-31。

表 5-31 直播付费流量数据分析

付费流量存在的主要问题	影响因素	提升对策

工作成果自查（见表5-32）

表 5-32 直播流量数据复盘与分析工作成果自查表

检查内容	检查标准	检查结果
直播流量数据复盘指标的全面性	是否包括直播人气数据和互动数据；是否全面、具体	
是否获取到直播流量相关数据	是否全部获取到与直播间人气和互动相关的数据	
直播流量数据影响因素分析的合理性	是否从团队不同岗位的角度分析直播人气数据和互动数据的影响因素	
优化直播自然推荐流量数据的合理性	是否能够结合直播自然推荐流量数据的影响因素，提出优化直播自然推荐流量数据的具体方案	
优化短视频引流数据的合理性	是否能够结合短视频引流数据的影响因素，提出优化短视频引流数据的具体方案	
优化直播付费流量数据的合理性	是否能够结合付费流量数据的影响因素，提出优化直播付费流量数据的具体方案。	
自查结论		

工作项目评价（见表5-33）

表5-33 直播流量数据复盘与分析工作项目评价表

评价项目	评价标准	分值（分）	专家评分（50%）	教师评分（50%）	得分（分）
技能评价	能够获取到直播流量数据，并理解各指标的内涵	10			
	能够对直播流量数据指标进行正确分析	15			
	能够提出优化直播自然推荐流量数据的方法与策略	15			
	能够提出优化短视频引流数据的方法与策略	15			
	能够提出优化直播付费流量数据的方法与策略	15			
素养评价	熟悉直播营销相关法律法规	10			
	注重直播营销的正确导向和良好网络环境营造	10			
	工作项目中团队协作良好	10			

职业素养指南

在“国潮”大获人心的当下，买国货的年轻群体加速壮大。2022年，抖音电商上的国货品牌销量同比增长110%。老字号国货的销售势头迅猛，同比增长156%，新锐国货品牌同比增长84%。从美妆、食品，到服装、3C数码，每个品类都有很多优秀的国货品牌供消费者选择。各国货品牌都想赋予“国潮”真正“有文化、有味道”的形象，而不是追求一次性爆红。

国货品牌为了让“国潮”文化持续下去，在直播营销中可采取哪些策略？请列举三个恪尽职守、专注传播“国潮”文化的直播间。

社会拓展任务

为助力乡村振兴工作，请以当地某特色农产品品牌或农产品企业直播间流量数据为复盘对象，为其制订直播流量数据转化方案。

互联网营销师知识训练

一、单项选择题

扫码答题看解析

1.（　　）反映的是用户对直播间内容的兴趣。

A.直播间人气指标　　B.直播间互动指标

C.直播间标签　　D.直播间人群

2.如果（　　）精准就会强化平台推流，并具有较高的转化率。

A.直播间标签　　B.主播话术

C.直播选品　　D.直播排期

3.（　　）是商品点击量与曝光量之比，是单个商品的被点击次数与单个商品的曝光次数之比。

A.商品曝光量　　B.商品曝光率

C.商品点击量　　D.商品点击率

4.千次观看成交额通常用（　　）表示。

A.GMV　　B.GPV　　C.PV　　D.ROI

5.每100个进入直播间的用户中，有超过51个用户成功下单，代表（　　）。

A.直播间点击-创建转化率为51%

B.直播间创建-成交转化率为51%

C.直播间进入-成交转化率为51%

D.直播间访客价值为51%

二、多项选择题

1.直播人气指标包含直播间（　　）等数据，是直播间整体流量的体现。

A.观看人数　　B.最高在线人数　　C.平均在线人数

D.最高在线人数　　E.曝光-进入率　　F.平均观看时长

2.直播复盘获取数据的来源属于第三方数据平台的有（　　）。

A.抖音电商罗盘　　B.蝉妈妈　　C.飞瓜数据

D.卡思数据　　E.今日头条

3.提升直播平台推荐流量的方法包括（　　）。

A.优化直播标题和封面　　B.引导粉丝评论、点赞、转发、关注

C.不断更新换代商品　　D.输出富有创意的视频

E.不断更换主播

4.直播营销优化投放ROI的策略包括（　　）。

A.实施多维度组合测试　　B.开启“短视频+直播”双开模式

C.提高直播间成交量　　D.提高直播间点击率

E.提高直播间粉丝数量

5.直播流量的获取途径主要有（　　）。

A.直播间自然推荐流量　　B.短视频引流

C.关注流量　　D.付费流量

E.个人主页、搜索、订单中心等来源的流量

三、判断题

1.商品曝光量取决于直播间曝光量，当直播间曝光量比较高时，才能提高商品曝光量。（　　）

2.直播间点击率偏低，主要是主播对产品的价值塑造不到位，需要优化成交话术。（　　）

3.如果某个直播间能得到平台的流量推荐，那么该直播间的数据指标一定是符

合平台利益最大化原则的。 （ ）

4. 主播的粉丝能力，即主播吸引用户点赞、评论的能力，具体数据有评论率、点赞率。 （ ）

5. 在商品分析模块中，高点击率、高成交率的商品可以将其定义为优质潜力品，低点击率、高成交率的通常是畅销品。 （ ）

6

工作模块6

直播行为规范

学习目标

知识目标

1. 了解直播营销的基础法律法规
2. 掌握直播平台规则
3. 掌握直播职业道德行为规范

技能目标

1. 能够分辨违法违规直播行为
2. 能够规范主播及团队直播行为
3. 提升主播职业道德修养

素养目标

1. 坚守遵纪守法的职业守则，树立正确的社会主义法治观
2. 坚守诚实守信的职业守则，强化社会责任感
3. 坚持正确的价值观，共同维护良好的网络营商环境

情境描述

直播营销是在开放的互联网环境中新兴的一种商务活动，是以直播平台为载体，达到企业获得品牌提升或销量增长的目的。直播营销与传统电子商务活动相比较，其交易的环境和手段有显著变化。当前在直播营销活动过程中存在着一些问题，例如直播营销人员言行失当、利用未成年人直播牟利、虚假宣传和数据造假、假冒伪劣商品频现等。为了保护新业态的发展，许多直播平台自觉发起了自律公约，国家相关部门也陆续出台相关的法律法规进行行业规范，党的二十大报告中提到“扎实推进全过程人民民主，全面推进依法治国”，作为直播行业的从业人员，应该知法守法，严格遵守行业规范。

直播运营团队在开展直播活动前，应当充分了解与直播相关的法律法规以及直播平台的行为守则，以免出现“踩雷”的情况，避免产品因违规而无法上架直播间和受到平台警告等情况。团队成员也应该不断地提高自身的职业道德素养，成为优秀的传播“正能量”的直播从业人员。

工作活动

活动1　直播法律法规认知

活动2　主播职业道德塑造

活动1 直播法律法规认知

活动目标

1. 能够遵守《互联网直播营销信息内容服务管理规定》（征求意见稿），开展直播营销活动；
2. 有效防范直播法律风险，加强直播团队法律意识；
3. 能够根据直播平台规则开展直播营销活动。

职业工作情境

直播营销人员需要清楚掌握直播营销活动所涉及的法律法规，对直播营销文案、直播言语行为进行设计，顺利完成直播营销活动。

职业知识储备

知识点1 《网络直播营销行为规范》等法律法规

微课6-1 《网络直播营销行为规范》

2020年6月26日，中国广告协会发布国内首份《网络直播营销行为规范》，自2020年7月1日起施行。《网络直播营销行为规范》规定了商家、主播、平台以及其他参与者等各方在直播电商活动中的权利、义务与责任。《网络直播营销行为规范》是根据《中华人民共和国电子商务法》《中华人民共和国消费者权益保护法》《中华人民共和国广告法》《中华人民共和国产品质量法》《中华人民共和国反不正当竞争法》等法律、法规、规章和有关规定而制定的。《网络直播营销行为规范》出台的目的是营造良好的市场消费环境，引导网络直播营销活动更加规范，促进网络直播营销业态的健康发展。《网络直播营销行为规范》明确禁止刷单、炒信等流量造假以及篡改交易数据、用户评价等行为，商家不得发布虚假的产品、服务信息，欺骗、误导消费者。

网络直播营销活动的参与者包括商家、主播、平台方等，各类主体均需要遵守下列规范性要求：

1.营销活动所发布的信息要合规

《网络直播营销行为规范》第四条共列举了九类信息不得发布，具体包括：反对宪法所确定的基本原则及违反国家法律、法规禁止性规定的；损害国家主权、统一和领土完整的；危害国家安全、泄露国家秘密以及损害国家荣誉和利益的；含有民族、种族、宗教、性别歧视的；散布谣言等扰乱社会秩序，破坏社会稳定的；淫秽、色情、赌博、迷信、恐怖、暴力或者教唆犯罪的；侮辱、诽谤、恐吓、涉及他人隐私等侵害他人合法权益的；危害未成年人身心健康的；其他危害社会公德或者民族优秀文化传统的。

网络直播营销主体发布直播活动信息，一定要做好内容合规性审核，不得在活动信息中包含前述九类禁止发布的信息，若违反此规范触犯了相应的法律法规，需要承担相应的违法甚至犯罪责任。

2.保障消费者合法权益

保障消费者的合法权益受《中华人民共和国民法典》《中华人民共和国消费者权益保护法》等法律的保护，是经营者向消费者提供商品或者服务的内在要求，网络直播营销也不例外。网络直播营销活动应当依法保障消费者的知情权和选择权，即需要全面、真实、准确地披露商品或者服务信息；严格履行产品责任，依法依约兑现售后承诺；不得利用刷单、炒信等流量造假的方式来虚构或者篡改交易数据和用户评价，虚假宣传，从而欺骗或者误导消费者。

3.保护消费者的数据信息

个人信息安全不仅关乎个体权益的保护，同时关乎国家整体的信息安全，因此个人数据信息的保护在多部法律中均有规定，包括《中华人民共和国民法典》《中华人民共和国网络安全法》《中华人民共和国消费者权益保护法》等，所以应当引起网络直播营销主体对于消费者数据信息保护的重视。《中华人民共和国消费者权益保护法》第二十九条明确了经营者保护消费者个人信息的义务。具体包括经营者收集、使用消费者个人信息，应当遵循合法、正当、必要的原则，明示收集、使用信息的目的、方式和范围，并要经消费者的同意。经营者收集、使用消费者个人信息，应当公开其收集、使用规则，不能违反法律法规的规定和双方的约定。经营者及其工作人员对收集的个人信息必须严格保密，不得泄露、出售或者非法向他人提供。经营者应当采取必要的措施，确保信息安全，防止消费者个人信息泄露、丢失。在发生或者可能发生数据安全问题时，应当立即采取补救措施；经营者未经消费者同意或者请求，或者消费者明确表示拒绝的，不得向其发送商业性信息。法律为网络直播营销主体保护消费者的数据信息，提供了明确的操作指引。

4.商业广告要合规

根据《中华人民共和国广告法》第二条的规定，广告是指商品经营者或者服务提供者通过一定媒介和形式直接或者间接地介绍自己所推销的商品或者服务的商业活动。在直播活动过程中，网络直播营销主体发布商业广告需要遵守广告法及相关规范的要求，否则需要承担相应的民事、行政甚至刑事责任。广告的合规性主要包含两方面：第一，广告内容的规范性要求，例如，广告用语不能使用极值词语、不得损害未成年人和残疾人的身心健康等；第二，广告行为的规范性要求，例如，不得使用不满10周岁的未成年人作为广告代言人、利用互联网发布、发送广告，不得影响用户正常使用网络等。当然对于特定的商品或者服务，需要结合《中华人民共和国广告法》及相关行业广告的规范，做针对性的审核。

5.正当竞争和知识产权保护的要求

不正当的市场竞争行为严重扰乱了市场的正常经营秩序，因此我国专门制定了

《中华人民共和国反不正当竞争法》来制止不正当竞争行为，维护有序、公平的竞争秩序，保护消费者和经营者的合法权益。对于网络直播营销主体而言，重点需要避免在营销活动中存在以下几类行为：采用假冒或仿冒等混淆手段从事市场交易，损害竞争对手的行为；引人误解的虚假宣传；侵犯商业秘密的行为；经营者以排挤竞争对手为目的，以低于成本价格销售商品；损害竞争对手信誉的行为。知识产权是权利人的一项重要无形资产，受到法律的保护。狭义的知识产权是指商标权、专利权和著作权，根据我国《中华人民共和国著作权法》、《中华人民共和国商标法》及《中华人民共和国专利法》的规定，任何人未经许可，不得以商业的目的，擅自使用他人的知识产权，否则需要承担相应的法律责任。近年来，国家逐步加强了对侵犯知识产权行为的打击力度，不仅提高了知识产权侵权的法定赔偿额，同时司法在确定个案的赔偿额方面也有显著的提升。因此考虑到动辄数万元的侵权违法成本，网络直播营销主体在开展直播营销活动之前，有必要对自己的产品是否侵犯他人的知识产权进行事先审核，以规避自己的侵权风险。另外，在2019年《中华人民共和国电子商务法》正式实施后，电子商务平台有义务根据法律的规定来构建相应的知识产权保护规则，因此对于允许开展电子商务活动的直播平台而言同样有义务来制定相应的规则，以保护知识产权权利人的合法权益。

2021年4月23日，国家互联网信息办公室、公安部、商务部、文化和旅游部、国家税务总局、国家市场监督管理总局、国家广播电视总局七部门联合发布《网络直播营销管理办法（试行）》，自2021年5月25日起施行。《网络直播营销管理办法（试行）》作为贯彻落实《中华人民共和国网络安全法》《中华人民共和国电子商务法》《中华人民共和国广告法》《中华人民共和国反不正当竞争法》《网络信息内容生态治理规定》等的重要行政规范性文件，对规范网络市场秩序，维护人民群众合法权益，促进新业态健康有序发展，营造清朗网络空间具有重要现实意义。《网络直播营销管理办法（试行）》对直播间运营者和直播营销人员做出明确规定，将从事直播营销活动的直播发布者细分为直播间运营者和直播营销人员，明确年龄限制和行为红线，在直播间运营者和直播营销人员的相关广告活动、线上线下直播场所、商品服务信息核验、虚拟形象使用、与直播营销人员服务机构开展商业合作等方面提出具体要求。《网络直播营销管理办法（试行）》提出，直播间运营者和直播营销人员为自然人的，应当年满16周岁；要遵守法律法规和公序良俗，真实、准确、全面地发布商品或服务信息；明确直播营销行为8条红线，突出直播间5个重点环节管理，对直播营销活动相关广告合规、直播营销场所、互动内容管理、商品服务供应商信息核验、消费者权益保护责任、网络虚拟形象使用提出明确要求。《网络直播营销管理办法（试行）》还要求，直播间运营者、直播营销人员与直播营销人员服务机构开展商业合作的，应当与直播营销人员服务机构签订书面协议，明确信息安全管理、商品质量审核、消费者权益保护等义务并督促履行。

通达行业6-1　**"正品"为何能被大量仿冒？**

动画6-1

网络直播行为不端

2021年6月，山东菏泽警方侦破一起特大制售假冒知名品牌服装案件，共抓获37名犯罪嫌疑人。经初步查明，400余万单假冒服装被销往全国各地，交易金额达数亿元。2022年全国知识产权宣传周期间，该案被公安部作为打击侵犯知识产权犯罪10起典型案例之一公布。

2021年6月。菏泽市公安局食药环侦支队接到线索：一家网店大量销售各类假冒品牌服装，并在网络平台上定期直播。经分析研判，该网店位于菏泽市开发区一仓库内。

办案民警迅速摸清涉案团伙基本框架、人员分工情况，以及店铺上新、平台直播规律，全面布控涉案人员的生产窝点、销售网络，并对菏泽多个目标窝点和犯罪嫌疑人进行集中查处和抓捕。

"正品"衣服，是如何一件件被仿制出来的？据犯罪嫌疑人丛某某交代，团伙先采购正品服装，仔细按样式比对，继而制作仿冒的样衣，调试定版，再把正版成衣退回去，找代工厂投产、销售。

"几天就能模仿出正版服装，外观上和正版成衣很难分辨。"丛某某说，找到和正品一样的布料、贴标，就能以假乱真。

犯罪嫌疑人田某某自2014年开始从事假冒品牌服装生意。他雇用客服、库管，通过网店及3家实体店铺，以"外贸尾单"的名义，销售冒牌服装，不但成为"行业"名人，还成了网络大V。田某某等人还采用定期更换商品名称的方式，逃避平台监管，增加案件侦办难度。

田某某等人到案后，民警调取其近2年的网络平台交易数据，对海量数据进行分析，明确涉案金额和涉案品类，顺利推动案件侦办。

网红主播如何"收割韭菜"？

"直播间才有的福利""清理库存"等一系列话术套路，让大量消费者上当买单。

田某某犯罪团伙运用新型网络化营销，除了传统的网店销售模式外，还采用网红带货、饥饿营销、网络团购、大V推广等方式吸引流量，逐渐形成500万规模的黏性粉丝团体。

"田某某先后招募8名网红主播，打造网红直播基地和孵化中心，采用线上走秀、主播讲解等网络直播形式，在多个网络直播平台上同步展示和导购其销售的假冒品牌服装。"菏泽市公安局食药环侦支队民警介绍，每场直播观看量达上万人次。

"直播间里有很多活跃粉丝，虽然有人在评论区里质疑这么便宜能否是正品，但主播闭口不答，只回答关于衣服款式、物流发货等其他问题。"

"制造假冒品牌商标的厂商明显构成了商标侵权，参与销售的网红也应对产品质量以及价格做出理性判断。"西南政法大学民商法学院副教授曹伟认为，根据涉案金额、影响范围、持续时间以及是否存在屡教不改等情形，相关厂商和人员还可能涉嫌刑事犯罪。

本案中，生产假冒服装及辅料的代工厂涉及多地。菏泽公安机关总结了生产、销售假冒品牌服装案件中的共性特点，建立涉假服装类案件分析预警模型，并已据此破获了类似案件。

该案的查处，起到了强大的震慑作用。相关数据显示，2021年“618”电商促销期间，700多家涉嫌销售假冒服装的网店，在平台愈加严厉的监管下主动关店、下架整改。

2021年，公安机关共侦破侵犯知识产权和制售伪劣商品犯罪案件2.1万起，公安部挂牌督办的83起重大案件全部告破，维护了市场秩序，净化了市场环境。

“强化与行业主管部门政策协同，针对直播带货、跨境电商等新业态、新模式中的突出问题，及时打击非法，有效保护合法，服务、规范行业健康发展。”公安部食品药品犯罪侦查局负责人表示，公安机关坚持对各类市场主体平等保护，依法严打各类涉企知识产权犯罪。

资料来源　山东省公安厅. 菏泽侦破特大制售假冒品牌服装案件［EB/OL］.［2022-05-13］. http：//gat.shandong.gov.cn/art/2022/5/13/art_9235_10300358.html. 有删改.

思考：在本案中犯罪嫌疑人违反了哪些法律法规？

知识点2 直播平台使用规则

微课6-2

直播平台规则

在直播销售过程中，除了要遵守相关职业道德和国家法律法规外，各大直播平台也制定了相应的规则。下面介绍三大主流直播平台的直播规则。

1. 抖音直播规则

（1）抖音直播内容要求

目前，抖音直播平台的管理主要有“七条底线”要求，即发布内容和信息不可违反或违背法律法规、社会主义制度、国家利益、公民合法权益、社会公共秩序、道德风尚和信息真实性。具体管理细则可查看抖音官网《“抖音”用户服务协议》中的抖音信息内容展示和规范条目。

（2）抖音直播间主播行为规范

直播内容绝对不能涉政、涉教、涉黄赌毒、涉迷信等；主播绝对不能说脏话或跟粉丝互怼对骂；直播期间绝对不能展示二维码或口播其他社交软件账号引导非抖音平台交流或资金交易。主播要着装合理、动作适度不夸张，直播语言中避免使用“全球第一”“国家级”“万能”等词汇。

（3）抖音直播带货下单成交注意事项

禁止使用通用或万能链接；禁止在私信中大量群发产品链接；禁止引导用户好评返现。

2.快手直播规则

第一，用户在使用视频直播服务时，必须向快手提供准确的用户个人资料，如用户提供资料不实，快手有权拒绝提供视频直播服务；如用户个人资料有任何变动，必须及时更新并通知快手进行审核。如因用户提供的个人资料等不实而造成任何损失，由用户自己承担全部责任和损失。

第二，用户不得将其账号、密码转让或出借给他人使用。如因黑客行为或用户的保管疏忽导致账号、密码遭他人非法盗取、使用或遭受损失，快手不承担任何责任；如给快手造成损害，则用户应予赔偿。

第三，快手有权在提供视频直播服务过程中以各种方式投放商业性广告、非商业性广告、其他任何类型的商业信息和非商业信息，用户必须予以配合，且快手无须支付任何对价，但应尽量减小给用户造成的影响。

第四，用户在使用视频直播服务过程中有任何不当行为，或违反法律法规和快手的相关运营规则，或侵犯第三方合法权益，都由用户自行承担相应责任，快手无须承担任何责任。如因用户的行为而给快手造成损害，用户应予赔偿。

第五，用户不得使用直播功能发送或传播敏感信息和违反国家法律制度的信息。对于主播管理的细则可查看快手官网《快手直播管理规范》中的详细内容。

3.淘宝直播规则

《淘宝直播管理规则（试行版）》在信息发布与行为规范中要求，主播设置账号昵称、头像、简介、封面图、直播间标题等信息时应遵守国家法律法规和相关发布要求，不得包含涉嫌侵犯他人权利、有违公序良俗或干扰平台运营秩序等相关信息。此外，主播还须遵守《淘宝平台规则总则》对信息发布及行为的相关要求。

在市场管理情形中，对主播认证，发布要求，诉讼应对，舆情曝光或行政部门要求，发布违反公序良俗、规则总则或协议的信息五方面内容分别做了详细说明。需要注意的是，针对一般违规、严重违规、特别严重违规三类违规内容独立扣分、分别累计、分别执行。一般违规是指发布低质量直播内容、发布不当信息、虚假交易、骚扰他人、不当使用信息、描述不当及违背承诺。严重违规是指发布违禁信息、推广假冒商品、推广材质不符或不合格商品、发布侵权信息、扰乱市场秩序。特别严重违规是指出现一般违规、严重违规情形且情节特别严重的，发布危害国家安全、破坏政治与社会稳定的信息，展示色情信息，违反法律法规且给其他会员或平台造成恶劣影响的和不正当牟利。

详细内容及惩罚办法可查看淘宝官网《淘宝平台规则总则》和《内容市场规则》。

通达行业6-2

燕窝变糖水

2020年10月，某主播在快手直播时向粉丝推荐了一款某品牌的燕窝产品，后来有消费者质疑该即食燕窝产品“是糖水而非燕窝”。

2020年12月，广州市场监管部门认定，在此次燕窝销售过程中，涉事直播公司存在引人误解的商业宣传行为，对其做出罚款90万元的行政处罚。除了接受行政处罚和账号暂时被封禁之外，涉事直播公司还宣布召回全部售出产品，并退一赔三。该产品在直播间共售出57 820单，销售金额1 549.57万元，共需先退赔6 198.3万元。

不过，除了退赔之外，2021年年初，涉事直播公司和快手平台还被河南省消费者协会提起了消费民事公益诉讼，要求共同承担退一赔三的责任，需要累计退赔7 971万余元。河南省消协还主张，应判令快手永久封停涉事直播公司旗下所有直播账号。

天眼查App显示，“糖水燕窝事件”涉事品牌方为广州某贸易有限公司。行政处罚信息显示，该公司因虚假宣传、涉案产品标签存在瑕疵等，于2021年1月被罚款200万元并吊销营业执照。

不过，除了品牌方、带货主播之外，直播电商平台的责任也备受关注。当前，直播带货逐渐成为主流购物方式之一，包括抖音、快手、淘宝等在内的直播电商平台，也应该在保护消费者权益方面做出努力。

中国法学会消费者权益保护法学研究会副秘书长陈音江曾指出，直播带货涉及主播、商家、MCN、平台等很多主体，一定要在直播间里让消费者明确谁是真正的经营者；谁是引流的，只是起到宣传的作用。同时，也要加大平台责任，平台主要进行审核、管理；明知、应知有问题，要采取一些措施；关系到消费者生命健康安全的产品，如果造成消费者权益损害，平台可能要承担相应的责任。

国家网信办等七部门于2021年联合发布的《网络直播营销管理办法（试行）》中也提到，直播营销平台应当建立健全账号及直播营销功能注册注销、信息安全管理、营销行为规范、未成年人保护、消费者权益保护、个人信息保护、网络和数据安全管理等机制、措施。

针对消费者权益保护问题，该办法指出，直播营销平台应当及时处理公众对于违法违规信息内容、营销行为的投诉举报；消费者通过直播间内链接、二维码等方式跳转到其他平台购买商品或者接受服务，发生争议时，相关直播营销平台应当积极协助消费者维护合法权益，提供必要的证据等支持。

资料来源 作者根据相关资料整理而成.

思考：在“糖水燕窝”案例中，直播平台应该承担什么责任？

职业技能操练

工作项目

“狮子蛮王”直播团队“避雷”操作。

项目背景

“狮子蛮王”直播团队开展一段时间直播工作后，吸引了不少粉丝，直播间在线人数也不断上涨。但最近几个网红主播在直播中相继“翻车”，引起了团队的不安。为避免“踩雷”，团队决定开展一次自查自纠，根据直播平台规则、《网络直播营销管理办法（试行）》、《中华人民共和国网络安全法》、《中华人民共和国电子商务法》和《中华人民共和国广告法》等国家法律法规对直播文案、话术等进行查纠。

工作目标

- 确定网络直播行为规范要求
- 确定直播平台规则

工作计划

请对照直播行为规范（如图6-1所示）进行梳理，开展自纠，填写表6-1。

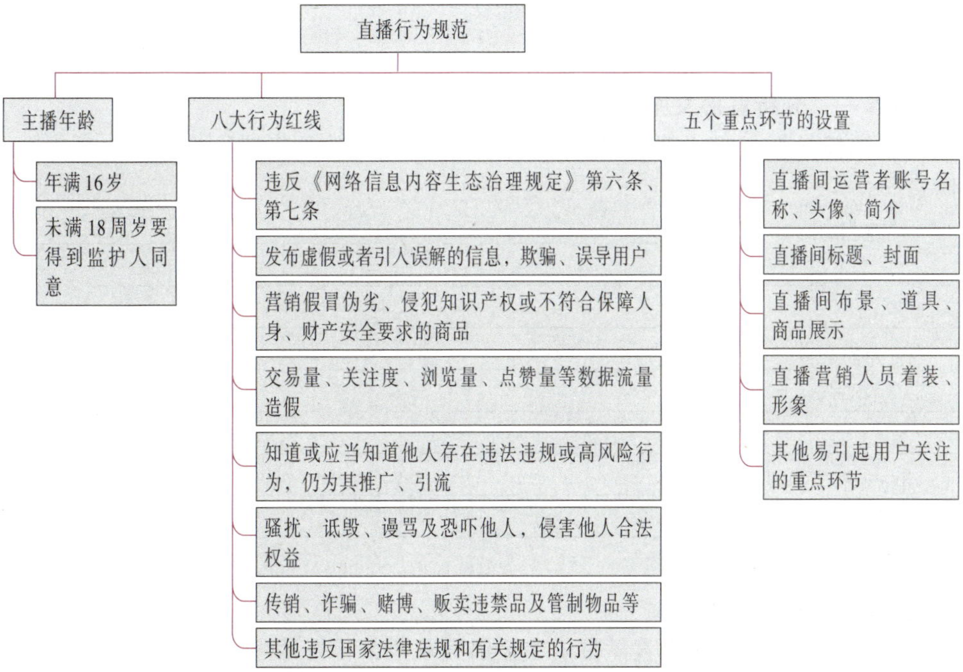

图6-1　直播行为规范结构图

表 6-1　　　　直播行为规范对照表

主播年龄	八大行为红线	五个重点环节的设置
1.	1.	1.
2.	2.	2.
	3.	3.
	4.	4.
	5.	5.
	6.	
	7.	
	8.	

工作实施

步骤一：分析直播文案

［基础任务］翻阅“狮子蛮王”直播策划文案，对照直播行为规范，分析有无“踩雷”。

主播自纠：______________________________

____

____

行为红线：______________________________

____

____

重点环节的设置：______________________________

____

____

步骤二：自纠话术

［基础任务］对照抖音直播带货主播语言规范，检查话术中是否存在不当之处。

主播口音：______________________________

避免使用极限词：

避免极端非正常直播语言：

步骤三：直播间环境布置自纠

［基础任务］检查直播间环境布置，包括直播间布景、道具、展示商品等是否违反直播行为规范中的规定。

直播间布景：

直播间标题及封面：

道具和展示商品：

步骤四：直播主播行为

［基础任务］对主播直播时的行为进行观察，判断动作行为、衣着是否存在不当。

主播行为规范：

主播衣着规范：

工作成果自查（见表6-2）

表6-2　直播团队违规自纠成果自查表

检查内容	检查标准	检查结果
直播文案	八大行为红线	
话术	避免方言口音过重；避免使用“全球第一”“国家级”“万能”等词汇；避免太过极端、非正常的直播语言	
直播主播行为	避免抽烟、喝酒等行为甚至动作模仿；避免换衣服或在产品体验中走光；避免低胸、深V、透视、肤色、超短裙等着装	

工作项目评价（见表6-3）

表6-3　　直播法律法规认知

评价项目	评价标准	分值（分）	专家评分（50%）	教师评分（50%）	得分（分）
技能评价	能够分辨违法违规直播行为	20			
	能够规范主播及团队直播行为	20			
	能够规范布置直播间	20			
素养评价	熟悉直播营销相关法律法规	20			
	注重主播的行为、语言规范	20			

职业素养指南

某品牌网络直播活动为了造势，邀请了某知名女艺人参加。随后在直播当天，女艺人为了达到更好的活动效果，带领其2011年出生、参加过某综艺节目并深受观众喜爱的女儿一起参与了本场直播活动。

品牌商及艺人的直播行为是否合规？请分析树立直播营销人员正确的社会主义法制观的方法。

社会拓展任务

为帮扶农业农村直播营销，请为当地开展直播营销的农户，开展一场直播营销普法活动，设计出普法活动的活动策划书。

活动2
主播职业道德塑造

活动目标

1.能够根据直播营销从业人员工作内容，树立职业典范；
2.能够在从业活动中遵守行业活动行为准则；
3.能够正确维护企业、消费者的合法权益。

职业工作情境

主播在开展直播活动中，需要遵守行业职业道德，弘扬正确的价值观、道德观，共同维护直播行业积极向上发展。

职业知识储备

知识点1
职业道德

微课6-3
网络直播营销职业道德

广义的职业道德是指从业人员在职业活动中应该遵循的行为准则，涵盖了从业人员与服务对象、职业与职工、职业与职业之间的关系。狭义的职业道德是指在一定职业活动中应遵循的、体现一定职业特征的、调整一定职业关系的职业行为准则和规范。

1.社会主义职业道德

《中共中央关于加强社会主义精神文明建设若干重要问题的决议》中规定了各行各业都应共同遵守职业道德的五项基本规范，即“爱岗敬业、诚实守信、办事公道、服务群众、奉献社会”。为人民服务是社会主义职业道德的核心规范，它是贯穿于全社会共同的职业道德之中的基本精神。在党的二十大报告中也提出了要“在全社会弘扬劳动精神、奋斗精神、奉献精神、创造精神、勤俭节约精神”。

社会主义职业道德的基本原则是集体主义，集体主义是正确处理国家、集体、个人关系的最根本的准则，也是衡量个人职业行为和职业品质的基本准则，是社会主义社会的客观要求，是社会主义职业活动获得成功的保证。

2.职业道德准则

2020年，人力资源和社会保障部联合市场监管总局、国家统计局正式向社会发布一批新职业，“互联网营销师”是其中九个新职业之一，在“互联网营销师”职业下设“直播销售员”工种。“直播销售员”也就是我们常说的“带货主播”，其成为新工种前发展迅速，但由于相关法律法规还不完善，直播带货出现了不少违规现象，有些带货主播只追求人气，完全不考虑社会公序良俗，也不承担任何责任，消费者维权艰难。

我国每个行业都有职业道德准则，如《中国播音主持人职业道德准则》《中国注册会计师职业道德基本准则》《中国执业药师职业道德准则》等。这些准则都有着鲜明的职业特点。“直播销售员”成为新工种后，相信很快会出台相应的职业道德准则。

3.直播从业人员职业道德

直播从业人员除了要遵守“爱国守法、明礼诚信、团结友善、勤俭自强、敬业奉献”等基本道德规范外，还要根据直播销售工作的职业特点，遵守一些特殊的道德规范。直播从业人员的基本职业道德包括但不限于以下内容：

①严格遵守国家法律法规，遵从行业行为规范；

②坚持信息传播正确导向，弘扬优秀传统文化；

③引导正确的社会责任观，爱岗敬业诚实守信。

直播从业人员的职业守则包括但不限于：

①熟悉业务，优质服务；

②信息真实，诚信无欺；

③规范引导消费，保护消费者权益；

④遵从商业伦理，保守商业秘密。

通达行业6-3　　**直播从业人员应该遵守的职业道德**

2022年8月12日抖音黑板报发布通报称，抖音直播持续进行户外直播乱象的治理，从严整治低俗搭讪、低俗恶俗PK、恶意演戏炒作、“叫嚣吵架式”直播、“扰民式”直播等违规行为。2022年6月至8月，抖音直播共处罚账号137 809个，对存在严重违规的28 729个账号回收了直播权限，无限期回收直播使用权限137个。

抖音直播将持续进行户外直播乱象的治理：

1.坚决打击低俗搭讪行为

抖音直播坚决打击低俗搭讪、整蛊骚扰路人的行为，包括但不限于以下情形：不经过对方同意直接上前搭讪拍摄，向路人索要联系方式、要求送人回家等，甚至在对方拒绝后坚持追拍、偷拍。

2.严厉处置低俗恶俗PK

抖音直播严厉处置在直播PK中执行刺激性互动游戏、刻意制造低俗PK氛围的游戏，包括故意发起易引发性联想的、易引起观感/生理不适的、重口味猎奇主题的或对身体造成刺激伤害的低级趣味惩罚游戏。

3.坚决打击恶意演戏炒作

抖音直播坚决打击通过恶意炒作博眼球、刻意营造诡异惊悚氛围的行为，如故意在人流量较大的场所穿着奇装异服表演蹦野迪、上树等猎奇节目，或是打着探险的旗号通过制造灵异假象渲染恐怖氛围等。

4.从严整治“叫嚣吵架式”直播

抖音直播从严整治“叫嚣吵架式”直播，包括但不限于：刻意在直播间制造矛盾对立面，以叫嚣、嘶吼、互相贬低的方式带动不良直播气氛，吸引路人围观，煽动双方粉丝的极端对立情绪。

5.从严处理“扰民式”直播

抖音直播从严处理户外“扰民式”直播，包括但不限于：在开放使用的马路边、桥洞、车站等公共场所扎堆直播导致通行受阻，或是在生活区域夜间高声直播影响居民正常休息等。

资料来源　佚名．出手了！抖音直播整治户外直播乱象：6月以来共处罚账号137 809个［EB/OL］.［2022-08-13］. https：//m.163.com/dy/article/HELACO8P0519D4UH.html.有删改．

思考：直播从业人员为何要遵守职业道德？

知识点2
职业道德素养

1.培养职业道德素养的目的

培养职业道德素养就是按照职业道德规范要求进行有意识、有目的的训练。培养的最终目的，就是要把职业道德原则和规范贯彻落实到职业活动之中，养成良好的职业行为习惯，做到知行合一，形成高尚的职业道德素养。

微课6-4
直播营销职业素养

2.培养职业道德素养的方法

（1）从小事做起，遵守职业道德规范

职业道德素养的培养是一项长期的、潜移默化的行为，因此培养职业道德素养需从小事做起。在日常生活、学习中，应时时事事按照规范行事，遵守校纪、班纪，养成良好的生活习惯。

（2）重视技能训练，提高职业素养

在专业技能学习中，努力提高自身的职业素养，是形成职业信念、遵守职业道德准则的基础。通过专业技能学习提高职业认知，从而掌握一定的职业规范。

（3）在职业实践中，培养对职业的信念

通过职业实践，开始熟悉职业、热爱职业，这就是职业的信念。职业的信念感越强，越能外化为职业道德行为，从而做到言行一致、表里如一，成为有职业道德的人。

3.直播销售员职业素养

直播销售员的职业素养是指直播销售员在职业活动中所应具备的职业知识技能和行为习惯。目前，直播销售员的职业素养主要由商业素养、新媒体素养和综合素养三部分组成。

（1）商业素养

直播销售作为一种全新的营销模式，本身就是商业活动中的重要一环，因此，从业人员需要具备基本的商业素养。具体包括以下4个意识：

- 市场意识：在商业活动中按照市场需求提供专业服务，按照市场经济规律谋划发展的意识。
- 风险意识：在商业活动中对时间、成本、人员、效益等商业运营中可能存在的风险进行预判、规划和应对的意识。
- 规则意识：在商业活动中自觉遵守商业活动伦理、行业规范和企业制度的意识。
- 服务意识：在商业活动中为相关利益方、合作方和客户提供热情、周到、主动服务的意识。

（2）新媒体素养

直播销售作为一种全新的营销模式，其创新之处就在于新媒体技术和平台的广泛介入，因此，从业人员需要具备基本的新媒体素养。具体包括以下几个方面：

● “网感”意识：对网络时下热点消息的敏感度，对当前趋势的判断力。从业人员必须对时事、热点问题具有敏感性，才能对网络语言、网络流行趋势具有一定的判断力和把控力。

● 视觉化能力：在以视频和图像方式为主导的网络平台，具备以图像化处理为主要方式的网络工作能力。在“注意力”经济时代，赏心悦目的直播现场风格、有格调的背景图片、有美感的画面能够带来良好的传播效果。

● 信息组织能力：能够在海量的网络信息中识别有效信息并根据自身需求对有效信息进行组织，以实现有效交流的能力。

● 创新能力：直播销售员应具备一定的创新意识和创新能力，不断产生奇思妙想，用新颖的内容与形式吸引大众的目光。

（3）综合素养

直播销售作为一种全新的营销模式，尚处在发展阶段，因此需要从业人员具备过硬的个人综合素养，为行业的持续发展提供支撑。结合直播电商行业属性，从业人员应具备的综合素养包括：

● 团队合作意识：具有良好的团队意识和精神，能够围绕一个统一目标在团队内部进行有效的组织协调工作。

● 沟通交流能力：能够在事实、情感、价值取向和意见观点等方面采用有效且恰当的方法与对方进行沟通和交流的能力。

● 分析能力：直播销售员应具有良好的数据分析能力，通过后台阅读、互动、分享、留言评论等大量数据运营工作，了解数据形成的原因并预测发展趋势。

● 复盘能力：具备通过对某个周期、阶段或时间点的行为和销售情况进行回顾、反思和探究，进一步提升自身思考与行动水平的能力。

● 抗压能力：能够承受高压工作环境、职业逆境等带来的心理压力，有效调节负向情绪的能力。

通达行业6-4　直播中低俗谩骂、污言秽语！2名主播被约谈

某2名网络主播在直播连麦PK过程中存在低俗谩骂、污言秽语等“丑、怪、俗”的违规行为，言行举止突破道德底线，违背社会主义核心价值观，扰乱网络直播和短视频传播秩序，影响青少年健康成长，造成不良社会风气。

根据《互联网直播服务管理规定》《网络信息内容生态治理规定》等相关规定，主管部门依法对当事人进行了约谈，教育其认真学习相关法律文件精神，不得再打擦边球、违反相关规定。当事人现场学习了《互联网直播服务管理规定》《网络信息内容生态治理规定》等法律法规，签订了《规范网络行为承诺书》。

“我将严格遵守法律法规，认真履行自己的承诺，文明上网，坚守道德……”当事人当场表示，深刻反思自身错误，虚心接受批评，规范自身言行举止，传播网络正能量。

资料来源　佚名．直播中低俗谩骂、污言秽语！2名主播被约谈［EB/OL］．［2022-05-08］．https：//baijiahao.baidu.com/s?id=1732259746827436311&wfr=spider&for=pc.

思考：作为主播，应该具备什么样的职业素质？

职业技能操练

工作项目

培养自身的职业道德素养。

项目背景

“狮子蛮王”团队新入职一位员工小王，经过了3个月的实习期，人事部门准备对他进行转正前考核，除了要考核他的工作业绩外，还有一项很重要的考核内容——职业道德素养，人事部经理将负责对他进行全面考核。

工作目标

- 观察小王日常工作，具备爱岗敬业、诚实守信、办事公道、奉献社会，服务群众的精神。

工作计划

请将职业素养考核计划填入表6-4中。

表6-4 职业素养考核计划

工作要点	计划描述
爱岗敬业	
诚实守信	
办事公道	
奉献社会	
服务群众	

工作实施

参考图6-2完成以下步骤。

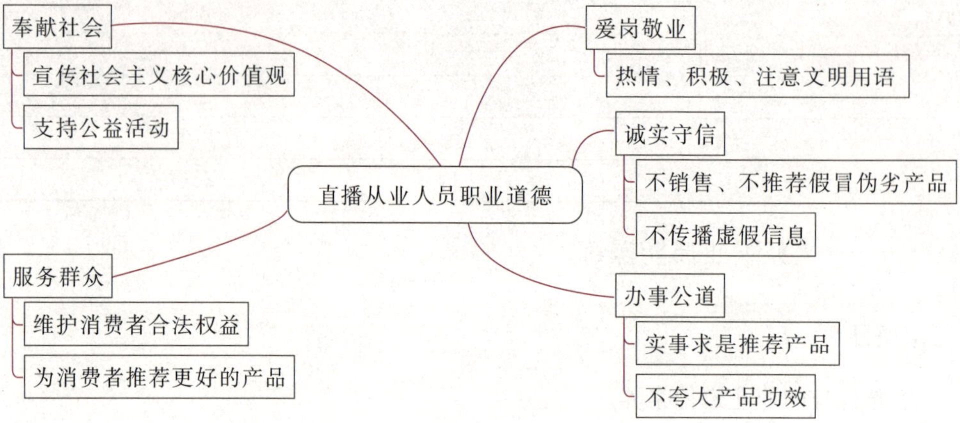

图6-2 直播从业人员职业道德

步骤一：从小事做起，遵守职业道德规范

列举在直播工作中体现了职业道德规范的行为：

（1）______

（2）______

（3）______

步骤二：重视技能训练，提高职业素养

列举可以帮助主播提升职业素养的技能训练：

（1）______

（2）______

步骤三：在职业实践中，培养对职业的正义感、热爱感、义务感、主人翁感、荣誉感和幸福感等情感

列举可以帮助主播提升以上素养的技能训练：

（1）______

（2）______

（3）______

工作成果自查（见表6-5）

表6-5 职业素养考核工作成果自查表

检查内容	检查标准	检查结果
爱岗敬业	直播工作中是否热情、积极、注意文明用语	
诚实守信	能否做到不销售、不推荐假冒伪劣产品、不传播虚假信息	
办事公道	直播中能否实事求是推荐产品、不夸大产品功效	
奉献社会	直播过程中是否做到宣传社会主义核心价值观、支持公益活动	
服务群众	遇到问题时能否维护消费者合法权益；能否站在消费者的角度为消费者推荐更好的产品	

工作项目评价（见表6-6）

表6-6　　职业素养考核工作项目评价表

评价项目	评价标准	分值（分）	专家评分（50%）	教师评分（50%）	得分（分）
技能评价	爱岗敬业	15			
	诚实守信	15			
	办事公道	15			
	奉献社会	15			
	服务群众	15			
素养评价	保持良好的职业信念	10			
	熟悉网络主播行为规范	15			

职业素养指南

为助力新消费、助力乡村振兴，很多主持人都加入到了直播带货的行列，开展公益直播活动。此前，中央广播电视总台央视新闻主播朱广权在新冠疫情后的“谢谢你为湖北拼单”公益行动中直播带货，向广大网友推荐湖北待销农副产品。朱广权在直播中金句频出，“烟笼寒水月笼沙，不止东湖与樱花，门前风景雨来佳，还有莲藕鱼糕玉露茶……买它买它就买它，热干面和小龙虾！”直播段子尽显文采，风趣幽默又让人印象深刻。而不管是中央广播电视总台还是地方台的主持人都慢慢开始向网络电商转型，为直播界带来了一股新生力量。与网红或普通主播相比，主持人具备更加严谨的工作意识，在直播营销中展现出不同于网红等直播营销人员的特色风格，在带货的同时也传播正能量。

电视台主持人带货的特点是什么？体现出的职业素养如何？请分析普通直播营销人员应承担的社会责任。

社会拓展任务

为帮扶农业农村直播营销，请为当地开展直播营销的农户，开展一场直播营销普法活动，设计出普法活动的活动策划书。

互联网营销师知识训练

一、单项选择题

1.（　　）规定了商家、主播、平台以及其他参与者各方在直播电商活动中的权利、义务与责任。

A.《中华人民共和国电子商务法》

B.《中华人民共和国消费者权益保护法》

C.《中华人民共和国广告法》

D.《网络直播营销行为规范》

扫码答题
看解析

2.（　　）为网络直播营销主体保护消费者的数据信息，提供了明确的操作指引。

A.《中华人民共和国民法典》

B.《中华人民共和国消费者权益保护法》

C.《中华人民共和国网络安全法》

D.《中华人民共和国广告法》

3.直播营销人员对网络时下热点消息的敏感度，对当前趋势的一种判断力，属于（　　）。

A.“网感”意识　B.风险意识　C.规则意识　D.服务意识

4.下列不属于直播从业人员职业守则的是（　　）。

A.熟悉业务，优质服务

B.信息真实，诚信无欺

C.能言善辩，多才多艺

D.规范引导消费，保护消费者权益

5.《网络直播营销管理办法（试行）》提出直播营销人员和直播间运营者为自然人的，应当年满（　　）。

A.十二周岁　B.十四周岁　C.十六周岁　D.十八周岁

二、多项选择题

1.《网络直播营销行为规范》对商家、主播、平台方等各类主体做出的规范性要求包括（　　）。

A.营销活动所发布的信息要合规

B.保障消费者合法权益

C.保护消费者的数据信息

D.商业广告要合规

E.正当竞争和知识产权保护的要求

2.网络直播营销活动应当依法保障消费者的（　　）和（　　），即需要全面、真实、准确地披露商品或者服务信息。

A.消费权　B.退货权　C.知情权

D.选择权　E.表达权

3.抖音直播带货下单成交需要注意的事项有（　　）。

A.禁止使用通用或万能链接　B.禁止在私信中大量群发产品链接

C.禁止引导用户好评返现　D.禁止重复发放福袋和优惠券等

E.禁止修改产品价格

4.直播销售员的职业素养主要由（　　）三部分组成。

A.商业素养　B.新媒体素养　C.信息素养

D.综合素养　E.劳动素养

5.直播营销人员的综合素养包括（　　）。

A.团队合作意识　B.沟通交流能力　C.分析能力

D.复盘能力　　　　　　　E.抗压能力

三、判断题

1.直播商家或个人若违反了《网络直播营销行为规范》，触犯了相应的法律法规，需要承担相应的违法甚至犯罪责任。（　　）

2.某抖音主播在直播中提到“这款手机属于畅销款，目前产品销量位居全球第一”。该主播的直播语言不存在问题。（　　）

3.在淘宝平台直播中，发布危害国家安全、破坏政治与社会稳定的信息，展示色情信息、违反法律法规且给其他会员或平台造成恶劣影响的和不正当牟利的行为，属于一般违规。（　　）

4.直播从业人员除了要遵守“爱国守法、明礼诚信、团结友善、勤俭自强、敬业奉献”等基本道德规范外，还要根据直播销售工作的职业特点，遵守一些特殊的道德规范。（　　）

5.某女装品牌在直播销售中，播放了一段8岁童星的影视作品片段，该品牌广告行为没有违反规范性要求。（　　）

主要参考文献

[1] 徐骏骅. 直播营销与运营［M］. 北京：人民邮电出版社，2021.

[2] 彭军. 直播电商基础［M］. 重庆：重庆大学出版社，2021.

[3] 黄守峰. 直播电商实战［M］. 北京：人民邮电出版社，2021.

[4] 陈迎. 直播营销实战指南［M］. 北京：机械工业出版社，2021.

[5] 蔡余杰. 从0到1学做直播电商［M］. 北京：中国纺织出版社，2021.

[6] 北京星播文化传媒有限公司. 直播电商实务一本通［M］. 北京：中国人民大学出版社，2021.

[7] 余以胜，林喜德，邓顺国. 直播电商：理论、案例与实训［M］. 北京：人民邮电出版社，2021.

[8] 黎军，周丽梅. 直播电商基础与实务［M］. 北京：人民邮电出版社，2022.

[9] 王红蕾，魏奇慧. 新媒体直播电商创业实务［M］. 北京：清华大学出版社，2023.

[10] 张雪存，朱名勋，方文美. 直播电商数据分析与应用［M］. 北京：电子工业出版社，2023.

[11] IMS新媒体商业集团. 直播电商法律法规解析［M］. 北京：清华大学出版社，2022.

[12] 魏中龙. 直播销售员［M］. 北京：中华工商联合出版社，2021.

[13] 宋夕东，邱新泉. 直播电商运营实务（慕课版）［M］. 北京：人民邮电出版社，2022.

[14] 电商运营团队. 2021抖音电商商家经营手册［EB/OL］.［2021-09-22］. https：//school.jinritemai.com.

[15] 电商运营团队. 2021抖音电商商家经营方法论白皮书［EB/OL］.［2021-08-18］. https：//school.jinritemai.com.

[16] 电商运营团队. 抖音电商商家能力项经营指南［EB/OL］.［2022-04-01］. https：//school.jinritemai.com.